아동건강교육

머리말

영유아기는 생활습관의 기본이 형성되는 시기이다. 영유아의 보건교육과 가정교육을 통해 올바른 생활습관을 형성하게 하는 것이 건강증진과 질병 예방에 중요하다. 생활습관은 문화적 · 사회적 · 심리적 영향에 의해 형성되므로, 어린 시절부터 올바른 지도가 이루어져야 한다. 올바른 생활습관은 질환 예방과 건강 개선에 직결되는 영양교육이나 식생활교육에 따라 형성된다. 영유아의 건강과 영양교육의 궁극적 목적은 영유아들이 건강하게 성장할 수 있는 계기를 마련하는 것이다. 영유아가 건강하면 연령수준에 맞게 신체적으로 성장할 것이고, 영유아가 활발하게 활동하면서 일상생활을 즐겁게 보낼 수 있을 것이다.

영유아기는 성장과 발달이 왕성하게 일어나는 시기이다. 영유아기의 영양은 신체발달뿐만 아니라 지적 · 정서적 사회성발달에도 영향을 미치게 된다. 따라서 영유아기의 균형 잡힌 영양공급은 성장 · 발달을 증진시키며 심신 양면의 건강을 유지시킬 뿐만 아니라, 생활의 만족도와 함께 신체면역기능 및 살균기능까지 높이고, 내분비계 기능도 활성화시킨다고 알려져 있다. 영유아의 건강상태를 유지 · 증진시키기 위해서 적절한 영양공급과 함께 건강위해요소를 감소시키는 일도 중요하다. 그렇기 때문에 영유아의 질병을 예방하고 개인의 위생과 안전을 증진시킬 수 있어야 한다. 그러므로 가정과 보육시설, 유아교육기관의 교사나 종사자들의 역할이 중요하다. 아동건강교육 과목은 장차 아동교육 전문가나 교사가 되고자 하는 학생들에게 영유아의 건강과 영양, 그리고 위생과 안전에 관한 적절한 지식을 습득시키기 위해 아주 중요한 부분이다.

이 책은 다음과 같은 사항에 중점을 두고 구성하였다.

첫째, 영유아기 건강과 영양의 중요성을 이해하고 건강에 영향을 주는 요인을 파악할 수 있도록 하였다.

둘째, 영유아의 성장 · 발달 측면을 살펴보고, 영양관리의 기초가 되는 영양소의 종류와 작용, 그리고 영유아영양필요량을 제시하였다. 실제 생활에 도움을 주

기 위해 영유아의 영양공급원인 모유영양에 대한 지식과 함께 인공수유법 및 이유보충식에 대해 설명하고 유아기의 식생활지도 및 영유아의 질병과 영양문제지도에 대해서도 제시하였다.

셋째, 보육시설과 유치원의 급식관리와 위생, 안전관리와 지침 등을 소개하여 안전하고 위생적인 급 · 간식의 실시 방안을 제시하고 이를 토대로 영양교육 · 건강교육의 내용을 제시하였다.

넷째, 보육시설의 표준보육과정과 누리교육과정의 건강생활과 식생활 영역을 제시하였다. 이들 또한 영양교육 · 건강교육 · 안전교육을 이해하는 데 필수적인 지식이다.

다섯째, 영양교육 · 건강교육 · 건강생활지도 · 건강교육의 실제 내용을 소개하여 현장에서 이용할 수 있도록 하였다.

여섯째, 사회성과 정서적 안정이 중요한 영유아기의 정신건강에 대한 기본 지식과 야기될 수 있는 문제점을 제시하였다.

일곱째, 영유아교육기관의 시설 설비와 안전관리 · 교통 · 화재와 사회환경 안전교육에 관한 내용을 제시하였다.

이 책이 보육학 및 유아교육을 전공하는 학생뿐만 아니라, 생활주기에 따른 문제를 다루는 영양학, 보건학, 간호학, 사회복지학 등 다양한 분야에서 공부하는 학생들이나 관련 부서에서 일하는 분들에게 유익한 지도서가 될 수 있기를 바란다.

본 서가 출간되기까지 애써주신 파워북 관계자분들께 감사의 말씀을 올린다.

2015년 4월

저자 일동

차 례

Chapter 1 영유아기 건강의 이해

Chapter 2 영유아의 성장 · 발달

Chapter 3 영유아 영양관리의 기초

Chapter 7 | 영유아 영양교육의 실제

Chapter 8 | 보육과정과 건강교육

Chapter 9 | 영유아 건강생활지도

Chapter 10 | 영유아 건강교육의 실제

Chapter 11 | 영유아 정신건강

Chapter 01

영유아기 건강의 이해

영유아의 성장과 발달과정의 중요성은 많은 연구에서 강조되어 왔다. 그 결과 오늘날에는 조기교육에 많은 관심을 가지게 되었고, 최적의 영유아발달을 위한 많은 교육 내용과 방법들이 개발되었다. 그러나 어떤 교육도 유아의 건강이 전제되지 않는 한 기대만큼의 효과를 얻을 수 없다. 특히, 현대사회에서 여성의 경제활동 참여율이 증가함에 따라 유아들이 어려서부터 많은 시간을 보육 · 교육기관에서 보내게 된다. 이에 따라 이제 유아의 건강은 가정에서 자녀를 양육해야 하는 부모들만의 책임이 아니라 유치원, 어린이집, 놀이방 등에서 어린이들을 보호하고 교육해야 하는 교사들의 책임이기도 하다. 따라서 부모뿐만 아니라 교사들도 유아의 건강을 유지하고 증진시킬 수 있도록 유아기 건강에 대해 이해하고 건강교육을 위한 전문적 능력을 갖춰야 한다.

1. 영유아기 건강의 중요성

1 영유아 건강의 개념과 건강의 중요성

건강은 일반적으로 심신에 질병이 없는 상태를 의미하여 왔다. 세계보건기구 WHO는 '건강이란 병이 없거나 허약함이 없는 것만이 아니라 신체적으로나 정신적, 사회적으로도 완전히 양호한 상태이다' 라고 정의하였다. 이 개념은 건강이란 질병이 없고 허약하지 않은 것뿐만 아니라 심신 양면이 건강하고, 인간관계 속에서 사회생활에 원만하게 적응하고 활동할 수 있는 상태로 보다 포괄적인 개념으로 확대되었다. 건강과 질병은 반드시 대립된 개념이 아니며 겉으로는 건강하게 보이나 같은 활동을 동일 시간 지속할 때 느끼는 피로감은 개인차가 심하다. 아무런 병적 증상을 느끼지 않지만 실제로는 신체에 이상이 있는 경우, 검진을 하지 않으면 판명하기 어려울 수도 있다. 이처럼 건강수준의 평가는 여러 가지 검사와 일상동작 등의 평가에 의해서 알 수 있다.

건강의 개념을 영유아에게 적용하면 영유아기의 건강은 연령에 따라 알맞은 신체발달이 이루어지고 질병이 없으며 신체적으로 건강함을 뜻한다. 그리고 능동적으로 활발하게 활동을 하고 정신발달이 정상적으로 순조롭게 이루어진 상태를 이른다. 즉, 건강한 영유아의 신체, 정신, 사회적 건강을 포함하게 된다. 건강한 영유아는 또래, 부모, 교사, 이웃 등 주변 사람들과 바람직한 사회생활을 하고 적응해 나간다. 이러한 건강에 대한 것 중 하나라도 문제가 있으면 건강하다고 할 수 없다. 즉, 성장과 발달이 왕성하게 일어나는 영유아기에 병에 걸리게 되거나 사고로 활동하지 못하고 누워 있게 되면 신체발달이 늦어지게 된다. 그리고 타인과의 교류가 줄어들어 사람, 사물, 상황과의 상호작용을 통해 이루어지는 지적 · 정서적 · 사회성발달이 저해받게 된다.

영유아기의 건강은 성장 · 발달에 큰 영향을 미친다. 심신 양면의 건강을 유지함으로써 즐겁게 생활할 수 있게 되고 신체면역기능 및 방어기능이 높아지며, 내분비계 기능도 활성화되어 생활의 만족도가 높아진다.

영유아의 건강상태를 유지 · 증진시키기 위해서는 적절한 영양공급과 함께 질병을 예방하고 개인의 위생과 건강에 위해를 주는 요소를 감소시키며 안전관리를 하여야 한다. 영유아기에는 위생사고나 안전사고가 많이 발생하고 있기 때문이다. 따라서 영유아의 건강증진과 안전을 위하여 가정과 어린이집, 유아교육기관의 교사나 보육교직원들의 연구는 중요하다.

2 영유아 건강교육의 중요성

영유아의 정상적 성장 · 발달, 건강증진과 질병 예방을 위하여 생활습관은 중요하다. 생활습관은 영아기부터 기본이 형성된다. 따라서 영유아보건교육과 가정교육을 통해 올바르고 건강한 생활습관을 형성하도록 교육하는 것이 필요하다. 건강한 생활습관을 들이기 위해서는 위생적이고 안전한 생활을 할 수 있도록 하는 지도가 함께 이루어져야 한다. 식생활습관은 영양과 함께 문화적 · 사회적 · 심리적 영향에 의해 형성되므로 식행동 측면의 생활습관 변화를 위해서 개인의 영양 관련 행동 및 기술과 방법을 알도록 해야 한다. 그리고 영양이 풍부한 식품을 선택하도록 식생활 관련 행동의 변화를 유도하는 영양교육이 이루어져야 한다. 이처럼 건강증진과 질환 예방에 직결되는 영양교육이나 식생활교육이 중요한 역할을 담당하게 된다. 영유아의 건강과 교육은 매우 중요한 의미를 갖는다. 그리고 위생적이며 안전한 생활습관을 가지도록 하는 건강교육은 질병 예방과 건강증진에 기여하게 된다. 그러므로 영유아의 건강증진과 생활실천에 영향을 주는 요소들은 생활습관 외에도 영양 관련 행동, 건강관리와 영양 서비스, 식품생산공급, 식품이용의 용이성과 같은 자원의 활용 등을 들 수 있다.

영유아의 건강교육을 통하여 건강한 영유아가 되도록 하는 것이 목적이다. 영유아가 건강하면 영유아의 연령수준에 맞게 신체적 성장과 기능적 발달이 이루어진다. 그리고 지적 · 사회성발달을 하며 활발하게 활동하면서 일상생활을 즐겁게 보낼 수 있다. 또한 식욕이 좋고 음식을 잘 섭취하며 소화를 잘 시키고 잘 배설하며 잠을 잘 자고 충분히 휴식하여 질병에 감염되지 않게 한다.

그림 1-1 영아의 웃는 모습

2. 영유아 건강에 영향을 미치는 요소

1 건강 관련 요소와 건강증진

건강을 유지하고 증진시키기 위해서는 건강에 영향을 미치는 요소들을 파악하고 좋은 영향을 증대시키며 위해요소를 차단하는 것이 필요하다. 건강에 영향을 미치는 요인에 대하여 래런드Lalonde는 유전적 요인, 환경적 요인, 생활양식, 건강관리요인의 4가지로 분류하여 제시하고 있다 그림 1-2 . 즉, 개인의 건강상태는 생물학적 배경, 자신이 결정한 행동 또는 생활양식, 사회·물리적 환경과 건강관리 시스템의 영향을 받는다는 것이다.

개인의 생물학적 배경은 유전, 성장, 질병에 대한 저항력 등이다. 이 생물학적 배경은 일생 오염, 질병, 스트레스, 빈곤과 같은 개인 환경과 개인의 생활양식 선택 등과 같이 상호작용하게 된다. 그 결과로 인한 건강상태와 질병발생은 건강관리를 받을 수 있는가와 시스템의 질에 의해서 영향을 받는다. 이 4가지 요소들은 상호작용함으로써 질병 예방과 건강증진을 기할 수 있다. 예를 들면, 적절한 영양은 환경 내의 전염병원의 제공을 저하시켜서 면역기능을 증진시킨다. 유전적 배경은 가계의 고혈압이나 당뇨병 위험을 나타내나 개인의 식이나 운동을 생활화하면 이 위험을 감소시킬 수 있다. 오염이나 혼잡과 같은 환경요소는 발병요인과의 접촉을 증가시키지만 예방접종과 같은 건강관리 서비스를 받으면 장애나 조기사망을 예방할 수 있다.

그림 1-2 건강에 영향을 주는 요인

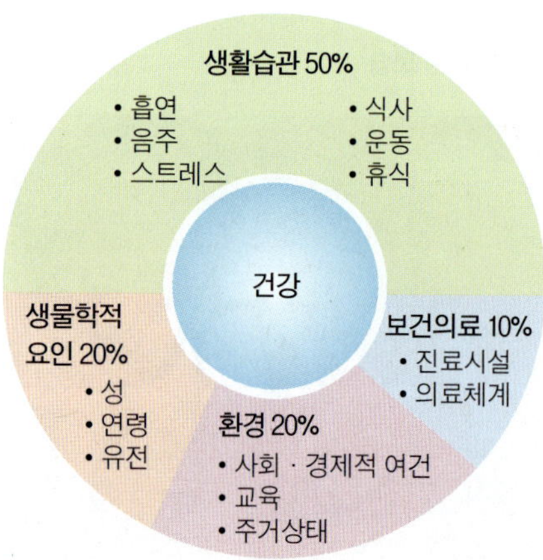

건강상태에는 생활양식과 환경적 요인이 가장 중요하며 유전적 요인이 다음으로 중요한데, 보건의료조직의 기여도는 상대적으로 낮게 제시하였다. 이를 계기로 세계보건기구WHO는 1986년에 건강증진은 사람들의 올바른 생활습관을 확립하여 최상의 건강을 유지할 수 있도록 도와주는 활동과 교육을 강조하게 되었다.

2 생물학적 유전요인

생물학적 유전요인은 영유아의 신체적 특성의 기초를 형성하며 신체적 성장과 발달, 건강한 체질과 정신적 발달 및 성격에 영향을 미친다. 이러한 유전요인은 환경요인에 의해 발현되고 영향을 받는다. 혈액형, 눈의 빛깔, 머리카락의 색과 질은 대부분 유전적으로 결정되며, 키가 크고 뚱뚱한 체형이나 기질, 선천적 질병 등은 양쪽 부모로부터의 유전인자에 의해 결정된다. 유전요인 중 식품에 대한 알레르기 같은 감수성이나 특정 질병 및 정신질환과 정신지체 등은 유전적 요인과 깊은 연관이 있다. 이러한 유전요인들도 조기에 발견하여 적절한 식사요법과 운동을 통해서 유전적 영향을 감소시키고 예방과 치료효과를 높여 건강한 영유아로 성장할 수 있다.

3 환경적 요인

유아들의 건강상태에 영향을 주는 환경적 요인은 물리적 환경, 사회 · 정서적 환경, 경제적 환경, 문화적 환경 등을 들 수 있다.

(1) 물리적 환경

건강을 유지하기 위해 위생적 환경과 청결한 생활습관을 기르는 것은 중요하다. 위생적인 환경은 충분한 공간 크기, 통풍과 환기, 적절한 온도와 습도 등이 포함된다. 우리나라 영유아보육법 시행규칙 〈별표 1〉에 의하면 어린이집의 경우 보육실은 거실, 포복실 및 유희실을 포함하여 영유아 1인당 크기와 학급당 유아수가 규정되어 있다.

건강을 지키고 질병의 감염으로부터 유아를 보호하기 위하여 영유아는 계절이나 날씨에 맞게 의복을 입고, 손을 씻는 등의 습관을 기르는 것도 중요하다.

(2) 사회 · 정서적 환경

영유아의 사회 · 정서적 환경은 부모-자녀 간의 관계에서 시작되며 성장하면서 가족, 이웃, 또래 교사들로 관계의 범위가 넓어진다. 이 시기에 정신건강과 행복감은 신체건강에 중요한 요인이 된다. 건강하고 행복한 가족에서 자란 영유아들은 안정된 정신건강을 유지하고 사회 · 환경에도 잘 적응할 수 있다.

영유아가 사회 · 정서적으로 불안한 환경에 처하거나 많은 스트레스를 받게 되면 여러 가지 신체 및 정서적 장애가 발생할 수 있다. 부모나 교사와 보육교직원은 영유아의 행동을 주의 깊게 관찰하여 정서적 문제나 정신건강의 문제를 발견하여야 한다.

(3) 경제적 환경

영유아의 경제적 환경은 부모의 직업, 이웃, 지역사회, 국가의 경제적 상태를 포함한다. 경제적 요인은 예방 차원의 치료와 성장과 발달, 식품안전 등에 영향을 미친다. 저소득과 경제적 위기는 영유아들의 정서와 행동을 위축시키고 건강에 좋지 않은 영향을 미친다. 영양이 좋지 않고, 부모의 관심이 부족한 환경은 유아의 신체적 · 정서적 발달을 저해하며, 질병이 있을 때 의료혜택도 부족하게 된다. 저소득층 영유아들은 사고, 납중독, 천식, 예방접종의 미비, 철분 부족에 의한 빈혈증 등이 발생할 확률이 높다.

(4) 문화적 환경

영유아 가정의 문화적 환경은 사회적 · 지리적 · 경제적인 요인에 의해서 영향을 받는다. 식생활에서 식습관이나 양육태도는 전통적인 문화적 환경에 의해 이루어진다. 가족의 건강에 대한 태도나 양육태도는 문화와 직접적으로 관련된다. 문화적 특성과 경제적 어려움이 합해져서 어린이의 건강에 해를 미치는 중대한 요인이 될 수 있다. 영유아들은 자신의 문화적 환경 속에서 사회 · 정서 · 행동문제에 접할 수 있으며 정신에도 영향을 받는다.

영유아 가족들이 가진 문화적 다양성을 인식하게 되면, 영유아의 건강문제에 대해 폭넓게 잘 이해할 수 있다. 최근에는 다문화가족이 늘어나면서 영유아의 건강과 영양교육에서 다양성을 이해하는 것이 중요한 시점이 되었다.

4 생활습관

건강에 영향을 미치는 주요 생활습관은 식생활과 영양, 수면과 휴식, 치아관리나 위생적 생활관리 등을 들 수 있다.

(1) 식생활과 영양

영유아기는 일생 중에서 신체의 [illegible]과 발달이 가장 왕성하게 일어나며 활동량이 많은 인지적 · 정서적 발달이 [illegible]는 시기이다. 따라서 영유아기에는 단위 체중당 소요되는 영양소 및 열[illegible]이 성인에 비해 높다.

영유아에게 영양이 충분히 공[illegible]으면 영양장애나 영양결핍이 될 수 있으며 면역력이 약해지면서 심하면 [illegible] 수 있다. 또한 과다 섭취 시에는 비만이나 고지혈증 등이 나타날 수 있다(그림 1-3). 따라서 적정수준의 영양공급이 필요하다.

그림 1-3 영양소 섭취량과 건강상태

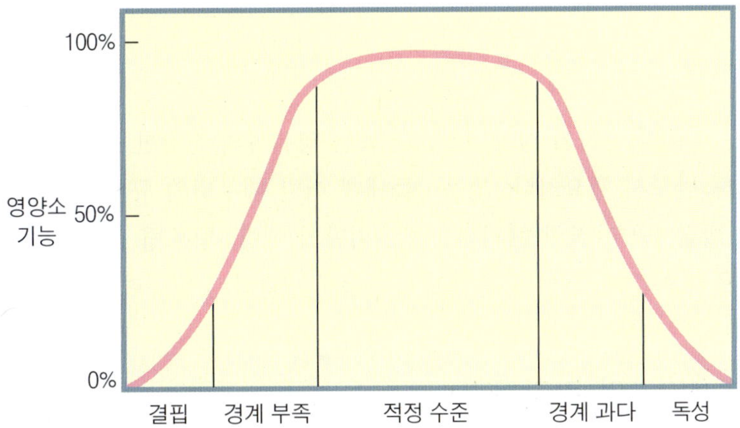

(2) 수면과 휴식

영유아에게 수면과 휴식은 피로를 회복하고 에너지를 재충전하여 건강을 유지하기 위한 기본이며 성장 · 발달에도 중요하다. 수면시간에 성장호르몬의 분비가 촉진되므로 적정시간 수면을 취하게 해야 한다. 영유아에게 필요한 수면시간은 일반적으로 0~1세의 경우 1일 16시간 이상, 2~3세 유아의 경우 12~15시간, 4~5세 유아의 경우 10~12시간의 수면이 필요하며 이것은 낮잠을 포함한 시간이다.

충분한 휴식은 건강에 아주 중요하다. 영유아들은 재미있게 노는 경우 몰두하게 되면 피곤한 것도 느끼지 못하는 경우가 많으므로 적정한 시간의 휴식을 취하도록 지도하여야 한다.

(3) 치아관리와 위생습관

치아건강은 예로부터 다섯 가지 복 중의 하나라고 하였다. 치아는 음식물의 소화 · 흡수를 도우며 충치 등으로 치아가 부실하거나 약하면 음식물의 소화 · 흡수율이 감소하므로 치아건강관리가 중요하다. 건강한 치아는 유전적 요인에 의해서도 결정되나, 바람직한 식습관과 함께 어릴 때부터 이를 잘 닦고 정기적으로 검진을 받는 등 치아관리에 의해서 크게 영향을 받는다.

위생적이고 안전한 생활습관은 질병의 전염이나 세균의 번식을 막는 데 중요하다. 위생적인 생활습관을 형성하도록 하여야 한다.

(4) 운동

운동은 사회성 증가와 성장 · 발달을 돕는 영유아의 건강한 몸과 마음을 발달시키기 위해 반드시 필요하다. 영유아들에게 어릴 때부터의 규칙적인 운동은 근육과 뼈의 발달, 균형 잡힌 체격의 발달, 비만의 예방, 당뇨병 등의 만성적 질환의 예방 등을 도와준다. 나아가 즐겁고 활기차게 생활하는 원동력을 제공해 준다.

5 의료서비스와 건강검진

정기적 건강진단을 통해 유아의 정상적 성장과 발육 정도를 파악하고 질병이나 선천성 기형 등을 조기에 발견할 수 있다. 정기적 건강진단에는 몸무게, 키, 머리둘레 등 체력측정과 시력검사, 청력검사, 혈압검사, 전문의(소아과, 이비인후과, 안과, 치과 등)에 의한 진단 등을 실시하는 체질검사가 포함된다.

우리나라 영유아보육법에는 교육기관에서 1년에 1회의 정기적 건강진단을 실시하도록 규정하고 있으나 3세 이상 유아의 경우 1년에 2회, 0~2세 영아의 경우 1년에 4회 정도 실시하도록 한다.

알아두기

영유아건강증진사업

우리나라 국민의 건강증진을 위하여 보건복지부 주관으로 장단기 건강증진 목표를 설정하고 이를 위해 정책과 사업을 추진하고 있다. 그중 영유아 관련 건강증진사업을 보면 다음 표와 같다. 영유아건강증진사업은 어린이집과 유아교육기관, 보건소 등을 통하여 실시된다.

영유아기의 건강증진사업

구분	건강증진사업 내용
질병관리	• 기초 예방 접종 • 보건교육, 전염병 발생 감시체계 운영
암관리	소아백혈병 및 소아암 관리
구강보건	수돗물 불소화, 구강보건
모자보건	• 미숙아 및 선천성 이상아 등록관리 • 저소득 영 · 유아검진 • 성장 · 발달 상담
건강생활실천	운동, 영양균형

3. 영유아 건강상태 평가자료

1 건강상태 자료

영유아의 건강을 위하여 건강상태를 양호하게 하고 위험을 최소화하여 건강을 증진시키는 것이 필요하다. 이를 위해서는 영유아의 건강력과 건강상태를 파악하는 것이 필요하다. 따라서 건강상태를 평가하는 자료를 수집하고 평가하여야 하며 어린이집과 유아시설의 건강관리자료를 활용하도록 하고 있다.

(1) 건강 기초자료와 건강력

영유아들이 기관에서 집단으로 지낼 때 영유아 개개인의 건강에 관한 기초자료를 구비하여 건강상 문제에 대비할 수 있다. 영유아가 입학하기 전 받아두어야 할 건강력과 영유아 개개인에 대해 구비해야 할 서류들이 있다. 건강력은 유아 개개인의 발달과 음식의 제한, 면역에 대한 기록, 특별한 건강이나 영양적 요구 등을 포함한다. 건강력은 영유아의 과거의 건강상태를 알아보고 유전성 질환 등의 가능성을 예측하여 대책을 강구할 수 있게 한다. 영유아의 가족, 특히 부모와 형제 등의 건강상태도 건강력에 기록되어 있을 때, 영유아의 건강상태를 평가할 수 있다.

표 1-1 / 영유아의 건강력에 대한 구비서류 체크리스트

건강력	개인 구비서류
• 이름, 주소, 전화번호 • 소아과 의사 이름, 주소, 전화번호 • 응급 시 전화번호(두 개 이상) • 유아의 건강상태와 음식의 제한 • 면역 및 알레르기와 그 밖에 상태 • 특별한 문제나 두려움 보호가 필요한 상태 • 매년 투베르쿨린TB 검진 실시 • 이전에 앓았던 큰 병이나 부상 • 응급 시 부모의 권한 양도 각서	• 예방접종 기록 • 부상 기록 • 평가와 선발 결과 • 투약기록과 허가서류 • 부모, 직원, 건강관리자 간의 건강에 관한 의사소통 기록 • 보호와 교육시간 동안 일어난 모든 질병의 기록 • 성장그래프 • 건강력

(2) 평소의 건강상태 관찰

매일 영유아가 등원할 때 건강상태를 점검하는 것은 매우 중요하다. 이때 빠르게 체크하여 유아가 아프고 그 정도가 집단에서 거주할 수 없을 정도이면 부모에게 연락을 취하여 귀가하도록 조치한다. 영유아교육기관에서는 체계적인 방법으로 개개 영유아의 건강상태를 매일 파악할 수 있어야 한다. 즉, 표정, 안색, 피부, 입, 두통, 눈 상황, 귀 통증, 걸음마 상태, 재채기나 기침 등을 잘 관찰한다.

2 영유아 건강상태 평가자료

(1) 신체계측자료

영유아의 전반적인 성장 및 발달상태와 건강상태를 평가하는 기초자료로서 신체발육상태가 있다. 주기적으로 영유아의 키, 체중, 머리둘레, 가슴둘레를 측정하여 건강기록수첩에 표시한다. 신체발육은 개인차가 있으므로 연속된 자료를 종합적으로 비교해야 제대로 발육상태를 알 수 있다.

선별검사는 성장과 발달이 정상 패턴으로 진행되는가를 진단하고, 잠재된 문제

나 손상을 알아낼 수 있다. 영유아가 그 연령에 비해 몸이 지나치게 작고 가볍다면 성장에 문제가 있을 수 있다.

(2) 건강검사자료

건강검사는 유아교육기관이나 어린이집에서 단체로 또는 개인적으로 실시할 수 있다. 건강검사 내용은 시력검사, 청력검사, 언어능력평가, 영양 섭취와 부족 평가, 구강검사 등이다.

영유아의 성장과 발달은 개개인에 따라 다른 속도로 이루어지고, 건강수준도 각각 다르다. 따라서 영유아 개인의 기초자료인 건강력과 함께 지속적이고 세심한 관찰을 통해 정확하게 건강을 평가하도록 한다.

표 1-2 / 건강검사 종류와 내용

검사 종류	검사 내용
시력검사	• 시력문제와 시각적인 문제는 아동의 건강뿐만 아니라 지적 · 정서적 · 사회적 발달에 크게 영향을 준다. • 시력문제는 교정과 치료를 위해 가능한 한 조기에 발견되어야 한다. • 유아들은 소아과에서의 정기검진을 통해 보통 선별된다.
청력검사	• 청력검사에 이상이 있는 경우 중이염이나 언어장애도 의심해 보아야 한다. • 청력은 알레르기, 감기가 문제가 되어 상실될 수 있으므로 바로 보고하고 부모에게 알리도록 한다.
구강검사	구강검사는 충치, 잇몸질환이나 구강 내 여러 가지 질병의 감염 유무를 진단할 수 있다.
투베르쿨린검사	투베르쿨린검사는 결핵균에 대한 감염 여부를 알기 위해 2~3년에 한 번씩 실시한다.
빈혈검사	빈혈은 혈액검사를 통해 철분결핍에 의한 빈혈증을 파악할 수 있다.
대변검사	기생충검사를 한다.
소변검사	질환, 요도감염, 당, 단백질검사, 기타 방광에 관련된 여러 가지 질병을 진단한다.
납중독 검사	혈액에 축적된 납의 함량을 알 수 있고, 납중독을 예방할 수 있게 한다.

Chapter 02

영유아의 성장 · 발달

영아기는 신체적 성장과 모든 기관의 발달이 활발하게 일어나는 시기이며, 이 시기의 충분한 영양 공급은 정상적인 성장과 장래 성인 건강의 기초가 된다. 유아기는 1세경부터 초등학교 입학 전까지의 시기이다. 이 시기에 발육이 왕성하고 운동이 활발하며 신체의 조절기능 및 인지능력이 발달하나 신체의 소화 및 흡수능력은 아직 미숙하여 영양관리가 매우 중요하다. 따라서 영유아의 성장 · 발달을 위한 적절한 영양공급과 생리적 · 심리적인 특성을 고려한 영양관리 및 지도관리가 필요하다.

1. 영유아 성장 · 발달의 특성
2. 영유아의 신체적 성장
3. 생리기능의 발달
4. 영유아의 운동기능과 사회성발달

1. 영유아 성장 · 발달의 특성

영유아는 생후 1년간을 이르는 영아기와 1세부터 만 5세까지의 유아기로 나뉜다. 영아기는 일생 중 성장이 가장 왕성하게 일어나며 유아기는 성장이 가속되고, 특히 뇌의 성장과 각 조직 및 기관의 발달이 이루어지는 시기이다. 소화기관의 발달에 따라 소화 · 흡수기능발달이 이루어지나 면역력이 약하며, 환경변화에 대한 적응력도 아직 낮다. 이 시기의 적절한 영양공급이 영유아의 성장 · 발달뿐 아니라 이후의 성장과 건강에 영향을 미치며 영양부족은 각 기관의 발달에 심각한 영향을 줄 수 있다.

I 성장 · 발달의 원리

그림 2-1 연령별 각 조직의 성장

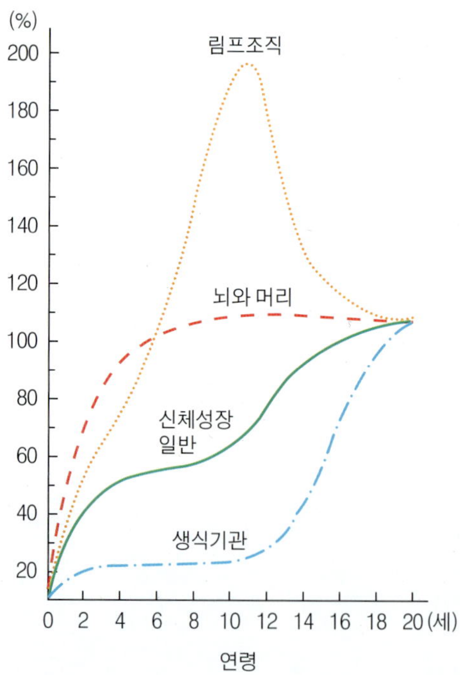

① 성장 · 발달은 대부분 유전에 의해 정해진 일정한 순서대로 질서 있게 진행한다.

② 성장 · 발달은 연속적이다. 그러나 항상 균일하지는 않으며 어느 시기에 급격하게 성장한다.

영아기에 가장 왕성한 고비를 지나 유아기와 학동기에는 완만한 성장이 지속된다.

③ 장기와 각 조직이 커지고 기능이 충실해지며 골격의 발달도 현저해진다.

신체의 각 조직들은 정상적인 성장은 개인의 유전적 요소에 의하며, 영양과 건강상태에 따라 영향을 받는다.

④ 체내의 어느 기관이나 기능의 성장 · 발달을 결정하는 시기가 다르다.

뇌와 머리는 영유아 초기에, 생식기관은 청소년기에 발달됨을 볼 수 있다. 그 시기의 영양과 환경 등이 성장 · 발달의 속도를 결정하게 된다. 만약 정상적인 발달에 어떤 장애요소가 있으면 영구적으로 결함이 생기거나 기능장애가 생길 수 있다.

⑤ 성장발달에는 개인차가 크다.
일정한 순서에 따라 성장·발달한다고는 해도 개인의 성장 패턴이 나타나며 느리게 성장하는 아이와 빨리 성장하는 등 개인에 따른 성장 특성의 차이가 나타난다.

2 성장·발달에 영향을 주는 요인

영유아의 성장·발달은 유전적인 기반 위에 후천적인 환경과 영양, 수면과 운동, 성별, 질병, 사회·경제적 여건 등의 영향을 받는다 표 2-1 . 개개인의 특성은 이러한 요인의 조합과 연대에 따라 다르다.

영양과 유전은 신체의 성장 발육에 가장 큰 작용을 한다. 신장의 발육에 대한 공헌도는 영양 34%, 유전 28%, 운동 29%, 문화자극을 포함한 환경 9% 순으로 나타나고 있다 그림 2-2 . 이러한 요소들에 영향을 주어 성장에 중요한 영향을 미치는 요소가 호르몬이다.

표 2-1 / 성장·발달에 영향을 주는 요인

요인	
• 유전 • 성별 • 영양 • 질병	• 사회·경제적 여건 • 호르몬 • 정신적 인자 • 운동 • 환경

그림 2-2 신장 발육량에 대한 요인별 공헌도

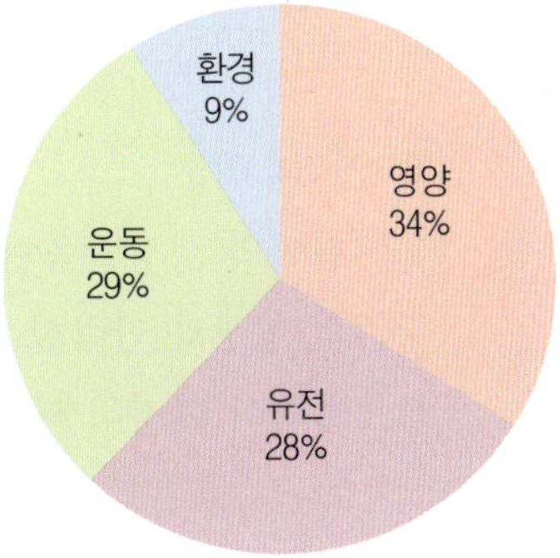

① 유전

개인의 성장능력은 유전적으로 결정되지만 그 최대능력이 발휘된다고 보장할 수 없다. 북한 주민은 장기간의 영양부족으로 유전적으로 같음에도 신장이 남한사람보다 작아진 것을 볼 수 있다. 적절한 영양 섭취와 질병에 걸리지 않는 것이 유전적 형질을 최대로 보장하는 지름길이다.

② 영양

식품공급, 즉 영양소의 공급은 성장에 영향을 주는 가장 중요한 요인이다.
영유아기의 영양불량은 신체성장의 회복할 수 없는 원인이 된다. 특히, 태아에서부터 생후 2~3년간 지질과 단백질, 열량이 극도로 불량하면 발달에 치명적인 영향을 준다. 과잉 열량 섭취로 인해서 영유아기에 지방세포의 수가 많아지고 크기가 커지면 나중에 비만증을 초래하기도 한다.

③ 질병

질병에 걸리면 성장이 지연되거나 정상 성장곡선보다 느리게 된다. 성장기 아동들은 질병 후에 성장속도가 급격히 증가하는 것을 볼 수 있다. 그러므로 회복기 영양이 중요하며, 이때 영양이 부족하면 성장이 지연되거나 허약한 체위를 나타내게 된다.

④ 운동

어린이들의 운동을 돕는 여러 종류의 완구 및 소아용 운동기구가 새롭게 보급되어 어린이의 성장 · 발육을 더욱 촉진시키고 있다.

⑤ 정신적 여건

정신적 여건으로 사랑, 미움, 스트레스 등을 들 수 있다. 영유아에게 있어서 과중한 스트레스나 사랑의 결핍 등은 발육을 억제한다. 최근 우리나라의 영유아에게 과중한 음악, 미술, 영어 학습 등이 문제되고 있다. 한편, 애정이 결핍된 환경에서 자라는 어린이 역시 발육이 억제되는데, 이를 모성결핍증후군이라 한다.

⑥ 연대추이

어린이의 성장발육치의 연대별 추이를 보면 우리나라는 경제성장에 따른 생활수준의 향상과 안락한 환경, 그리고 식생활 필요 등으로 연대적으로 영유아의 성장 · 발육이 현저히 빠르고 좋아졌다.

⑦ 성장 · 발달과 호르몬

성장은 유전, 영양과 환경적인 요소에 의해 영향을 받는데, 직접적으로 성장을 조절하는 물질이 호르몬이다. 성장기에 주로 작용하는 호르몬은 성장호르몬, 갑상선호르몬과 성호르몬 등이다. 출생 후 성장에 영향을 미치는 호르몬의 중요성을 보면 그림 2-3 과 같다. 태아기에는 성장호르몬의 작용이 거의 없으며 출생 후부터 학동기에는 갑상선호르몬과 성장호르몬이 중요하다. 사춘기 이후에는 안

그림 2-3 연령별 성장에 영향을 주는 호르몬의 상대적 중요성

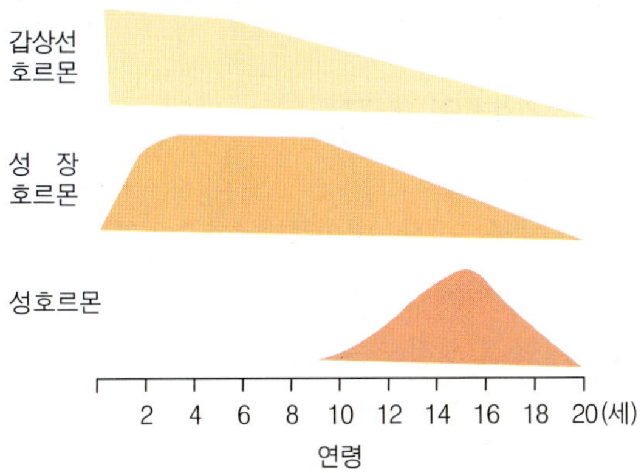

드로젠과 성호르몬 등이 주로 성장과 성기관의 발달 및 성성숙에 관여한다.

성장호르몬은 대부분 수면 동안 분비되어 단백질합성과 세포를 증식시켜서 뼈와 각 조직의 성장을 촉진한다. 따라서 영유아기와 학동기에는 충분한 수면이 필요하다. 갑상선호르몬 부족에 대한 저갑상선증 난쟁이는 성장 후에도 신체모양은 같으며 정신적인 지진현상이 일어난다. 뇌하수체기능 저하는 성장호르몬 부족으로 정신 지진 및 왜소증이 나타난다 그림 2-4 .

그림 2-4 정상과 호르몬 분비 이상

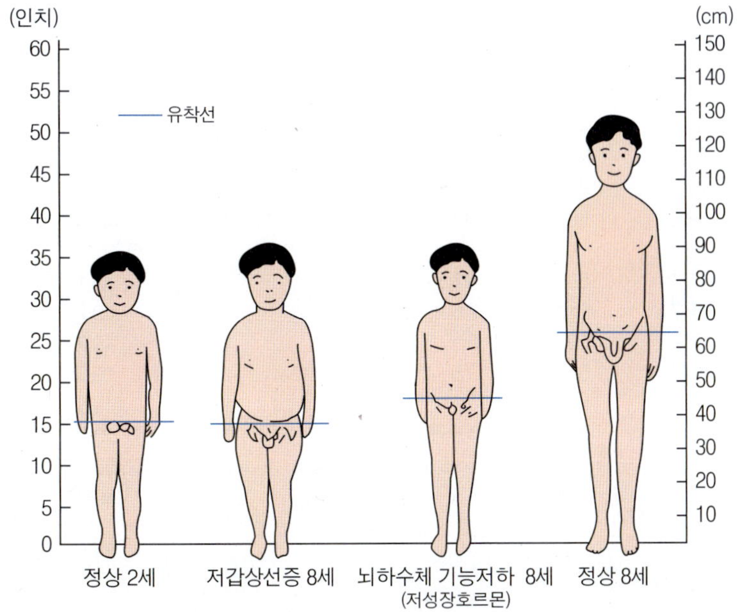

2. 영유아의 신체적 성장

[1] 신체 성장과 발육상태의 지표

영아의 신체적 성장은 체중, 신장, 머리둘레, 가슴둘레와 같은 형태학적 성장과 각 기관과 조직의 크기가 증식되는 것도 포함한다. 또한 대사에 의한 질소, 칼슘 등의 축적이 일어나는 화학적 성장도 포함한다. 이러한 신체적 성장과 더불어 각 조직과 기관의 기능적 발달이 일어나게 된다.

표 2-2 / 한국 영유아의 신체발육 표준치

남아				연령	여아			
신장(cm)	체중(kg)	머리둘레(cm)	가슴둘레(cm)		신장(cm)	체중(kg)	머리둘레(cm)	가슴둘레(cm)
50.1	3.4	34.7	33.5	출생 시	49.4	3.3	34.1	33.0
57.7	5.7	38.3	39.0	1~2(개월)	56.7	5.4	37.5	37.8
60.9	6.5	39.9	41.4	2~3	59.8	6.1	39.0	40.2
63.5	7.0	41.1	43.5	3~4	62.3	6.6	40.2	42.0
65.7	7.5	42.0	44.0	4~5	64.4	7.1	41.1	43.0
67.6	8.0	42.8	44.5	5~6	66.3	7.5	41.9	43.5
69.3	8.4	43.5	44.8	6~7	68.0	7.9	42.6	44.0
70.8	8.7	44.1	45.5	7~8	69.6	8.2	43.2	45.0
72.3	9.0	44.6	46.0	8~9	71.0	8.5	43.7	45.2
73.6	9.3	45.1	46.5	9~10	72.3	8.8	44.1	45.5
74.9	9.6	45.5	47.0	10~11	73.6	9.1	44.5	46.0
76.0	9.9	45.9	47.0	11~12	74.8	9.4	44.9	46.2
78.2	10.4	46.5	48.0	12~15	77.0	9.8	45.5	46.8
81.2	11.1	47.3	49.0	15~18	79.9	10.5	46.3	47.5
83.8	11.7	47.9	49.0	18~21	82.6	11.1	47.0	48.0
86.2	12.3	48.5	50.0	21~24	85.0	11.7	47.5	49.0
89.4	13.1	49.1	50.7	2~2.5(세)	88.2	12.5	48.1	49.6
93.1	14.0	49.7	51.5	2.5~3	91.9	13.4	48.7	50.5
96.7	14.9	50.1	52.1	3~3.5	95.6	14.3	49.2	51.2
100.3	15.9	50.4	53.0	3.5~4	99.2	15.3	49.5	51.9
103.8	17.0	50.7	53.9	4~4.5	102.7	16.3	49.8	52.5
107.2	18.1	50.9	54.7	4.5~5	106.1	17.4	50.0	53.2
110.5	19.2	51.0	55.5	5~5.5	109.4	18.4	50.2	54.1
113.6	20.4	51.1	56.5	5.5~6	112.5	19.6	50.3	55.0

자료 : 질병관리본부(2007).

(1) 신체발육 표준치

대한소아과학회는 2007년 한국 소아의 성별에 따른 신장, 체중, 머리둘레 및 가슴둘레 등 신체발육에 관한 표준치를 발표하였으며, 이를 표 2-2 와 발육 표준치를 바탕으로 발육곡선과 퍼센타일치를 제시하였다.

신체발육의 정도를 같은 성이나 같은 연령층에서 백분율로 나타내어 자신의 발육 정도가 몇 번째에 해당하는지를 알 수 있도록 퍼센타일치로 사용하는데, 체중에서 10퍼센타일치 이하는 수척, 90퍼센타일치 이상은 비만으로 간주한다. 경계선으로 판정하므로 10~90퍼센타일치 안에 계측치가 들어 있으면 일단 발육에는 이상이 없는 것으로 해석한다.

(2) 발육곡선

신장과 체중은 1회 계측치를 기준치와 퍼센타일치를 비교하거나 보는 것이며, 계속 발육하고 있는지 살펴볼 수 있게 발육곡선을 그려서 계속적으로 상승선을 이루는지를 지켜본다.

그림 2-5 남아 0~36개월 발육곡선

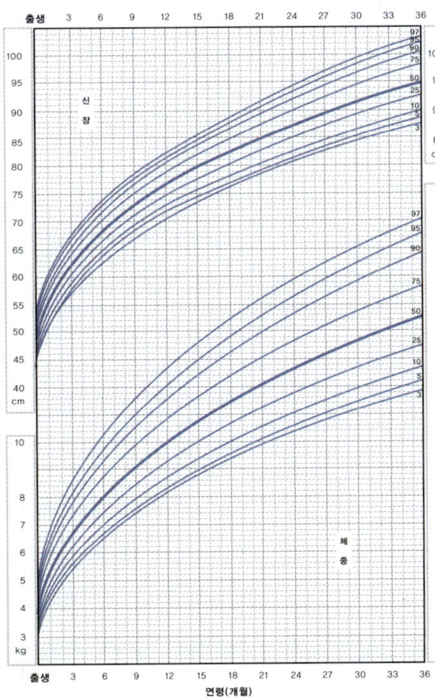

그림 2-6 여아 0~36개월 발육곡선

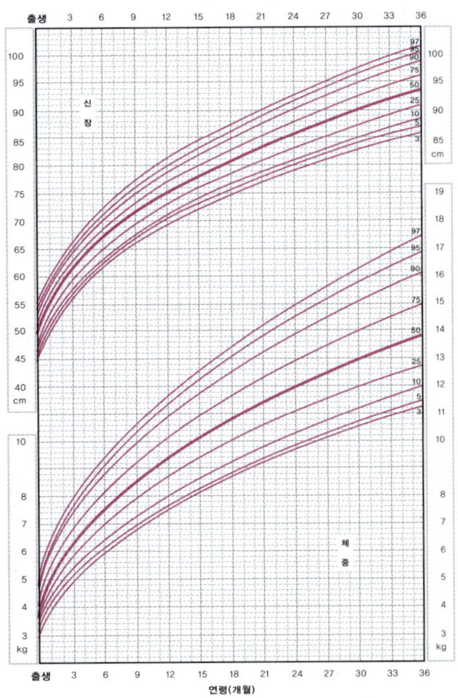

그림 2-7 남아 2~18세 발육곡선

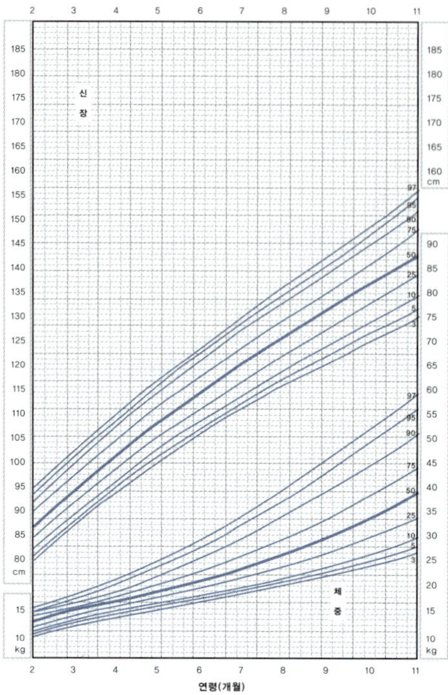

그림 2-8 여아 2~18세 발육곡선

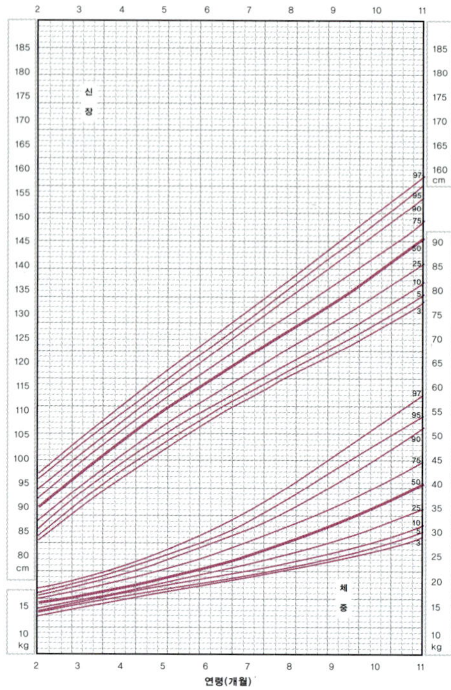

2 신장과 체중

(1) 신장

우리나라 신생아의 평균 신장은 남아 50.8cm, 여아 50.1cm이며, 대부분 46~56cm의 범위 내에 있다. 출생부터 3개월까지의 신장 증가율은 빨라서 이 기간에 10cm가량 성장하며, 생후 1년이 되면 출생 시 신장의 약 1.5배 정도가 되는데, 체중의 증가율에 비교하면 상당히 낮다 표 2-2 .

(2) 체중

출생 후 신장과 체중은 주로 유전적인 요인이 영향을 미쳐서 유전적으로 예정된 성장경로에 따라 성장한다. 예를 들어, 출생 시는 크게 태어났지만 유전적으로 보통 키 또는 작은 키로 예정된 영아는 느리게 성장하며, 반대로 출생 시는 작은 키로 태어났지만 유전적으로 보통 키 또는 큰 키로 예정된 영아는 빠른 성장을 한다.

신생아의 출생 시 체중은 남아는 평균 3.4kg, 여아는 3.3kg으로 남아가 여아보다 약간 무겁다. 빠른 속도로 체중이 증가하여 3개월에는 출생 시 체중의 약 2배가 되고, 1년 뒤에는 약 3배로 증가한다. 체중은 골격, 근육, 피하지방의 양 등을 종합적으로 나타내며 신장과 함께 성장의 척도로 이용될 뿐만 아니라 영양상태 평가의 중요한 지표가 된다. 영양상태 판정을 할 때는 체중과 신장을 함께 고려해야 하지만 체중의 대소와 체중 증가의 정도를 본다.

3 머리둘레와 가슴둘레

(1) 머리둘레(두위)

출생 시의 머리둘레는 평균 약 34cm로 남아가 여아보다 약간 크며, 가슴둘레보다 크다. 일반적으로 신생아기부터 만 1세가 될 때까지 머리둘레는 11.3cm가량 커지지만 1세 이후 성장 속도가 급격히 느려진다.

알아두기

신생아의 두개골

머리둘레를 형성하는 두개골은 영유아에 있어 특이한 발육을 하는데, 출생 시와 같이 전두골, 후두골, 측두골, 두정골이 좌우에 각각 두 개씩, 모두 합쳐 8개로 형성되어 있다. 좌우의 두정골과 전두골 사이에는 골패 모양의 대천문 또는 숨구멍이 있다. 머리 뒤쪽에는 소천문이 있다. 소천문은 출생 후 한 달 정도 되면 자연히 막히게 된다. 대천문은 신생아 시기 약 2.5cm 정도이며 1.5세가 되면 완전히 폐쇄되면서 두개골의 각 부위가 유착되어 딱딱해진다.

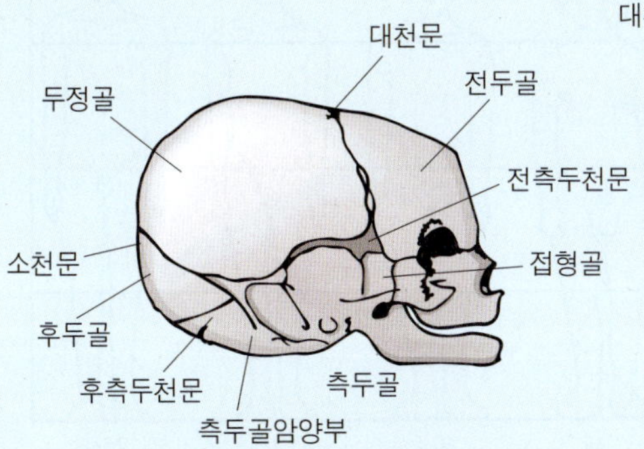

신생아 두개의 좌측면

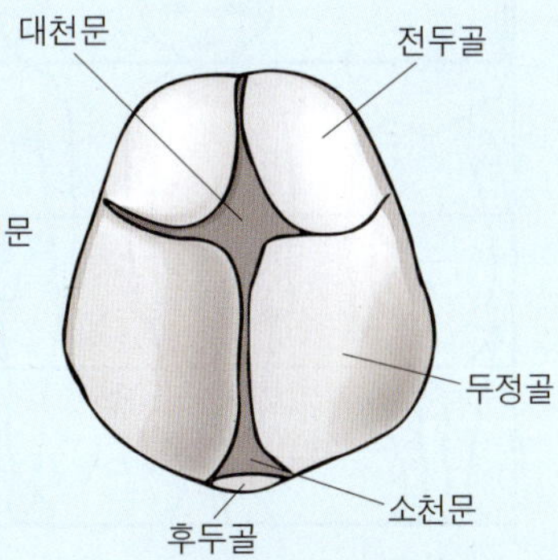

신생아 두개의 상면

(2) 가슴둘레(흉위)

신생아의 가슴둘레는 평균 33cm 정도로 머리둘레보다 작으며, 1세가 되면 13.8cm가량 급속히 커지고 그 후에는 가슴둘레가 머리둘레보다 커진다. 갓 태어났을 때에는 가슴모양이 둥글지만 크면서 점점 타원형이 된다. 가슴둘레는 피하지방, 근육조직 등의 발달 여하에 따라 달라지며 가슴둘레의 증가는 체중과 거의 비례한다. 질병이나 영양상태가 나빠지면 체중보다 민감하게 감소한다.

만 1세가 되면 머리둘레와 가슴둘레는 거의 비슷해지며 1세 이후에는 가슴둘레가 머리둘레보다 커진다 표 2-2 . 머리둘레는 뇌수증이나 뇌종양 등이 있으면 비정상적으로 커진다.

4 신체 각 부위와 조직의 변화

(1) 신체 비율의 변화

영유아의 두부 발육과 신장 발육에 의한 신체비율 변화를 보면 신생아는 4등신, 2세아는 5등신, 6세아는 6등신이 되며 성인이 대개 7.5~8등신이 된다. 한편, 뇌두개와 안면두개의 비율은 나이가 어릴수록 뇌두개가 크다. 따라서 나이가 어릴수록 얼굴이 크고 몸의 중심도 위쪽에 있으므로 넘어지고 부딪히기 쉽다.

그림 2-9 연령별 체형의 비율 변화

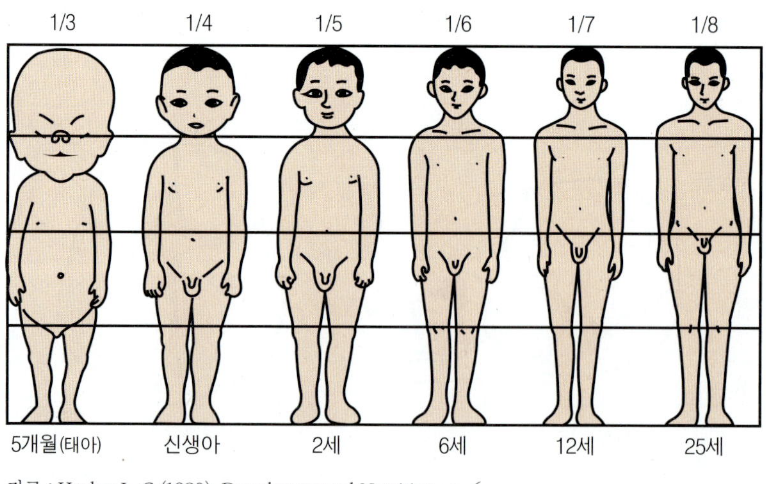

자료 : Hurley L. C.(1980), Developmental Nutrition, p. 6.

영유아의 척추는 초기에는 거의 누워 있는 시기이므로 곧게 뻗어 있다가 차차 머리를 올리고 걸음을 걷게 되면서 만곡이 생긴다. 영유아는 상당한 만곡을 나타낸다. 유아기 및 학동기에 바른 자세를 갖추지 않으면 이러한 만곡이 심해지며 체내의 각 장기 발육과 활동에도 영향을 미치게 된다.

(2) 치아

치아는 태아기에 대부분 그 기초가 완성되므로, 튼튼한 이 또는 약한 이가 생기는 본질은 이미 태아기에 결정된다. 유치(젖니)는 생후 6~7개월이 되면 대체로 아래의 가운데 앞니부터 나오기 시작하며, 대개 2~2세반 사이에 20개의 젖니가 다 나오게 된다. 영구치는 6세를 전후하여 나오기 시작하며, 새로 나온 다음에는 평생 동안 교체되지 않는다. 영구치가 모두 완성되면 32개가 되나 제3큰어금니인 사랑니가 나오지 않는 사람도 있다 그림 2-10 .

그림 2-10 유치와 영구치가 나오는 시기

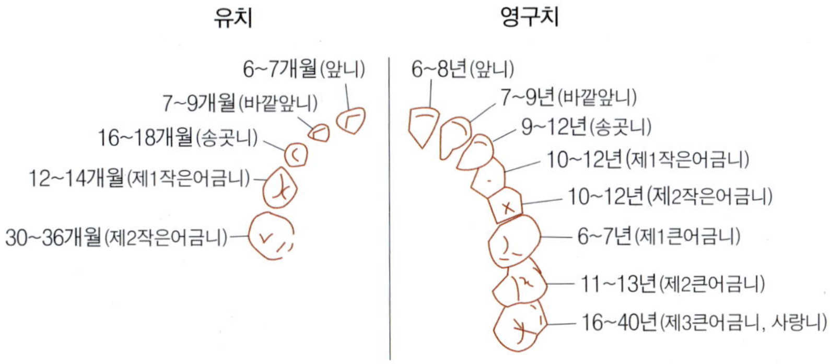

(3) 골격

골격 성장은 다리가 길어짐으로써 일어난다. 신장은 골격발달에 의해서 이루어지며 결합조직, 연골, 골격 등의 성장에 의한다. 골격 성장은 상피세포인 장골 끝의 연골 부분이 석회화되어 이루어지며 칼슘이 침착하면서 길이와 폭이 커진다. 장골골단의 상피세포가 계속 발달하면서 장골이 길어진다 그림 2-11 .

골격성숙은 연령의 발달단계에 따라 매우 분명하게 패턴을 나타낸다. 손바닥 안의 수근골을 보면 연령의 증가에 따라 손바닥 안의 뼈의 수가 많아지는 것을 볼

그림 2-11 장골 골단면이 발달하여 골격이 길어지는 현상

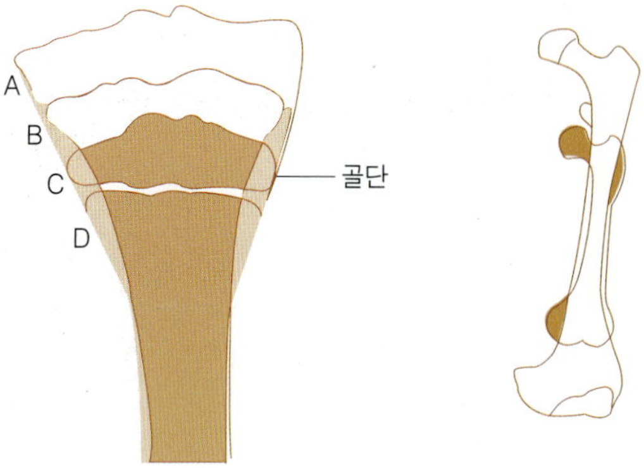

수 있다. 골격성숙(골격나이)과 성적 성숙은 총체적 신체성장과 높은 상관을 나타낸다.

심각한 장기간의 저영양과 단백질 결핍은 골격성장을 저해한다. 내분비계의 저해는 골격성장에 더 큰 영향을 미치며 성장호르몬 부족인 경우 난쟁이가 될 수 있다.

그림 2-12 연령에 따른 수근골 수의 변화

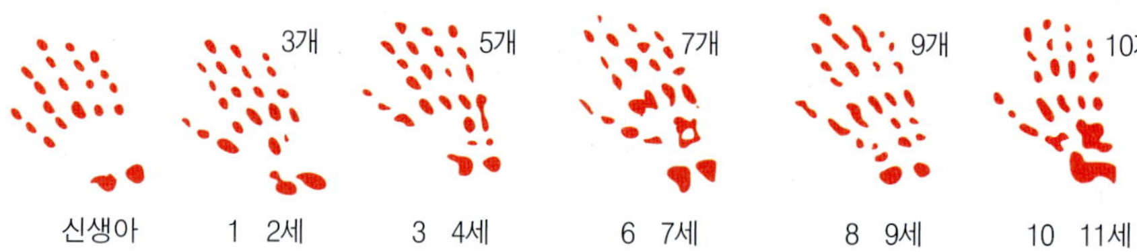

(4) 근육과 지방조직

그림 2-13 연령별 근육량과 지방조직의 변화

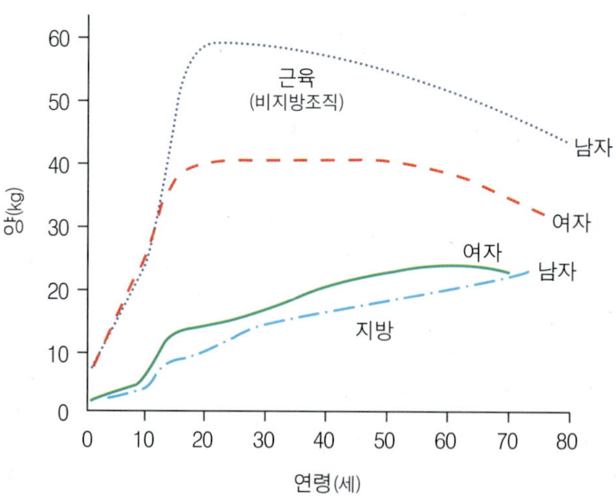

영유아의 근육량은 생후 계속 증가하며 10세를 전후하여 남성은 급성장하는 데 비하여 여자는 그 증가폭이 훨씬 적다 그림 2-13 . 지방조직은 생후 1년간 급격히 축적된다. 6세부터 사춘기 전까지 남녀 모두에서 서서히 증가한다.

(5) 신체조직의 발달

뇌는 생후 1년간 2배 이상 커지며, 6세에는 약 3배 이상 성장한다. 뇌의 크기는 뇌무게 증가와 관련이 있다. 신생아의 뇌는 성인의 30%이며 6세에 성인의 60%에 이른다. 이 시기에 급속히 성장하므로 영양결핍이 심하면, 뇌발달이 지연되어 뇌에 돌이킬 수 없는 영향을 줄 수 있다. 영·유아기의 에너지와 단백질의 결핍은 지진아가 되게 하는 요인이 될 수 있다. 심장, 폐, 간 등도 생후 1년간 2배 정도 발달하며, 신장과 위는 3배 가까이 발육한다. 이러한 조직과 기관의 성장과 더불어 기능적 발달이 이루어지게 된다.

(6) 신체 구성성분

영아기 동안 신체의 구성성분에 큰 변화가 일어난다. 단위체중당 총 체수분함량은 출생 시의 74%에서 1년 후에는 60%로 감소하며, 체지방함량은 생후 4~5개월경에 급격히 증가하여 출생 시 체중의 12%를 차지하던 것이 1년 후에는 23%로 증가한다. 그러나 그 이후에는 체지방 비율이 감소하여 사춘기가 될 때까지 낮은 수준을 유지한다. 단백질함량은 생후 1~2년 동안 계속 증가하여 성인과 비슷한 수준에 도달한다. 무기질함량은 영아기와 아동기 동안 비교적 일정하게 유지된다 표 2-3 .

표 2-3 / 미숙아(2kg), 정상 신생아(3kg) 및 1세 영아(10kg)의 신체 구성성분

구분	미숙아	신생아	1년
몸무게	2.0kg	3.0kg	10.0kg
무기질	2%	–	2%
단백질	12%	12%	23%
수분	80%	74%	60%

알아두기

영아의 지방 축적

정상의 영양상태로 발육하고 있는 영아의 경우 지방이 적당하게 축적되어 있으며 영아의 체형에는 팔과 다리에 동그라미가 있다. 만약 영양상태가 악화되면 피하지방은 감소하는데, 이러한 경우 복벽, 가슴둘레, 상완, 내측, 대퇴부 등의 부위 순서로 비교적 빠른 속도로 감소한다.

알아두기

신체 발육상태의 평가

원래 발육상태와 영양상태평가는 신장, 체중, 앉은키(좌고), 가슴둘레 등의 계측치뿐만 아니라 상대적 발육도를 알기 위해 발육지수가 이용되고 있다. 이중 가장 많이 이용되는 것이 비체중이다.

비체중weight for height은 체중(g)을 신장(cm)으로 나눈 값으로 연령의 증가에 따라 증가한다. 비체중은 체형을 보는 데 이용되며 영유아기에도 사용한다.

발육상태를 평가할 경우, 형태적인 크기만으로 결정할 수는 없다. 운동기능과 정신발달 등도 평가하는 동시에 신체적 이상과 질병의 유무에 대해서도 평가한다.

영아기의 비체중

연령	비체중
신생아	69
3개월	98
6개월	116
9개월	128
12개월	135

3. 생리기능의 발달

1 소화기능

영아는 생후 3~4개월이면 저작기능 및 소화와 흡수도 발달한다. 삼키는 등의 반사작용이 확립되어서 소화기능도 강해진다. 위의 용량이 커지고, 소화효소와 위장관 점막, 대사 및 배설기능이 발달한다.

전분분해효소가 분비되는 4~5개월경이 되면 곡물 섭취가 가능하게 된다. 지방의 소화능력은 4~5개월경에 성인의 40% 정도, 1~2년에 76% 정도 처리된다.

표 2-4 / 소화효소의 발달

구분	출생 후 소화능력의 발달
단백질	신생아 체중 1kg당 1.95g, 생후 4개월경에는 3.75g으로 성인에 비해 낮다.
지질	지질 분해능력은 생후 3개월경에 성인의 33%, 4~6개월경에 40%, 1~2년에 76%, 4년에 82%에 도달한다.
탄수화물	• 아밀레이스 : 생후 4개월경에 증가하여 6~12개월에 성인수준에 도달한다. • 락테이스 : 생후 4~6개월에 분비가 시작된다. • 수크레이스 : 위장관염에서 일시적으로 낮아진다.

(1) 입

영아의 구강은 형태적 · 기능적으로 흡유하기 쉽게 되어 있다. 즉, 구강 내에는 흡유에 필요한 압력이 생길 수 있도록 되어 있으며 입 안의 압력으로 빰에는 특수 지방체가 있어서 흡인력이 강하다. 신생아기에는 타액분비가 적으며, 생후 1년쯤 되면 1일 타액 분비량은 50~150mL 정도가 되며 500mL가량이 된다.

(2) 위

위의 용량은 신생아기의 10~20mL에서 생후 1년에는 200mL로 증가한다. 위의 모양은 처음에는 가늘고 긴 통과 같은 모양이나 성장하면서 경사가 생겨 위저가 형성된다. 영아의 위는 성인보다 만곡이 훨씬 적으므로 분문의 기능이 발달하지 못해 토하기 쉽다. 영아의 위 운동은 전체적으로 일어나는 수축작용에 의해 위 안의 내용물을 내보내게 된다.

(3) 소장 및 대장

영아의 장 길이는 약 3~5m로 신장의 6배가량이며, 성인의 장 길이가 신장의 4.5배가 되는 것과 비교할 때 상당히 긴 편이다. 위에서 음식물이 소장으로 내려오면 소화효소가 분비되어 탄수화물, 지질 및 단백질을 각각 단당류, 지방산과 모노글리세리드, 아미노산 등으로 분해한다. 신생아기나 영유아기에는 장점막이 미숙하여 식품단백이 소화과정을 거치지 않고 그대로 체내로 유입되어 알레르기 반응을 일으킬 가능성이 높다. 생후 9개월부터는 이러한 위험성은 줄어들게 된다.

지방을 분해하는 효소 및 담즙산의 분비가 낮으므로 지용성 비타민의 흡수가 감소할 수 있다.

알아두기

영아의 분변 양상

- 영아의 대변 : 모유영양아의 경우 보통 약한 산성(pH 5.6~6)이며, 색은 황금색을 나타내나 때로는 장내에서 담즙색소가 산화되어 녹색을 나타내는 경우도 있다. 수분이 많고 부드러우며 냄새가 없거나 방향산취가 난다. 모유영양아의 변 속에는 비피더스균이 많다.
- 영아변 : 영아변은 모유영양아와 인공영양아의 변의 성질이 다르다. 즉, 모유영양아의 변은 수분이 많고 부드러우며, 냄새가 없거나 향산취가 나고 약간 산성이며, 유용한 비피더스균이 많은 데 비해, 인공영양아의 변은 부패냄새와 약알칼리의 대장균이 많다.

2 섭식운동

영유아의 치아발달 및 혀운동과 손놀림의 발달 같은 섭식운동의 발달에 따라 영아 식품 형태와 공급방법이 달라져야 한다.

(1) 신생아

신생아의 입 주변과 볼을 건드리면 자극이 있는 쪽을 향해 움직여 먹으려고 하는 포유반사rooting reflex가 일어나고, 아기의 입은 빨아먹으려는 모습을 갖추게 되어 혀를 위 · 아래로 율동적으로 움직여, 필요한 영양분을 섭취할 수 있게 된다.

(2) 4~8개월

4개월이 되면 혀의 움직임이 앞과 뒤로 바뀌고 숟가락으로 떠먹여도 받아넘길 수 있다. 머리를 잘 가눌 수 있고, 손으로는 젖병이나 엄마의 젖을 잡을 수 있다. 6개월이 되면 아기는 물체를 손바닥으로 잡을 수 있으며, 손에 잡힌 물체는 거의 대부분 입으로 가져간다. 6~8개월경에는 저작에 필요한 턱의 움직임이 발달한다. 혼자 앉을 수 있게 되고, 음식을 손가락에 쥐고 먹을 수 있게 된다. 8개월쯤 되면 컵에 담긴 물이나 우유를 마실 수 있는 능력도 생긴다.

(3) 9~12개월

대부분의 영아들은 엄마 젖을 거부하기 시작한다. 영아는 엄지와 검지로 물체를 잡을 수 있고 여러 가지 종류의 음식, 즉 이유식에 접하게 된다. 12개월쯤에는 저작기능이 충분히 발달되어 다지거나 잘게 썬 음식을 먹을 수 있다. 어른들이 하는 대로 따라하려고 하며, 스스로 숟가락질을 하여 혼자 먹으려 한다.

표 2-5 / 영유아기 섭식운동의 발달

월령	섭식운동
출생 후~3개월	• 반사 : 젖냄새를 맡거나 젖꼭지로 뺨을 자극하면 그 방향으로 고개를 돌린다. • 젖꼭지나 손가락을 입 안에 넣으면 혀와 뺨을 이용하여 빤다. • 젖을 입 안에 떨어뜨리면 삼킴운동이 유발된다. • 젖꼭지를 대면 빨기 위해 혀를 밖으로 내민다.
4~5개월	• 반사가 없어진다. • 손을 펼 수 있게 되고, 양손을 모아 물건을 잡을 수 있다.
6개월	• 앞니가 나기 시작하며 씹는 운동이 나타나고, 혀 앞에 있는 것을 뒤로 보낼 수 있다. • 잡는 능력이 향상된다.
7개월	• 턱을 이용해 음식물을 부수기도 한다. • 입 안의 음식물을 돌려가며 씹는 운동을 한다.
8~10개월	• 어금니가 나오기 시작하고, 씹는 운동이 더욱 발달하며, 혀운동이 더욱 정교해지고, 삼킴운동이 성숙된다. • 병을 잡을 수 있고, 엄지와 검지를 이용하여 물건을 잡을 수 있을 정도로 손동작이 발달한다.
10~12개월	• 깨물거나 씹는 능력이 향상된다. • 혼자서 먹는다. • 도움 없이 컵을 잡는다.
1~2세	• 뒤 어금니만 제외하고 송곳니, 앞 어금니 등 모든 젖니가 나온다. • 책장을 넘기고 낙서를 할 정도로 손동작이 정교해진다.

(4) 3세 이후

만 3세가 되면 컵으로 마시는 것과 숟가락질이 익숙해진다. 식사량도 증가하며 식욕도 비교적 안정되고 식사예법도 알게 되는 시기이다. 식사할 때 깨끗하게 먹고 식사 후 식기 등을 일정 장소로 가져다 둘 수 있게 되며 만 4세 이상에서는 규칙을 따르고 가족의 일상사에 도움을 주는 일을 시작한다.

3 간과 신장기능

(1) 간

영아의 간은 담즙을 분비해서 지방의 소화를 돕고 글리코겐의 합성과 저장, 지방의 합성과 산화, 생체 중요물질과 요소의 생성, 비타민의 저장, 기타 조혈작용 및 해독작용 등 중요한 기능을 한다. 신생아기는 아직 간기능이 미숙하여 혈액 중에 빌리루빈이 축적된다. 이로 인해 보통 생후 2~3일경에 생리적 황달이 나타나며, 생후 7~10일 정도가 지나면 자연적으로 증상이 없어진다.

간기능이 미숙하고 불완전하여, 약간의 장애만 있어도 간의 기능이 저하되고 중독증상이 쉽게 일어난다.

(2) 신장

신생아의 신장은 생리적으로 그 기능이 미숙하여 요생성, 체액을 조정하는 기능이 약하며, 사구체 여과율이 낮다. 산알칼리평형, 수분 조절, 체액의 삼투압 조절, 요를 농축하는 능력도 제한되어 있다. 따라서 수분 섭취가 줄어들거나 설사, 구토, 발열 등으로 인해 체내에서 수분손실이 증가하는 경우에는 탈수의 위험이 높아진다.

영아기에는 배뇨를 조절하는 신경의 발달이 충분하지 않아서, 방광내압이 높아지면 자극이 대뇌까지 전달되지 않은 채 반사적으로 요 배설이 이루어진다. 1년 6개월~2년쯤에는 점차로 영아의 의사에 의해 배뇨를 할 수 있게 되며, 4세 이후가 되면 대부분 야뇨현상이 없어진다.

1일의 배뇨횟수는 연령이 적을수록 성인보다 많으나 1회의 요량은 많지 않다. 요 배설량은 계절, 식사, 신체 및 정신상태 등에 따라 변화하며 소아의 1일 배뇨횟수와 배뇨량은 표 2-6 과 같다.

표 2-6 / 소아의 1일 배뇨횟수와 배뇨량

연령	배뇨횟수	배뇨량(mL)
신생아기	18~25	50~300
영아기	15~20	300~500
유아기	7~10	600~1,000
학동기	6~7	800~1,500

4 생리작용과 혈액

(1) 체온

신생아는 체온조절 기능이 불완전하여 체온의 변동이 심하다. 생후 50일경부터 체온조절이 비교적 순조로워지는데, 유아기에 비해 아직 불안정하므로 외부의 기온변화에 적응할 수 있도록 체온을 인위적으로 조절해 주어야 한다.

(2) 호흡

신생아의 1분간 호흡수는 40~50회로 성인의 약 2배이며 약간의 자극으로도 호흡수뿐만 아니라 리듬과 깊이까지 불규칙하게 되기 쉽다. 영아기가 되면 호흡은 규칙적으로 안정되고 호흡수도 30회 정도로 떨어진다. 특히, 영아의 기도는 좁기 때문에 점막이 약간 붓거나 분비물에 의해 공기의 유입이 억제되면 호흡곤란을 일으키기 쉽다.

표 2-7 / 연령별 호흡수 및 1회 호흡량

연령	호흡수/분	1회 호흡량(mL)	연령	호흡수/분	1회 호흡량(mL)
신생아	30~80	19	5년	20~25	175
1년	20~40	48	10년	17~22	320
2년	20~30	90	15년	15~20	400
3년	20~30	125	20년	15~20	500

(3) 혈압과 맥박

영아는 심장과 대혈관의 직경이 신체에 비해서 크고 혈관의 탄력성도 커서 저항이 적으므로 혈압이 낮다. 특히, 신생아 및 미숙아에서 낮게 나타난다. 맥박은 출생 시 1분간 140~180회 정도이며, 연령이 증가하면서 점차 감소하여 영아기는 100~140회, 유아기는 90~120회 정도가 된다. 영아는 울거나 젖을 먹는 일 등 약간의 움직임에도 맥박수의 변동을 일으키는 것이 특징이다.

4. 영유아의 운동기능과 사회성발달

1 운동기능발달

운동발달은 신체성장, 인지발달, 사회성발달과 강하게 연관되어 있다. 운동발달은 전체운동과 미세운동발달을 포함한다. 운동기능은 근육, 골격과 신경계의 발달에 따라 생후 6주부터 3개월 사이에 목과 어깨 근육의 조절능력이 생기게 된다. 생후 3주면 대부분 영아들이 엎드린 자세에서 턱이 보일 정도로 머리를 들 수 있고, 3~4개월경에는 목을 가누고 옆으로 뒤집으며, 5~6개월이 되면 눈과 손의 협응이 가능해져서 물건을 정확히 잡을 수 있고 기기 시작한다. 7~9개월이면 혼자서 앉을 수 있고 기어다니며 9~10개월에는 붙잡고 서다가 걸음을 뗀다. 12개월 이후 붙잡거나 혼자서 걸음을 걸을 수 있다.

표 2-8 / 영아의 월령별 운동발달

개월 수	운동발달 내용
1개월경	엎드린 자세의 영아를 들었을 때, 머리가 밑으로 처지지 않는다.
3~4개월	목을 가눈다.
4개월경	뒤집기를 할 수 있다.
5개월경	배에서 등으로 뒤집기가 가능하다.
5~6개월	물건을 붙잡는다. 눈과 손의 협응이 가능하다.
7~8개월	혼자서 앉는다.
8~9개월	기어 다닌다.
9~10개월	붙잡고 선다.
10개월경	가구 등을 붙잡고 걷는다.
12~13개월	혼자서 선다. 도와주면 걷는다.
14~15개월	혼자서 걷는다.

표 2-9 / 유아기의 정서적 특징

연령	정서적 특징
1~2세	• 낯선 것에 겁을 먹는다. • 공유하려 하지 않는다. • 지속적인 감독이 필요하다. • 호기심이 많다. • 자주 반항적이다. • 주목받고 싶어한다.
3세	• 모든 일에 동참하고 싶어한다. • 요구하기보다는 선택하게 하면 잘 따른다. • 여전히 공유하려 하지 않는다. • 자기 방식대로 하려는 태도가 다소 완강하다.
4세	• 공유를 잘한다. • 어른의 동의와 주의를 요구한다. • 한계를 이해한다. • 대부분의 경우 규칙을 따른다. • 여전히 자기 방식에 완강하다.
5세	• 가족적 일상사에 도움을 주고 협조적이다. • 여전히 자기 방식에 완강하다. • 부모, 집, 가족에 집착한다.

영아의 미세운동발달은 표 표 2-10 과 같다.

표 2-10 / 영아의 미세운동발달

시기	운동발달 내용
2~3개월	• 생후 1개월경에는 주먹을 쥐고 있으나 3개월 정도되면 손을 펴게 된다. • 원시적 반사형태에서 점진적으로 수의적인 행동으로 발달한다. • 손을 벌리고 잡는다. • 자신의 손과 손가락을 얼굴 앞에 두고 응시한다. • 손을 입 안에 넣는다. • 매달려 있는 물체에 잠시 손을 닿을 수 있다.
4~5개월	• 생후 4개월엔 작은 공을 갖다 주면 자기 손과 공을 응시하면서 손에서 공으로, 다시 공에서 손으로 바꿔가면서 주시한다. • 생후 5개월이 되면 자발적으로 물건을 잡을 수 있다. • 물체에 손을 뻗어 집는다. • 물체를 입 안에 넣는다. • 손 전체를 이용하여 물체를 집는다. • 손과 발을 활발하게 가지고 논다.
6~7개월	• 6개월 된 영아는 손으로 조작하는 기술이 많이 발달된다. 우유병을 잡기도 하고, 발을 쥐고 입으로 가져가기도 하며, 과자를 스스로 잡고 먹기도 한다. 7개월이 되면 물체를 한 손에서 다른 손으로 옮기기도 하고, 한 손으로만 물체를 잡기도 하며, 양손으로 물건을 쥐기도 한다. 물체를 세게 두드리는 것을 좋아하고, 장난감의 움직이는 부분을 관찰할 수 있다. • 물체를 안전하게 잡고 두드린다. • 물체를 능동적으로 떨어뜨린다. • 손에서 손으로 물체를 옮긴다.
8~9개월	• 엄지와 검지를 이용하여 집게처럼 집어 잡기가 시작된다. • 의지대로 물체를 놓을 수 있다. • 오른손잡이와 왼손잡이가 드러난다.
10~12개월	• 정확하게 집어 잡는다. • 혼자서 음식을 손가락으로 집어 먹을 수 있다. • 작은 물체를 용기에 집어넣을 수 있다. • 용기에서 작은 물체를 꺼낼 수 있다. • 크레용을 잡고 그릴 수 있다. • 책을 여러 페이지 넘길 수 있다.

표 2-11 / 영유아기의 신체발달

연령	발달 내용
1~2세	• 신체기술의 습득을 위해 끊임없이 움직이며 연습한다. • 도움을 받아 계단을 오르내린다. • 몸을 잡아주면 물장구친다. • 큰 공을 두 손으로 잡고 미숙하게 던진다. • 관심 있는 물체를 질질 끌고 다닌다. • 봉투에 물체를 넣고 꺼낸다. • 복잡한 작은 물체를 자세히 본다. • 2~3개의 블록을 쌓을 수 있다. • 세 개의 손가락을 이용하여 물체를 잡는다. • 조작이 간단한 뚜껑을 여닫는다. • 두꺼운 책장을 순서 없이 2~3장씩 넘길 수 있다. • 크레파스나 매직을 움켜쥐고 낙서한다.
2~3세	• 신체기술의 습득을 위해 끊임없이 움직이며 연습한다. • 계단을 오르내린다. • 한 걸음에 한 계단씩 오른다. • 발끝으로 서고 걷는다. • 몇 초간 한 발로 서 있을 수 있다. • 능숙하게 뛴다. • 음악, 리듬에 맞춰 무릎을 굽히고 흔든다. • 미끄럼을 탈 수 있다. • 뛰어오르고 땅에 내릴 때 양발을 따로 사용한다. • 숟가락, 컵을 능숙하게 사용한다. • 혼자서 음식을 먹을 수 있다. • 미숙하나 칫솔질이 가능하다. • 간단한 옷이나 모자를 혼자서 입고 쓴다.
3~4세	• 성장률이 완만해지면서 식욕도 감소한다. • 신체의 움직임이 더욱 안정되고 유연해져서 능숙하게 속도를 조절하여 걷거나 뛸 수 있다. • 두 발 모아 점프하기, 균형 잡기, 세발자전거 타기 등을 능숙하게 한다. • 숟가락 사용이 능숙해지고 젓가락을 서툴게 잡기 시작한다. • 소근육 조절능력이 발달하여 그림 그리기, 쌓기 놀이가 비교적 능숙해진다. • 기본 생활을 위한 신체적 기술이 증진되지만 신발의 왼쪽, 오른쪽을 구분하지 못하고 옷을 벗기는 하지만 바르게 입는 것은 어려워한다. • 양손을 사용한 신체적 기술이 증진되어 단추 끼우기, 가위질 등이 능숙해진다.
4~6세	• 두뇌발달은 영아기보다 급속하지는 않으나 3세경이면 성인의 75%, 5세경이면 성인의 90%까지 이루어진다. • 신체 부위 간의 크기 비율이 성인에 가까워진다. • 신체적 균형 유지가 가능해지며 대근육이 발달해 빠르게 뛰기, 균형 유지하기, 한 발로 뛰기, 한 발로 균형 잡고 서기 등이 가능해지고 두발자전거 타기, 줄넘기도 서툴지만 할 수 있다. • 신체관리기술이 능숙하게 발달하여 신발끈 묶기를 제외하고 거의 혼자서 옷을 입고 벗는다. • 소근육 조정능력이 정교해져 작은 물체도 잘 다루고 가위질도 정교해진다. • 거의 낮잠을 자지 않고 지내는 경우가 많다. • 놀이에 몰두하거나 피곤할 때는 간혹 소변을 실수하기도 한다. • 자기 자신이나 다른 사람의 신체와 성기에 관심을 갖게 된다.

2 사회성발달

(1) 정서적 발달

영아기의 정서적 발달을 보면 생후 6~8개월이 되면 영아는 자신을 돌보는 사람과 정서적 유대관계를 나타낸다. 낯선 사람에 대한 낯가림과 어머니와 떨어지면 불안해 한다. 이러한 현상은 애착관계의 형성으로 앞으로 사회적 관계의 형성에 영향을 준다. 15개월까지 계속되며 18~24개월경이 되면 거의 사라진다.

(2) 사회성발달

영아기에는 사회성발달의 기초가 형성되는데, 양육자와 또래들과 상호작용에 의해서 이루어진다. 영아의 사회적인 인식이나 반응은 미소, 웃음, 울음 등을 들 수 있다. 영아는 3~4주경 사람의 목소리에 반응한다. 6~8주가 되면 얼굴 모습에 미소를 짓는다. 보통 2~4개월이면 소리 내어 웃기 시작하며, 6개월 이후에는 '까꿍 놀이'와 같은 시각적인 자극이나 사회적인 자극에 더 잘 웃는다. 1년이 지나면서 자신이 참여하는 행동에 웃는다.

사회성발달의 상호작용단계를 보면 생후 2개월경에는 다른 아기들을 쳐다보기 시작하며, 3~4개월에는 다른 아기에게 손을 내밀거나 만지려 한다. 6개월이면 옹알이가 발달하면서 사회적인 미소나 발성이 나타난다. 걷기 시작하면서 다른 아기를 쫓아다니며 눈이나 입, 귀를 만지는 등 신체적인 접촉을 한다. 생후 1년이면 쳐다보고, 미소 짓고, 소리를 내면서 서로 반응하는 행동을 한다.

영유아의 울음은 0~3개월까지는 신체적 · 생리적인 욕구에 의해서 쓰인다. 3개월 이후부터는 사회적 · 인지적 · 정서적인 의사표현의 방식으로 쓰인다. 12개월부터는 부정적인 정서표현의 수단으로, 15~18개월에는 몸부림치는 행동이 나타난다. 24개월 이후부터는 우는 행동이 줄고 긍정적인 정서표현이 많아진다.

이 기간 동안 양육자와의 상호작용은 쳐다보기와 말하기 및 놀이로 분류된다. 미소나 웃음, 울음 등 영아가 표현하는 정서는 의사소통의 기능을 함으로써 양육자의 행동을 이끌어 낸다. 따라서 영유아기의 사회적 표현이나 행동에 대해 양육자도 표정이나 말소리를 통해 반응하게 되며, 양육자의 정서표현은 영아의 사회성발달에 영향을 준다. 이러한 양육자와의 상호작용을 통해 영아는 사회적 상호작용은 물론, 여러 다양한 상황에서 어떻게 행동해야 할지를 알게 된다. 따라서 영아와 양육자 간의 조화로운 상호작용은 이후 영아가 형성해 나갈 사회적인 관계의 원형이 되므로 매우 중요하다.

Chapter 03

영유아 영양관리의 기초

영유아기는 신체적 성장과 제 기관의 발달이 급격히 이루어지는 시기이며, 정서적 · 지적 발달도 함께 이루어진다. 이 시기의 충분한 영양공급은 정상적인 성장은 물론, 장래 건강의 기초가 된다. 본 장에서는 이러한 영유아 영양관리를 위하여 영양소의 종류와 작용, 영양권장량과 급원식품을 제시하여 영유아 식생활에 대한 전반적인 내용을 파악할 수 있게 한다.

1. 영유아기 영양의 이해

1 영유아기 영양의 중요성

영유아기는 신체적 성장과 기능적 발달이 가장 왕성하게 일어나는 시기이며 지적·정서적 발달도 함께 이루어진다. 건강하게 육성한 영유아는 건강하고 능력 있는 성인의 기초가 되며, 국가의 소중한 자산이기도 하다.

① 영유아기의 영양은 정상적인 성장과 발달뿐만 아니라 빈혈, 성장 지연, 저영양 등 건강문제를 예방하며 지능과 정서적 발달, 비만, 충치와 후에 만성질병을 예방하는 데도 중요한 작용을 한다. 이 시기에 정상적 성장과 발달을 위하여 충분한 영양을 공급하는 것이 무엇보다 중요하다. 또한 이 시기에는 식습관이나 식행동과 함께 식품과 식생활에 대한 가치가 형성된다.

② 영유아기에는 신체적 성장과 체기관의 발달이 크게 이루어지는데, 특히 뇌는 영유아기에 성인의 90% 정도가 발달된다. 따라서 이 시기에는 뇌발달에 필요한 영양공급이 중요하다. 소화기관발달이 성인과 같이 이루어지지 않아서 그 기능은 성인의 절반 이하 정도이다 그림 3-1 .

그림 3-1 영유아기의 신체적 성장과 체기관의 발달

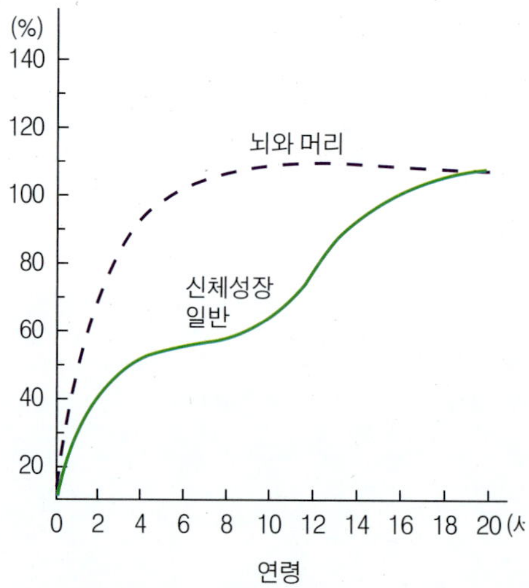

영유아기에는 뇌, 신장, 심장, 근육조직의 발달과 함께 운동기능 및 섭식활동과 기술이 발달된다.

영유아기의 저영양은 뇌에 돌이킬 수 없는 변화를 일으키며, 지적·정서적 발달을 저하하고 운동능력을 감소시킨다. 저영양뿐만 아니라 유아의 과잉 영양도 중요하게 대두되고 있다.

영유아기의 좋은 영양은 건강을 지키면서 정상적으로 성장하는 데 중요한 기초가 된다. 따라서 좋은 영양을 위한 영양관리가 필요하다.

③ 영유아의 성장 · 발달 특성에 맞는 식사 제공을 하여야 한다. 영유아의 좋은 영양은 식품의 양과 질을 충분히 고려하여 선택한 다음, 영양의 균형을 이루게 하여 조리 후 섭취함으로써 이루어진다.

영유아는 소화기관발달이 성인과 같지 않아서 소화 · 흡수기능이 미숙하며, 식사행동도 자립하는 단계에 있다. 따라서 이러한 발달에 맞춰 각 연령에 적합한 식품의 종류와 형태를 선택하여 제공하여야 한다. 이러한 영유아 영양의 중요성을 알고 영양관리를 하여야 한다.

2 영양소의 종류와 일반적 작용

일상생활에서 섭취하는 식품성분 중 에너지를 발생시키거나 체조직 구성의 체내 작용을 조절하는 영양성분이 있다. 식품에는 이외에도 음식의 맛, 향기, 질감을 주는 성분이 있다. 영양소는 탄수화물, 지방, 단백질, 비타민, 무기질과 수분 등 여섯 가지로 대별된다. 영양소들은 체내에서 필수적인 고유기능을 가지며 이 영양소가 부족하면 결핍증이 발생한다. 영양소의 주요 작용을 크게 세 가지로 분류하면 에너지공급, 신체구성과 대사과정 조절이며 이에 속하는 영양소들은 표 3-1 과 같다.

표 3-1 / 영양소의 주요 작용 분류

영양소	에너지 공급	신체 구성	대사과정 조절
탄수화물	○		○
지질	○	○	○
단백질	○	○	○
비타민			○
무기질		○	○
물		○	○

(1) 신체 구성

몸을 구성하는 영양성분은 수분, 단백질, 지방과 무기질이 대부분이며, 소량의 탄수화물과 미량의 비타민이 포함된다.

수분은 영유아기의 신체 구성성분 중 가장 많은 성분이다. 신체에 들어 있는 수분의 비율은 어릴수록 높아서 생후 6개월까지는 74%, 그리고 만 1세에는 68%가량이며 성인의 수분 함유비는 60~65% 정도이다. 수분은 세포외액(혈장, 조직간액)의 45%와 세포내액의 55%로 구성되어 있으며 중요한 생리작용을 한다. 마른 아동의 수분 함유비는 더 높으며, 비만한 아동은 그 비율이 낮아진다. 이 수분은 혈액, 근육, 간이나 골수, 골격 등의 장기나 조직 속에 모두 함유되어 있다. 영유아기에는 수분함량을 조절하는 능력이 작아서 탈수증세가 나타날 경우 아주 위험하다.

단백질은 우리 몸을 구성하는 모든 세포와 피부, 근육, 머리카락 등의 주성분이다. 따라서 성장의 가장 기본이 되며, 체중의 약 16%를 차지한다.

지방은 우리 몸의 약 14%를 차지하는데, 체중이 많이 나갈수록 지방함량이 대체로 증가하며 비만 아동의 지방 함유율은 더 높다.

무기질은 뼈와 치아를 구성하는 것으로 출생 시 약 3%이나 영유아기로 성장하면서 체중의 약 4~5%를 차지한다. 칼슘은 무기질 중 가장 많이 들어 있으며, 무기질이 뼈 내에 축적되면서 골격이 단단해진다.

(2) 에너지 제공

에너지는 생명을 유지하고, 체내 작용과 정신적 · 육체적 활동을 하는 데 필수적이며 식품을 소화 · 흡수하고 세포 내에서 영양소를 이용하는 데에도 에너지가 필요하다. 영유아기에는 신체가 성장 · 발달하는 데 에너지가 가장 많이 필요한 시기이다.

에너지를 생성하는 영양소는 탄수화물, 지방, 단백질이다. 이 세 가지 영양소가 제공하는 에너지양은 1g당 탄수화물이 4kcal, 지방이 9kcal, 단백질이 4kcal이다. 이 중 몸 안에서 가장 많이 사용하는 에너지원은 탄수화물과 지방이다. 식품 섭취량이 적거나 굶게 되면 에너지 공급이 줄어든다. 그러면 몸 안에 저장되어 있던 지방 성분이 에너지원으로 사용된다. 장기간 굶으면 근육의 단백질이 에너지원으로 사용되어 근육이 약해지게 되며, 성장이 제대로 이루어지지 않고 급기야는 사망한다.

(3) 대사과정의 조절

자동차가 움직이려면 가솔린 이외에 자동차 엔진이 작동하도록 돕는 윤활유와 물이 필요하듯이, 이러한 현상은 우리 몸에서도 마찬가지이다. 몸 안에서 모든 생리작용을 조절하는 영양소는 비타민과 무기질, 수분 등이다. 이 영양소들이 충분하게 공급되어야 에너지 공급과 체구성도 정상적으로 되고, 건강을 유지하며 성장할 수 있게 된다. 이러한 영양소를 장기간 적게 섭취하면 체내 대사에 이상을 초래하며 결핍증세가 나타난다.

모든 영양소는 각기 고유한 기능을 가지고 함께 작용을 한다. 그러므로 모든 영양소가 적절하고 균형 있게 공급되어야 영유아가 정상적으로 성장 · 발달하고 활동할 수 있다.

3 영양소의 소화와 흡수

영유아들이 영양소를 공급받기 위해서는 음식물을 섭취하고 소화흡수하는 과정을 거치게 된다.

영양소의 소화흡수 작용을 소화기관별로 제시하려면 표 3-2 와 같다.

식품에 함유된 다량 영양소 탄수화물, 단백질, 지질 등은 거대한 분자구조로 되어 있다. 미량 영양소는 유리상태로 존재하지 않고 복합체로 복잡한 구조로 되어 있다. 이들 영양소를 이용하기 위해서는 소화로 단당류, 아미노산, 지방산 등의 형태로 분해되어야 하며 장내에서 흡수되어야 한다. 식품의 소화는 구강, 식도, 위, 소장과 대장으로 구성된 소화기관과 간, 담낭, 췌장 등 부속소화기관이 수행한다.

소화된 물질들은 소화관 상피세포막을 통해 흡수된 후 수용성 물질은 문맥순환으로 그리고 지용성 물질은 림프순환을 통해 간으로 운반된다. 각 영양소는 혈액을 통해 모든 조직세포에 공급된다. 소화 · 흡수되지 않은 성분은 항문을 통해 대변으로 배설된다.

표 **3-2** / 소화기관의 소화와 흡수작용

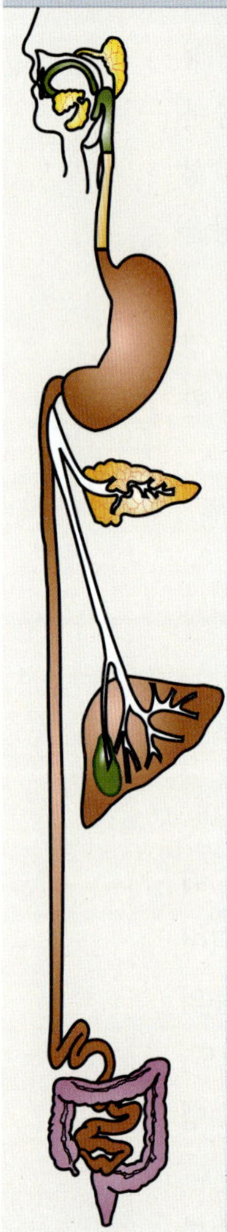

소화기관	운동기능	분비물질과 효소	소화작용	흡수작용
구강, 타액선 및 인두	저작	• 침 –효소(아밀레이스, 라이페이스) –라이소자임	탄수화물	• 일부 의약품 –나이트로글리세린
식도	연하	점액	없음	없음
위	이완 연동운동	• 위 –점액 –위산(HCl) –효소(펩신) –내인성 인자	탄수화물 단백질	• 알코올 • 유기산 • 일부 의약품 –아스피린
췌장	–	• 췌장액 –효소(아밀레이스, 트립신, 키모트립신, 카복시펩티 데이스, 라이페이스) –중탄산나트륨($NaHCO_3$)	–	–
간과 담낭	–	• 담즙 –담즙산염 –중탄산나트륨($NaHCO_3$) –콜레스테롤, 레시틴, 빌리루빈	–	–
소장	연동운동 분절운동	• 소장액 –점액 –효소(말테이즈, 수크레이스, 락테이스, 아미노펩티데이스)	탄수화물 이당류 단백질 펩타이드 지질	모든 영양소(단당류, 아미노산, 지방산, 무기질, 비타민, 수분)
대장	연동운동 집단운동	• 대장액 –점액 –중탄산나트륨(NaHCO3)	–	• 전해질(Na^+, Cl^-) • 수분 • 비타민 K
직장	배변	–	–	

2. 영양소의 종류와 작용

영양의 종류는 탄수화물, 지질, 단백질, 비타민, 무기질과 수분의 여섯 가지로

표 3-3 / 영양소의 종류

구분	종류	
탄수화물	포도당, 과당, 갈락토스, 유당, 서당, 올리고당, 전분, 식이섬유 등	
지질	• 리놀레산, 리놀렌산, 아라키돈산, EPA, DHA 등 • 중성지방, 인지질, 콜레스테롤 등	
단백질(아미노산)	히스티딘, 이소루신, 루신, 메싸이오닌, 라이신, 페닐알라닌, 트레오닌, 트립토판, 발린 등	
비타민	지용성 비타민	비타민 A, D, E, K
	수용성 비타민	티아민, 리보플라빈, 니아신, 판토텐산, 비오틴, 비타민 B_6, 엽산, 비타민 B_{12}, 비타민 C 등
무기질	다량 무기질	칼슘, 인, 마그네슘, 나트륨, 칼륨, 염소, 황
	미량 무기질	철, 아연, 구리, 요오드, 불소, 셀레늄, 망간, 크롬, 몰리브덴, 코발트 등
물	물	

분류하며 각 영양소의 종류를 정리하면 표 3-3 과 같다.

1 탄수화물

탄수화물은 주 에너지원으로서 곡류와 감자류 등의 주성분이다. 영유아에게 필요한 에너지의 65% 이상을 공급하며 뇌작용을 위한 주열량원이다. 또한 다른 영양소가 체내에서 이용되는 데 필요한 에너지도 제공한다.

(1) 탄수화물의 종류와 작용

① 단순당

탄수화물은 식품에 여러 가지 형태로 들어 있다. 포도당과 과당은 과일과 꿀, 엿 등에 함유된 가장 단순한 당으로 소화할 필요 없이 그대로 위와 장에서 흡수된다. 이당류인 자당(설탕)은 쉽게 포도당으로 소화되어 흡수된다. 아주 배가 고프거나 피로할 때 꿀물이나 주스를 마시면 빨리 피로가 풀리는 것을 느끼게 된다. 이것은 포도당을 신속히 흡수하여 이용할 수 있기 때문이다. 포도당, 과당, 설탕 등은 단맛이 강하여 감미료로서 가공식품에 널리 이용되고 있다.

② 이당류

유당은 모유나 우유, 조제분유에 함유된 이당류로서 영아의 주된 탄수화물의 공급원이다. 에너지원인 유당 성분의 포도당 갈락토스는 영유아들의 뇌발달에 필수적인 성분으로서, 특히 모유에 다량 함유되어 있다. 예를 들면, 탄수화물이 에너지를 제공함으로써 단백질이 체세포의 성장과 유지를 위해서 사용될 수 있게 한다.

③ 전분

전분은 곡류나 감자류의 주성분으로 장내에서 포도당으로 분해 · 흡수되어 각 조직으로 운반된다. 혈액의 포도당(혈당)은 신체활동을 유지하는 데 가장 중요한 에너지원이다. 탄수화물을 적게 섭취하면 체지방과 단백질이 에너지로 사용된다. 따라서 이 두 영양소의 고유 기능이 적어지게 되어 성장과 신체 유지에 위험요소가 된다. 과다한 탄수화물 섭취는 오히려 포도당이 간 근육에 글리코겐을 저장하며, 지방으로 전환되어 피하에 저장된다. 에너지가 부족하면 이 지방이 에너지로 이송된다.

④ 섬유소

섬유소는 채소나 과일, 곡류 껍질 속의 성분으로 전분과 같이 많은 포도당으로 결합되어 있으나, 포도당으로 전환되지 못한다. 따라서 섬유소는 에너지원으로 이용되지는 못하나, 몸 안에서 소화기관의 운동을 촉진하여 배변을 용이하게 하며 독성물질의 배설을 촉진한다. 또한 변비나 비만, 당뇨, 동맥경화증 등을 예방하여 건강에 필수적인 기능을 한다. 요즈음 식이섬유질 음료들이 많이 시판되는 것은 이러한 이유이며, 채소나 과일, 미역 등의 식품으로 섬유소를 섭취하는 것이 훨씬 경제적이고 효과적이다.

탄수화물은 체내에서 에너지로 이용될 때 비타민 B 복합체가 필요하다. 탄수화물은 가능한 한 전분으로 섭취하는 것이 바람직하며, 섬유소가 많이 함유된 채소, 과일 등은 비타민도 다량 함유되어 있으므로 함께 섭취할 것을 권장한다.

(2) 탄수화물 권장량

우리나라 영유아들의 하루 섭취 에너지에 대한 탄수화물 에너지비는 지역과 가정환경에 따라 다르다. 농촌지역에서는 탄수화물에서 전 에너지의 70~80% 정도를 섭취하는 데 비해, 도시 고소득층에서는 60% 내외로 일정하지가 않다. 탄수화물은 값이 싸고 효율적인 에너지원이다. 탄수화물은 체내에는 소량 함유하고 모두 에너지원으로 사용되며 혈당, 당단백과 당지질의 구성성분이다. 또한 탄수화물은 단백질 절약작용을 하며, 1일 100g 이상의 탄수화물을 섭취할 것을 권장한다. 총 에너지에 대한 탄수화물 비율의 목표량은 60~65%이다.

영유아기에는 알맞게 에너지를 섭취하는 한편, 탄수화물과 다른 영양소의 균형이 잘 이루어진 식사를 하도록 하며, 특히 사탕류, 과당 등의 과잉 섭취는 충치와 비만의 원인이 된다. 따라서 설탕 등의 정제당 사용을 가능한 한 줄이고 복합전분을 사용하는 것이 좋다.

알아두기

에너지 섭취와 권장량

영유아는 성장, 활동, 체온 유지와 체내의 여러 가지 대사활동 및 생명을 유지하기 위하여 에너지를 필요로 한다. 에너지를 충족시키지 못하면 체내 대사활동이 느려지고 활동이 줄어든다. 에너지가 장기간 결핍되면 성장이 지연되고, 더욱 악화되면 사망하게 된다.

영유아의 에너지 필요량은 생명 유지를 위한 최소 필요로서, 기초대사량과 운동과 활동에 쓰이는 활동대사량, 식품의 체내 이용을 위한 열생산 작용과 성장·발육과 배설을 위한 에너지를 합한 것이다. 에너지 권장량은 아래 표와 같다. 영아의 에너지 권장량은 모유 수유 섭취량을 기준으로 하였다. 총 에너지 필요량은 13~15세까지는 계속 증가한다. 이러한 에너지 필요량은 에너지 영양소인 탄수화물에서 공급되며 지방과 단백질에서 일부 공급된다.

인체에 에너지를 공급하는 영양소는 탄수화물, 단백질, 지방이다. 1일 에너지 권장량은 탄수화물에서 65%, 지방에서 20%, 단백질에서 15%를 공급하도록 권장하고 있다. 이 세 가지 영양소는 에너지의 공급원으로서뿐만 아니라 생체 내에서 중요한 작용을 한다.

영유아별 1일 에너지와 단백질 권장량(2010년)

연령		체중(kg)	신장(cm)	에너지(kcal)	단백질(g)
영아	0~5개월	6.2	60.3	550	9.5
	6~11개월	8.9	72.2	700	13.5
유아	1~2세	12.2	86.1	1,000	15
	3~5세	17.2	107.0	1,400	20

2 지방

(1) 지방의 체내작용

지방은 몸을 위한 제2의 에너지원으로서 지방 1g은 9kcal의 열량을 공급하며, 동량의 에너지를 섭취할 때에는 단백질이나 탄수화물보다 적은 양으로 충당할 수 있다. 따라서 유아의 지방질 섭취는 식사량을 적게 하고 그 효율은 높일 수가 있다. 지방은 성장에 필요한 필수지방산을 공급하며, 체내의 중요 기관인 심장, 신장, 폐 등을 보호하고 체온을 유지해 준다. 건강한 피부 유지와 지용성 비타민의 흡수를 돕고 콜레스테롤 대사를 조절하도록 돕는다. 또한 음식의 맛을 좋게 하고 부드럽게 만드는 성분이기도 하다. 지방의 결핍으로 필수지방산을 충분히 공급하지 않으면 성장이 지연되며 피부염 등이 발생한다. 또한 지용성 비타민의 결핍증도 나타난다.

알아두기

- 필수지방산 : 불포화지방산으로 리놀레산, 리놀렌산과 아라키돈산이 있다.
- 오메가(ω)-3 지방산 : 필수지방산인 리놀렌산과 그 유도체인 EPA, DHA가 있다. 등푸른생선에 EPA, DHA가 많다.

지방의 공급원은 소기름, 돼지기름, 버터 등과 같은 동물성기름과 참기름, 콩기름, 옥수수기름, 면실유 등의 식물성기름이 있다. 그리고 붉은 고기, 어류, 조류, 난류, 우유 제품에도 지방이 다량 들어 있고, 튀긴 음식류나 양념류로부터 많은 양이 공급된다. 모든 지방 식품에는 포화지방산과 불포화지방산이 함유되어 있으며, 대체로 동물성 지방에는 포화지방산의 비율이 높고, 식물성 지방에는 불포화지방산의 비율이 높다 표 3-4 . 체내에서 합성되지 못하는 필수지방산은 모두 불포화지방산이다. 그러므로 불포화지방산이 많이 함유된 옥수수기름, 콩기름 등은 좋은 식품으로 간주된다. 그러나 식물성 지방과 동물성 지방을 균형 있게 섭취하는 것이 좋다.

섭취한 지방은 소장에서 지방산과 글리세롤로 분해되어 흡수되는데, 지방으로 전환하거나 필수적인 물질들을 합성하는 데 사용된다. 이 지방의 소화 · 흡수에는 간에서 생성된 담즙산이 필수적인 물질이다.

표 3-4 / 유지 중의 포화지방산과 불포화지방산의 분포

(단위 : %)

기름 종류		포화지방산	불포화지방산	리놀렌산
동물성 기름	소기름	48	47	9
	버터	55	39	3
	염소기름	56	40	3
	돼지기름	38	57	10
식물성 기름	옥수수기름	10	84	53
	면실유	25	71	50
	낙화생유	18	76	29
	대두유	15	80	52

(2) 지방권장량

영유아기의 식이에서 지방 섭취량을 적당량 섭취해야 하며, 영유아의 식사에서 지나치게 지방을 제한하면 성장 · 발달에 지장을 줄 수 있다.

필수지방산의 1일 필요량은 2~4g 정도로 추산하고 있다. 현재 우리나라 유아의 지방 섭취량은 총 에너지양의 20% 내외를 목표량으로 삼고 있다. 지방 섭취량에 있어서는 동물성 지방과 식물성 지방의 균형 있는 섭취가 중요하며, 섭취 비율은 1대 2를 목표로 삼고 있다.

어릴 때 동물성 지방 섭취를 과다하게 하면 중년기에 퇴행성 질환 유발이 많아진다는 보고가 많다. 인스턴트식품과 즉석식품이 증가해서 지방의 섭취량이 늘고 있으며, 유아들이 튀김요리나 서양식을 선호하고 있어서 지방 섭취량은 더욱 증가될 전망이다.

3 단백질

(1) 단백질의 체내작용과 급원식품

단백질은 몸을 구성하는 세포의 주 성분이며, 새로운 세포와 손상된 조직을 보수하고, 열량을 제공한다. 효소의 성분으로서 소화를 돕고, 신체의 성분과 호르몬 성분으로 몸의 기능을 조절하며, 항체의 성분으로서 질병의 감염으로부터 보호한다.

섭취한 단백질은 소장에서 아미노산으로 분해되어 흡수되며 간과 각 조직에서

그림 3-2 **연령별 필수아미노산 필요량의 비율**

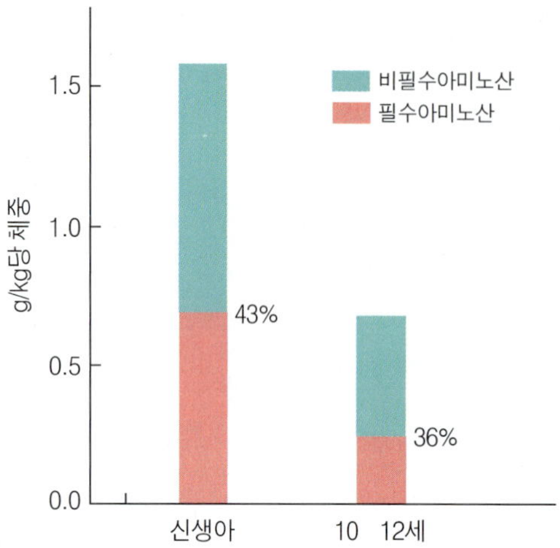

필요한 단백질을 합성한다. 따라서 영유아의 신체 성장과 기관의 발달을 위해서 충분한 양질의 단백질을 반드시 섭취해야 한다. 특히, 영유아기는 필수아미노산의 필요량의 비율이 43%로 학동기 36%보다 높다 그림 3-2 .

단백질은 여러 개의 아미노산으로 구성되며, 이 아미노산 중 유아의 체내에서 합성되지 못하는 10개의 필수아미노산은 반드시 식품에서 섭취해야 한다. 단백질의 영양가는 이러한 구성 아미노산의 종류와 양에 따라 다르다. 동물성 단백질은 단백질 함량도 많고 필수아미노산이 골고루 들어 있어서 영양가가 높으며, 식물성 단백질은 콩을 제외하고는 대체로 영양가가 낮다. 식품을 섭취할 때에는 동물성 단백질과 식물성 단백질을 함께 먹음으로써 부족한 필수아미노산이 서로 보충되어 완전 단백질에 가깝게 영양가를 높일 수 있다. 예를 들면, 곡류에 콩을 섞는 것을 들 수 있다. 또한 라면이나 국수에 달걀을 넣어 먹으면 밀가루에 부족한 필수아미노산이 달걀에서 보충되어 단백질의 영양가가 높아진다. 빵과 우유, 콩밥이나 잡곡밥도 마찬가지이다. 단백질이 결핍된 식사를 하면 영아의 성장이 지연되고 단백질 부족으로 질병에 감염되기 쉬우며, 질병 회복이나 상처 회복이 늦어지게 된다.

알아두기

필수아미노산의 종류

- 히스티딘
- 이소루신
- 루신
- 라이신
- 메싸이오닌시스틴
- 페닐알라닌
- 티록신
- 트레오닌
- 트립토판
- 발린

(2) 단백질 권장량

단백질은 영유아 체구성의 16%를 차지하며 생명과 성장의 기본 물질이기도 하다. 따라서 성장이 지속되는 영유아기에는 양질의 단백질을 적정량 공급해야 한다. 또한 영유아기에는 아직 소화 · 흡수기능이 미숙하므로 특별히 소화가 잘 되는 양질의 단백질이 많이 함유된 식품을 공급해야 한다.

단백질 권장량은 영아의 경우 0~5개월에 9.5g이며, 6~11개월에 13.5g이다. 유아의 경우 1~2세는 15g, 3~5세는 20g이다.

일반적으로 영유아기와 성장기에는 총 단백질의 1/2을 동물성 단백질로 섭취할 것을 권장하고 있다.

다섯 가지 식품의 균형을 이루는 것은 영유아의 식생활에서 단백질의 질을 종합적으로 높이는 데에도 큰 의의가 있다. 분식을 할 경우 두류, 난류, 우유 또는 유제품, 육류, 어류를 같이 섭취하도록 해야 한다.

4 비타민

비타민은 미량이 필요하지만 정상적 성장과 건강 유지를 위하여 필수적인 영양소이다. 성장을 위한 에너지를 발생하는 대사과정을 돕고, 성장을 촉진하며 무기질의 체내 이용을 돕는다. 비타민이 부족하면 몸 안에서 영양소가 적절히 이용되지 못하며 신체작용도 원활하지 못하게 된다. 또한 장기간 부족하면 결핍증이 나타나고 죽음에 이르기도 한다.

(1) 지용성 비타민

① 비타민 A와 카로틴

비타민 A는 시각세포를 구성하고, 피부와 장기 등의 상피세포를 건강하게 하며 호흡기, 소화기, 생식기, 피부와 골격을 튼튼하게 한다. 성장기에 비타민 A가 부족하면 성장이 느려지고, 피부염이 생기며, 시력이 약해진다. 결핍이 심해지면 어둠 속에서 물체를 잘 보지 못하는 야맹증에 걸리고, 결국 골격이 약해져 치아 에나멜 생성이 제대로 안 된다.

비타민 A는 동물성(레티놀)과 식물성(비타민 A의 전구체, 카로티노이드) 식품을 통해 섭취될 수 있고, 녹황색 채소에는 β-카로틴이 포함되어 있으며, 우리나라의 경우 식품에서 쉽게 얻을 수 있다.

일상적으로 동물성에서만 비타민 A를 섭취하기는 어려우며, 식물성과 동물성 모두 비타민 A원이 된다. 만약 β-카로틴만으로 섭취할 때에는 3배로 섭취해야 하나 권장량의 절반은 레티놀로, 나머지 절반은 β-카로틴으로 섭취할 것을 권장하고 있다. 영유아의 비타민 권장량은 표 3-5 와 같다.

표 3-5 / 영유아의 1일 비타민 권장량

연령		비타민 A(㎍RE)	비타민 D(㎍)	비타민 C(mg)	비타민 B_1(mg)	니아신(㎍NE)	엽산(㎍DFE)
영아	0~5개월	300	5	35	0.2	2	65
	6~11개월	400	5	45	0.3	3	80
유아	1~2세	300	5	40	0.5	6	150
	3~5세	300	5	40	0.5	7	180

② 비타민 D

비타민 D는 칼슘과 인의 흡수를 도와서 골격과 치아를 단단하게 한다. 성장기에 이 비타민이 부족하게 되면 뼈가 약화되어 다리가 구부러지거나 구루병의 원인이 된다. 비타민 D는 칼슘의 흡수를 증진하고 체내 이용을 증대시키므로 성장에 중요한 영양소이다. 비타민 D의 권장량은 모든 연령군과 성별의 차이 없이 5㎍으로 동일하게 권장하고 있다. 비타민 D는 식품으로부터 충분히 섭취하기는 어려우나, 우유 등에 다량 함유되어 있으므로 우유를 통해 충분히 섭취할 수 있다. 비타민 D는 자외선을 받을 때 피부에서 합성된다. 햇빛을 쐴 시간이 적은 영유아와 환자들은 비타민 D를 식품을 통해 반드시 섭취해야 한다. 간이나 말린 버섯, 말린 생선 등은 비타민 D가 많은 식품이다.

③ 비타민 E와 비타민 K

비타민 E는 세포조직을 유지하며 곡류 및 식물성 섬유와 모든 식품에 함유되어 부족증은 찾아보기 힘들다.

비타민 K는 정상적 혈액 응고에 필요하며, 장내에서 합성된다. 신생아에게는 합성률이 낮아서 결핍증이 발생할 수 있다. 진녹색 채소류에 많이 들어 있으며, 결핍 시 출혈이 계속된다.

(2) 수용성 비타민

① 비타민 B_1, 비타민 B_2, 니아신

비타민 B_1(티아민)은 탄수화물과 지방이 산화되어 에너지가 발생하는 대사와 중추신경계의 정상적 기능에 필수적이다. 이 비타민들이 부족하면 에너지 식품을 적게 섭취한 것과 같이 피로가 쉽게 오고 집중이 잘 되지 않는다. 장기간 결핍되면 각기병이 나타나는데, 이때 비타민 B 정제를 먹으면 쉽게 낫는다. 티아민은 콩과 보리, 돼지고기, 굴 등에 함유되어 있으며 백미, 감자, 난류 등에는 소량 함유되어 있다.

리보플라빈(B_2)은 탄수화물, 단백질, 지방대사에 필수적이다. 이 비타민은 건강한 피부를 유지시키며, 결핍 시에는 피부와 소화관 손상, 구각염 등이 발생한다. 리보플라빈은 동물성 식품과 달걀, 콩류, 채소류, 버섯류, 해조류에 많으므로 식품을 골고루 섭취하는 것이 바람직하다.

니아신은 탄수화물과 에너지 대사 및 지방 합성에 필요하다. 이 비타민은 신경과 피부건강을 증진하며 소화기를 돕는다. 니아신이 부족하면 피부염, 설사, 치매와 사망으로 이어진다. 급원식품으로는 육류, 어류, 조류, 땅콩, 간, 전곡류와 진녹색 채소 등이다.

티아민은 탄수화물 대사에 조효소로서 직접적으로 관여하고 있다. 탄수화물이 에너지 공급의 대부분을 차지하고 있으므로 일반적으로 티아민 필요량은 에너지 섭취량에 따라 달라진다. 보편적으로 티아민과 리보플라빈 필요량은 에너지 섭취에 준하고 있다. 특히, 백미만을 주식으로 할 경우 유의하여 잡곡밥이나 균형 식이를 제공해야 한다. 영유아기의 티아민 결핍으로 각기병이 자주 발생하며, 심하면 성장 지연이 초래된다. 리보플라빈의 심한 결핍에 의해 나타나는 것으로는 구각염이 있다.

② 비타민 C와 엽산

비타민 C(아스코르빈산)는 모든 조직의 성분인 콜라겐의 합성을 돕는다. 따라서 근육, 골수, 소화기관, 혈관과 피부 등을 튼튼하게 만들어 주며, 철분의 흡수를 돕는다. 비타민 C가 부족하면 잇몸이 약해져 피가 나기 쉽고, 상처가 나거나 멍이 잘 들며, 감기에도 잘 걸린다. 결핍 시 심하면 괴혈병으로 사망하게 된다. 비타민 C는 딸기, 귤 등의 신 과일이나 시금치, 쑥갓, 무청 등의 푸른 채소에 다량 함유되어 있다. 겨울에는 하루에 필요한 비타민 C를 귤 2개 정도로 충분히 섭취할 수 있다. 비타민 C의 권장량은 0~5개월에 35g이고 6~11개월에 45mg이며, 1~5세에 40mg이다.

그림 3-3 과일 · 채소류

엽산folacin은 정상적 성장과 악성 빈혈 예방에 중요한 작용을 한다. 임신부 식이에서 엽산이 결핍되면 태아 이상을 초래한다. 엽산은 진녹색 채소, 콩류, 간과 견과류에 많다.

5 무기질

무기질은 성장 · 발육에 필요한 골격과 치아조직의 구성성분이며, 생체기능을 조절하는 중요한 물질이다. 무기질의 함량은 출생 시에는 체중의 약 3%이나 점차 증가하여 성인기에는 약 5%이다. 영유아기는 골격의 성장뿐만 아니라 유치와 영구치발달에도 중요한 시기이다. 영유아의 성장에 필수적인 무기질은 20여 가지로 그중 마그네슘, 불소, 칼슘과 인, 철, 나트륨이 중요하다.

(1) 칼슘과 인

① 체내작용

칼슘은 가장 중요한 무기질로서 모든 골격과 치아에 존재하여 우리 몸을 튼튼하게 해준다. 또한 우리 몸에 가장 많은 무기질로서 체중의 1~2%를 차지한다. 칼슘은 근육운동과 신경전달에 필수적인 역할을 하며, 체내 대사과정을 조절한다. 또한 골격의 칼슘은 계속 교체되므로 골격의 건강을 유지하기 위해서는 충분한 칼슘을 섭취해야 한다. 성장기의 칼슘 부족은 성장 지연과 좋지 않은 골격 발육을 초래한다.

인은 골격과 치아에 존재하여 지방 운반과 에너지 대사에 필요한 효소를 제공한다.

그림 3-4 칼슘 함량이 높은 우유와 치즈

② 권장량과 급원식품

영유아기는 성장과 발육을 위해 골격과 치아의 생성으로 칼슘의 필요량이 성인보다 높다. 성장기에는 평형유지에 필요한 칼슘양에 뼈의 발육에 필요한 칼슘양을 첨가해서 결정된다. 1~2세의 칼슘 권장량은 500mg이며, 3~5세의 칼슘 권장량은 600mg이다.

멸치, 뱅어포, 고등어, 통조림 등은 단백질도 함유하고 있다. 우유나 치즈, 아이스크림 등의 유제품에도 칼슘의 함량이 많고 흡수도 잘 된다. 미역과 다시마 등의 해조류와 시금치 등의 짙푸른 채소에도 칼슘이 함유되어 있다.

신체가 급격히 성장하는 영유아는 칼슘과 함께 단백질, 기타 무기질과 비타민 등을 골고루 함유한 음식을 공급해야 한다.

인은 주로 우유, 어육류, 곡류와 콩류, 탄산음료와 가공식품에 많다. 무기질의 권장량은 표 3-6 과 같다.

표 3-6 / **영유아의 칼슘과 철, 아연 권장량**

연령		칼슘(mg)	철(mg)	아연(mg)
영아	0~5개월	200	0.3	1.7
	6~11개월	300	6	2.8
유아	1~2세	500	6	3
	3~5세	600	7	4

(2) 철

① 체내 작용

철은 단백질과 결합하여 혈색소를 형성하며, 혈액을 통해 산소를 각 조직으로 운반한다. 적혈구의 혈색소는 산소 운반역할의 필수 구성성분이며 면역체계를 돕고 에너지 대사과정을 돕는다. 산소가 없으면 포도당으로부터 에너지를 만들 수 없다. 철이 결핍되면 빈혈이 나타나는데, 빈혈은 영유아의 중요한 건강문제이다.

② 권장량

철은 적혈구의 헤모글로빈 성분이므로 성장속도에 비례하여 필요량이 증가한다. 따라서 영유아기 철의 손실량은 아주 높다. 영유아는 태내에서 철 등의 영양소를 여분으로 저장해서 출생하며 약 100mg의 철을 가지고 있다. 그러나 생후 5~6개월이 되면 저장된 철은 거의 소비되고 만다. 0~5개월에는 하루 0.3mg, 6~11개월에는 6mg, 1~2세의 유아는 6mg, 3~5세의 유아는 7mg의 철을 권장하고 있다 표 3-6 .

철의 1일 필요량은 극히 적으며, 그 흡수율은 매우 낮은데, 간, 선지, 붉은 살코

그림 3-5 주요 식품의 철 함량

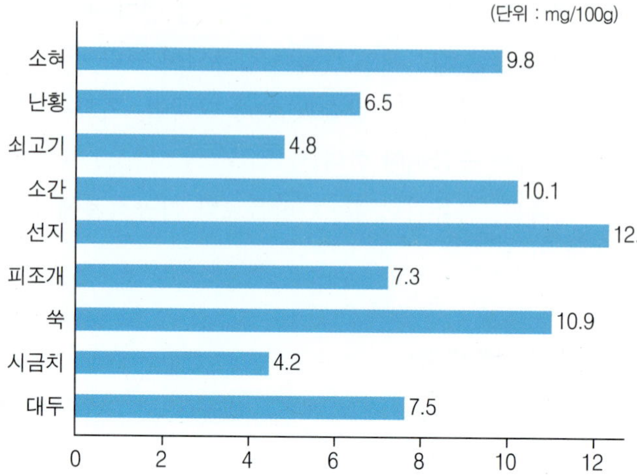

기, 달걀노른자 등의 동물성 식품에 함유된 철분의 흡수율이 시금치, 쑥 등의 식물성 식품보다 높다. 주요 식품에 들어 있는 철 함량을 비교하면 그림 3-5 와 같다.

철의 흡수율은 영양소 중 가장 낮으며 함께 먹는 식품에 따라 변화한다. 동물성 단백질이나 비타민 C는 철의 흡수율을 높여 주므로 이를 고려하여 식단을 작성하면 효율적이다.

(3) 나트륨

나트륨은 짠맛을 가지고 있어서 음식의 맛을 내게 하며, 체내에서 수분을 조절하고 산 · 알칼리의 평형을 유지하며 신경충동과 근육의 수축 · 이완을 돕는다. 나트륨은 소금의 성분으로서 소금이나 간장, 된장 등으로 주로 섭취하게 되고 어육류, 조류, 우유 등과 모든 자연식품에도 들어 있으며, 가공식품에는 더 많이 들어 있다 그림 3-6 .

최근 가공식품과 편의음식의 이용이 증가하면서 나트륨 섭취량이 많아지고 있다. 아동들이 좋아하는 감자칩이나 햄, 치즈, 토마토케첩, 마요네즈 등에는 나트륨이 다량 들어 있다.

그림 3-6 주요 식품의 나트륨 함량

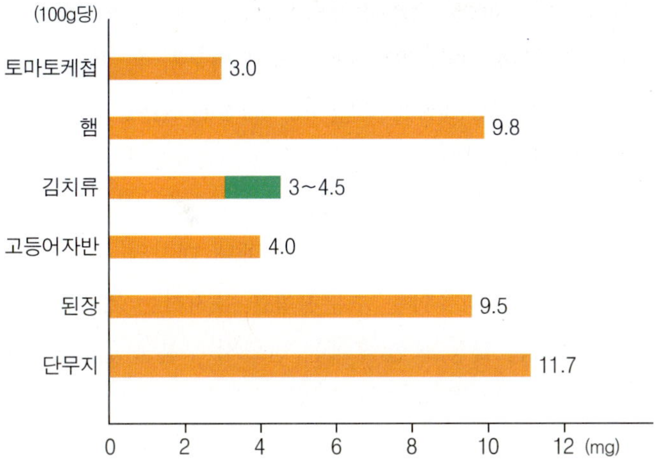

(4) 마그네슘, 요오드, 아연, 불소

마그네슘은 골격과 치아를 구성하며 신경충동전달, 근육의 수축 · 이완과 에너지 대사를 돕는다. 마그네슘은 모든 식품에 들어 있어서 결핍증이 나타나지 않는다.

요오드는 미역, 다시마 등의 해조류와 바다 생선에 많이 함유되어 있는 성분으로 성장을 촉진하는 작용을 하는 갑상선호르몬의 구성성분이다.

아연도 성장을 촉진하는 영양소로서 동물성 식품에만 다량 함유되어 있다. 불소는 골격과 치아의 강도를 높여 주고 충치를 예방해 주며, 어류에 다량 들어 있다. 수돗물에 첨가하여 공급하기도 한다.

6 수분

(1) 수분의 체내작용

우리는 수분을 음료에서 충분히 공급받기 때문에 우리 몸에 얼마나 중요한지 인식하지 못한다. 수분은 신체 구성성분 중 가장 많은 성분으로 생명 유지에 가장 중요하다.

수분의 작용을 보면 각 조직세포로 영양소를 운반하고 세포에서 생성된 노폐물

그림 3-7 유아의 물 마시는 모습

을 운반한다. 또한 수분은 타액, 위액, 담즙, 장액 같은 분비액의 성분이고 영양소를 용해시켜서 화학작용을 받을 수 있게 하거나 체온을 조절하며 외부자극, 환경의 변화 등으로부터 내장기관을 보호하는 작용을 한다. 또한 뼈의 관절골액, 뇌척수액의 성분으로서 이들 조직을 보호하고 기능을 원활하게 한다.

수분의 필요량은 연령, 체내 대사와 기후환경에 따라 달라진다. 영유아는 수분평형을 유지하는 기능이 약하여 땀을 흘리는 활동을 한 후에는 반드시 수분을 공급받아야 한다. 고열에 설사를 하거나, 심한 화상을 당하거나, 출혈이 심하면 수분공급이 우선되어야 한다. 많은 양의 수분을 잃게 되면 탈수가 일어나 생명이 위독해진다. 병원에서 포도당 주사를 놓는 일차적인 목적은 수분을 공급하기 위해서이다.

(2) 수분 권장량과 급원식품

수분 권장량을 볼 때 연령이 낮을수록 체중 kg당 수분 필요량이 증가하는데, 이는 연령이 낮을수록 물질대사가 왕성하기 때문이다. 영유아의 연령별 수분 권장량은 표 3-7 과 같다.

수분은 과일과 채소에 다량 들어 있다. 주스류와 우유는 영유아의 주된 수분 공급원이다. 영유아에게 탄산수나 설탕이 첨가된 주스보다 물이나 우유 등을 마실 것을 권해야 한다.

표 3-7 / 영유아의 수분 권장량

연령	체중(kg)	충분 섭취량(mL)	에너지 필요 추정량(kcal)	수분 섭취량(mL/kg)
1~2세	12.2	1,100	1,000	90mL
3~5세	17.2	1,400	1,400	86mL

알아두기

영유아 영양소 섭취실태

2012년도 국민건강영양조사에서 1~2세와 3~5세 어린이의 경우 평균 섭취량이 대부분의 영양소는 권장 섭취량에 평균적으로 초과하였으나 칼슘과 철은 낮게 나타났다.

표에서 보는 바와 같이 권장량의 75% 미만의 영양불량 아동의 비율을 보면 칼슘이 50~60%로 나타났으며, 1~2세 어린이에 비하여 3~5세 어린이에서 칼슘의 영양상태가 불량한 것으로 나타났다. 철은 1~5세의 약 40%가 영양불량상태로 나타났다.

영유아의 영양소별 영양 권장량의 75% 미만(불량)과 125% 이상(과다)을 섭취하는 비율 (단위 : %)

연령 / 영양소	만 1세 이상		1~2세		3~5세	
	불량(%)	과다(%)	불량(%)	과다(%)	불량(%)	과다(%)
에너지	30.8	18.7	20.0	30.7	32.2	13.5
단백질	14.6	-	7.0	-	1.3	-
칼슘	70.1	0.2	49.2	0.0	60.6	0.0
철	27.5	2.1	42.0	0.1	39.2	0.0
비타민 A	38.4	3.9	56.6	16.8	28.6	16.9
비타민 C	46.7	0.1	37.0	2.7	32.4	0.4

※ 영양불량 : 75% 미만, 영양과다 : 125% 이상

자료 : 2012 국민건강영양조사.

Chapter 04

영유아의 식생활지도

영아에 있어 최적의 영양원은 모유이며, 조제유는 이를 대체하는 식품이다. 올바른 영아수유법을 알고 이유식을 실시하는 것은 영아의 성장 · 발달에 지대한 영향을 준다.
본 장에서는 영아수유법, 이유식, 유아의 식사와 올바른 식습관 형성 및 영양문제를 파악할 수 있도록 구성하였다.

1. 영아기의 식생활지도
2. 유아기의 식생활지도
3. 영유아의 질병과 영양문제지도

1. 영아기의 식생활지도

영아기는 급격한 성장을 하는 시기라는 점과 영양공급이 전적으로 부모에 의해 이루어지는 시기라는 점에서 다른 시기와 다르게 적절한 영양공급을 제공함으로써 영양의 과부족 현상이 없어야 하며, 섭식운동발달에 대한 훈련과 맛에 대한 균형 있는 경험을 제공해야 한다.

I 모유수유

(1) 모유수유의 중요성

영유아에게 모유는 최상의 영양원이면서 많은 장점을 가지고 있다.

모유는 가장 이상적인 영양소를 함유하고 있어 영아기 섭취가 중요하며, 아기와 엄마에게 여러 가지 이로운 장점을 가진다. 모유수유의 장점은 다음과 같다.

- 모유의 영양성분은 아기 성장에 최상의 영양원이다.
- 항감염성인자가 들어 있다.
- 알레르기 발생을 낮춘다.
- 모체회복을 돕는다.
- 사회 경제성이 있다.
- 안전하고 위생적이다.

(2) 모유 분비를 촉진시키기 위해서 유의해야 할 점

- 모유 분비에 있어서 흡유자극이 최유 호르몬을 분비시키기 때문에 모유는 빨면 빨수록 잘 분비되며, 어렵더라도 인공영양으로 바꾸지 말고 인내심을 가지고 빨게 해야 한다.
- 어머니는 육체적 · 정신적 과로를 피하며 마음의 평안을 유지해야 한다.
- 자신의 유즙분비능력에 자신감과 긍지를 가져야 한다.
- 열량, 단백질 함량이 많은 식사와 수분을 충분히 섭취하여 분비량을 보충해야 한다.

- 유아가 한쪽의 젖을 완전히 빨지 않는 경우에도 젖을 완전히 짜내 비워야 한다.
- 모유 조래 시에는 젖을 온습포로 마사지해야 한다.
- 이상의 사항에 주의하여 하되, 그래도 모유 분비가 부족한 경우에는 부득이 혼합영양 또는 인공 수유를 한다.

알아두기

모유수유를 금하는 경우

모유수유를 절대로 금해야 하는 경우는 극히 적으나, 다음과 같은 어머니의 상황에서는 수유 시에 위험하므로 금한다.

- 어머니에게 대사병, 심부전, 만성신염, 악성종양이 있어서 중환인 경우
- 어머니에게 전염병이 있는 경우
- 어머니에게 간질병 및 정신병이 있는 경우

(3) 모유수유법

① 모유먹이는 방법

아기가 젖을 빨 때에는 젖꼭지 주위의 검은 부분, 즉 유두륜을 아기의 입 속에 전부 들어가게 깊이 물려 주어야 한다. 이렇게 하면 아기의 젖을 빠는 반사운동이 세게 나타나 젖꼭지가 상할 염려가 적어진다.

② 모유 먹이는 자세

수유 시에는 앉아서 아기를 비스듬히 눕혀 먹이는 것이 가장 편안한 자세이다.

흔히 어머니가 아기와 같이 누워서 젖을 먹이는 경우가 있는데, 만약 깜박 잠들어 버리면 아기가 유방이나 팔 아래로 깔려 질식할 위험이 있으므로 주의해야 한다. 그리고 편안한 자세로 수유할 때 젖도 충분히 분비된다. 바람직한 수유 자세는 그림 4-1 과 같다.

그림 4-1 모유수유

③ 수유량 및 흡유시간

아기가 젖을 빠는 힘이 세찰 때에는 처음 5분 동안에 먹는 분량이 아기가 한 번에 먹는 전체 양의 절반가량이 된다. 그리고 다음 5분 동안에는 약 30~40%, 그 다음 5분 동안에는 10~20% 먹는 정도에 지나지 않는다.

아기가 만약 30분 이상이 되도록 젖을 빨고 놓지 않는다면 결국 나오는 젖의 분량이 모자란다는 것을 의미한다.

④ 수유 간격 및 수유 횟수

젖이 잘 나오면 아기가 빠는 힘도 세차다. 아기가 정상적으로 발육할 때에는 하루의 젖 먹이는 간격과 횟수가 대략 일치한다. 아기가 조금 먹은 때에는 얼마 안 가서 다시 젖을 원하게 되는데, 이때 오래 울도록 내버려 두어서는 안 된다. 한편, 젖을 많이 먹고 오래 잘 때에는 젖 먹일 시간이 되었다고 해서 잠자는 아기를 일부러 깨울 필요가 없다. 아기가 젖을 충분히 먹었을 때 위부터 소장까지 통과하는 데는 3~3.5시간이 걸린다. 모유의 위 체류시간은 2~3시간이며 우유는 3~4시간이다 표 4-1 .

최근에는 아기마다 고유의 생활리듬을 존중하여 아기의 욕구에 맞춰 수유하는 것을 주장하는 자율영양법이 권장되고 있다.

표 4-1 / 식품의 위 체류시간

식품	모유	우유	죽	채소
체류시간	2~3시간	3~4시간	약 4시간	4~5시간

표 4-2 / 수유횟수와 수유량

월령	수유횟수	1회 수유량(mL)
출생~1주	6~10회	60~90
1주~1개월	6~8회	120~140
1~3개월	5~6회	140~180
4~5개월	4~5회	180~210
6~8개월	4회	210~240
9~12개월	3회	210~240
1~2세	3회	210~240

2 인공수유

(1) 조제유

가장 바람직한 영아영양법은 모유영양이지만, 어떤 이유로 인해 모유영양이 아기에게 불가능할 경우에는 모유 이외의 영양식품으로 육아를 해야 한다. 현재 시중에서 판매되고 있는 조제분유 중에서 육아용 조제유에도 여러 종류가 있으나 그 성분과 함유량에는 큰 차이가 없다. 우유의 카세인을 주 원료로 하는 경우와 두류를 주 단백질원으로 하는 두 가지가 있으며, 이 단백질 외의 다른 성분은 모유성분과 가장 가깝게 첨가하여 만든다.

- 단백질은 알부민과 카세인의 비율을 모유의 비율과 비슷하게 만든다.
- 유지방의 일부를 식물유로 대치하여 모유의 지방산 조성과 비슷하게 불포화지방산과 필수지방산을 높여 준다.
- 무기질은 위의 부담을 감소시키기 위해 감량된다.
- 유당이 첨가된다.
- 부족한 비타민을 첨가시킨다.

(2) 조유법

조유는 조제유를 영양, 소화 및 위생상 영아에게 적당한 일정량으로 처방에 따라 배합하고 조제하는 것을 말한다. 그러므로 조유에서 가장 중요한 것은 세균오염을 피하며 계량을 정확하게 하는 일이다. 병원이나 보육시설 등에서 대량 조유를 해야 할 때에는 살균을 철저히 해야 한다.

① 조유 준비

- 조유자는 손과 손톱을 깨끗이 하고 옷차림을 청결하게 한다.
- 조유 순서를 미리 계획한다.
- 계량을 정확히 하며 사용 후에는 조유기구를 깨끗이 씻고 닦아둔다.
- 조유 중에는 잡담을 금한다.

② 조유방법

- 조유에 필요한 재료와 기구를 갖춘다. 즉, 분유, 조유용 냄비, 저울, 액량계, 거품기, 젖병, 젖병을 담는 바구니, 조유용 소독조, 명찰(포유병과 동수)
- 하루 분량의 분유, 끓인 물, 기타 필요한 재료를 계산한다.
- 조유용 냄비에 필요한 액량의 1/4 내지 1/5 정도 끓인 물(50°C 전후)을 붓고 온도를 잰 다음에 정확하게 계량한 조제분유를 넣고 잘 젓는다.
- 나머지 끓인 물을 넣어서 균등해지도록 잘 혼합한다. 대량으로 조유하는 경우에는 끓인 물을 규정량보다 10% 전후로 한다.
- 젖병을 숫자대로 준비해서 명찰을 붙인다.
- 1회분씩 눈금이 붙은 비커 또는 실린더로 분량을 맞추어 조제된 우유를 담는다. 포유병에 눈금이 있으면 거기에 맞춰도 된다.
- 젖병의 입을 살짝 막고 미리 끓기 시작한 소독조에 넣어 100°C로 5분간 소독한다.
- 소독조로부터 꺼내 마개를 해서 실내온도와 같게 식힌 다음 냉장고에 보관한다.
- 영아에게 줄 때에는 냉장고에서 그 시간에 수유할 것만을 꺼내 2중탕으로 데워서 체온 정도로 따뜻해지면 먹게 한다. 최근에는 한꺼번에 조제하여 냉장고에 보관했다가 주기도 하나, 체온과 비슷한 것을 먹게 하는 것이 영아에게 더 적합하다.

(3) 조제유수유법

수유는 영아와 어머니(보육자)가 결부되는 중요한 시기이므로 가능한 한 어머니의 손으로(보육자의 경우에는 어머니와 같은 기분으로) 영아를 안고 조용한 환경 속에서 침착한 기분으로 수유에 전념한다.

수유 시 젖의 온도는 영아의 기호에 따라 다소 차이가 있으나 대체로 체온보다 약간 높은 37~40°C 정도가 적당하다. 젖의 온도를 재는 것은 하완의 안쪽에 젖을 두세 방울 떨어뜨려 보고 뜨겁지도 차갑지도 않으면 적당한 것으로 본다. 또 젖병이 유리제품이면 뺨에 대어 보고 약간 뜨겁게 느낄 정도면 된다.

소독한 젖꼭지를 포유병에 부착시킬 때에는 입 안으로 들어가는 젖꼭지 부분에 손이 닿지 않도록 한다. 젖꼭지는 충분히 입 안으로 들어가게 해서 젖꼭지 부분이 항상 젖으로 가득 차 있도록 젖병을 비스듬히 눕혀서 마시게 한다. 젖꼭지 구멍은 젖병의 위쪽에 위치하게 하며, 1회분의 젖의 수유가 10~12분 정도로 끝날 수 있게 젖꼭지 구멍의 크기를 조절한다.

수유가 끝나면 그 자세대로 영아를 안고 가볍게 등을 문질러 주면 젖과 함께 마신 공기가 트림과 함께 밖으로 나오게 된다. 트림을 시키지 않으면 먹은 젖을 토할 염려가 있다.

알아두기

영아가 젖을 다 빨지 않고 남기는 이유

- 젖꼭지의 구멍이 너무 작은 경우
- 공기를 너무 많이 마셔서 위 속에 공기가 가득 차 있으므로 젖을 먹을 수 없는 경우
- 젖이 완전히 식어 버린 경우
- 젖의 분량 및 젖의 농도가 영아에게 맞지 않는 경우
- 과즙 또는 다른 수분을 수유하기 전에 준 경우

3 이유보충식

이유는 성장기에 적절한 영양 요구량과 섭식운동의 발달, 소화 및 대사능력, 해독 및 배설능력, 알레르기 질환의 발생 위험성 등을 고려하여 계획되어야 한다. 이 밖에 이유식의 종류와 공급방법이 심리발달에 영향을 준다는 것도 항상 고려하여야 한다.

(1) 이유의 필요성

① 모유만으로는 불충분한 영양공급

영아의 성장은 빠르며, 생후 3개월에는 출생 시 체중의 2배, 5개월이 되면 2.5배 전후라는 양태로 성장하나 모유의 분비는 이에 맞추어 증가하지 못한다. 그러므로 젖만으로는 영아의 정상적 발육을 지키기가 어렵고, 특히 철 · 구리 · 단백질 등 부족한 영양소를 식사로부터 보충할 필요가 있다.

② 소화기능의 발달에 따른 식품공급

영아는 생후에 저작기능 및 소화기능도 발달한다. 위의 용량이 커지고, 소화효소와 위장관 점막, 대사 및 배설기능의 발달에 따라 이유식의 양과 간격, 종류와 염도 등을 적절히 맞춰주어야 한다.

③ 섭식운동의 발달

영아기 치아의 발달과 혀운동 및 손놀림은 월령이 지나고 유아기까지 발달하게 되므로 식품 형태와 공급방법이 달라져야 한다.

앞니의 발달은 음식을 입 안에 머물게 할 수 있는 능력을, 송곳니의 발달은 더욱 질긴 식품을 자를 수 있는 능력을, 어금니의 발달은 식품을 잘게 부술 수 있는 능력을 갖추었다는 것을 의미하기 때문에 치아의 발달에 따라 식품의 형태도 달리 공급해 주는 것이 좋다. 이러한 섭식운동의 발달에 따라 적절한 형태의 이유식을 제공하여야 한다.

④ 정서적 · 지적 발달

영아의 발달단계에 따른 새로운 질감, 색, 맛을 가진 식품을 떠먹이는 이유방법, 먹는 연습 등을 시키면서 이유식을 주면 정서적 · 지적 발달을 돕는다.

⑤ 올바른 식습관의 확립

이유기는 인간생활 속에서 음식에 대한 첫인상을 형성하는 중요한 시기이므로 식품의 선택과 주는 방법에 주의하여 바람직한 식습관 확립을 위한 기초를 만드는 것이 필요하다.

(2) 이유식의 주의점

① 이유의 시작과 진행방법

생리적인 성숙과 운동발육 이외에도 심리발달에 대한 배려가 있어야 한다. 일반적으로 4개월 이전은 싫고 좋음에 대한 표현이 부족하여 이유를 시작하기에는 적절하지 못하다. 그러나 낯을 가리기 시작하는 6개월이 지나서 이유를 시작하게 되면 강한 거부반응을 나타낼 수 있다. 아기가 준비되어 있지 않은 상태에서 이유를 지나치게 강요하게 되면 점점 더 힘들어지기 때문에 이유식을 처음 줄 때에는

표 4-3 / 이유 시작 시기에 따른 문제점

이유 시기	문제점
너무 이른 경우	• 모유 분비량의 감소 • 소화기능의 미숙에 의한 설사 • 장벽의 미성숙에 의한 알레르기 질환 • 삼킴운동 미숙과 위 식도 역류에 의한 호흡기 증상 • 지방세포 수 증가에 의한 비만
너무 늦은 경우	• 성장부진 • 면역기능 저하 • 영양 결핍(미량영양소의 부족) • 편식

여러 가지 상황을 고려하여 주의 깊게 진행해야 된다. 이유는 4~6개월경에 시작하는 것이 좋다. 이유가 너무 이르거나 늦어지면 아기에게 문제가 발생할 수 있다 표 4-3 .

모유만큼 완벽한 식품이 없기 때문에 이유는 기본적으로 모유로 영유아를 키우면서 진행하도록 해야 하고, 성장단계에 알맞게 이유를 진행하여 만 2세에 우리의 음식문화에 적합한 식습관이 형성되도록 해야 한다.

일반적으로 이유식의 확대시기는 한 종류의 식품을 2주 간격으로 추가하도록 권장한다. 식품의 형태와 대사능력에 따른 식품의 영양 조성비를 고려하고, 또 식품에 의한 문제점 중 특히 알레르기 질환의 발생을 고려하여 단계적으로 적절히 선택해야 한다. 혼합된 이유식보다 한 종류씩 추가해 나가는 방법은 식품에 의한 문제점을 파악하는 것 외에도 맛에 대한 경험을 갖게 한다. 이유기는 다양한 식품을 먹음으로써 편식하지 않는 바람직한 식습관을 형성할 수 있게 한다.

아무리 좋은 이유 식단이라도 아기가 받아들이지 않는 경우가 많아 실천에 옮기기란 그리 쉬운 일이 아니다. 지나치게 계산된 식단에 얽매여 아기에게 강요하거나 무리하게 이유를 진행하게 되면 아기의 심리발달에도 부정적인 결과를 초래할 수 있다.

② 식품의 조리형태

이유식의 조건으로서 영아가 먹기 편리하게 조리하는 것으로 일반적으로 매끈하고 부드러운 것이 적합하다. 소화가 잘 되는 음식이어야 하므로 식품의 종류보다는 조리 형태 및 정도, 입자의 크기 등이 중요하다.

초기(5~6개월)에는 수분이 많고 풀 같은 것, 형태는 있으나 혀에 닿으면 부서지는 것(감자 으깬 것), 입 안에서 잇몸으로 자를 수 있는 것(토스트, 죽 등)의 순서로 진행되는 조리 형태가 중요하다.

③ 싱겁게 간하기

이유기에는 여러 가지 맛을 경험하는 시기이며 다양한 미각이 형성된다. 그러므로 진한 맛의 음식을 먹으면 다른 미각의 발달에 장애가 생긴다. 맛의 기본은 소금이며, 가능한 한 싱겁게 간을 한다. 베이비푸드의 염분 농도는 0.25%인데, 보통 성인이 맛있다고 느끼는 염분 농도는 0.9%이다.

④ 위생과 안전하게

이유식에 사용하는 식품은 양질이며 영양가가 풍부하고 신선한 것으로 청결하게 조리된 것이어야 한다. 알레르겐이 되기 쉬운 식품은 초기에는 피해야 한다. 항원성이 강한 난백은 7개월 이후에 사용하고, 생선 · 고기 · 달걀 등은 초기에는 잘 가열한 것을 이용한다.

⑤ 이유식의 형태 및 공급방법

그림 4-2 이유식을 먹고 있는 영아

성장하면서 씹기 등의 구강운동과 손놀림 등의 섭식운동능력이 향상된다. 이에 따라 식품의 형태도 모유와 같은 액체식품에서 점차 점도를 높여 미음, 죽, 고형식으로 바꿔주어야 하고, 젖꼭지에서 병꼭지, 숟가락, 컵으로 영양 공급수단을 바꿔주어야 한다.

(3) 이유시기에 따른 이유식

아기들은 성장해 가면서 수유횟수가 점차 줄어들어 4개월이 되면 하루 4~5회로 충분하다. 이유식의 횟수는 모유와 함께 간식으로 추가해 주는 정도로 시작하고, 단계적으로 모유를 이유식으로 대체해 나가야 한다.

표 4-4 / 이유식의 기본형

이유식 종류 \ 월령		이유 초기 (5~6개월)	이유 중기 (7~8개월)	이유 후기 (9~10개월)	이유 완료기
젖	모유 또는 인공유[1] 이유 양(mL)	모유(처방유) (900~800)	모유 (800~700)	모유 (400~0)	
젖	우유(mL)	0	0	150~400	400
젖	이유식의 횟수	1~2	2	3	3
이유식	Ⅰ[2] 죽 1회 양(g)	묽은 죽 25~30	죽 40~60	된죽 80(진밥 70)	진밥 80 전후
이유식	Ⅱ[2] 채소 · 과실류 1회량(g)	10~20	25	30~40	40 전후
이유식	Ⅲ[2] 달걀(개) (육류[3], 어류, 콩류)	난황 1/2~2/3 고기의 경우 5~10 두부의 경우 20~30	난황 전란 1~1/2 15~20 45~50	전란 소 1/2 20~25 50~60	전란 1/2 전후 25 전후 75 전후
	유지류[4] 하루 양(g)	0~4	5~8	10~12	12
	설탕[5] 하루 양(g)	0~2	3~4	10 전후	10 전후
기타	과즙 또는 과실죽 하루 양(g)	50~70	80	80~90	100
기타	비스킷[6] 하루 양(개)		1	3	3

1) 인공유 : 조제분유 또는 우유
2) 이유 개시 시기를 제외하고 이유식에는 Ⅰ, Ⅱ, Ⅲ을 합쳐서 준다.
3) 수조육류를 나타낸다.
4) 유지류 : 조리의 부재료
5) 설탕 : 간식
6) 비스킷 : 영양원, 잇몸 자극

이유식의 양은 간식에서 주식으로 진행하는 과정과 영양 요구량, 1일 섭취 가능한 음식량 및 횟수를 고려하고, 식품구성자전거를 참조하여 식단을 작성해야 한다. 이유식의 기본형은 표 4-4 와 같다.

① 이유 초기(4~6개월) : 이유 도입기

이유 도입기의 이유는 조심스럽게 진행하도록 권장하고 있다. 이유식의 형태는 미음과 같이 묽게 해주어야 한다.

- 이유식은 하루 1회를 원칙으로 하고, 오전 중 수유 직전에 준다.
- 조미는 싱겁게 한다.

- 하루에 한 가지 식품을 한 숟가락부터 주기 시작하며 영아의 변, 식욕, 기분 등을 살펴 가면서 차차 양과 종류를 늘린다.
- 이유식을 준 후 젖은 영아가 마시는 것만 준다.
- 이 시기에 주는 이유식은 수프, 된장국, 우유 등으로 연하게 희석하여 부드럽게 해서 준다.

② 이유 중기(6~8개월) : 반고형식기

- 식사의 횟수는 2회로 늘리며, 두 번째 식사를 시작할 때에는 첫 번째의 1/2 정도 준다.
- 식품의 종류와 분량은 천천히 늘리고, 서서히 광범위하게 식품과 맛에 익숙해지도록 한다.
- 하루의 영양 섭취량 중 이유식이 차지하는 비율이 많아지므로 그 내용에 대한 질적 배려가 중요하다.
- 모유가 잘 분비되고 있어도 단유 준비를 한다.

곡분이나 채소, 과일 또는 달걀과 생선 등의 식품을 묽은 죽 형태로 만들어 숟가락을 사용하여 제공하고 기타 육류는 보류하는 것이 좋다.

위장관 점막이 아직도 미숙하여 알레르기 반응을 잘 일으키는 메밀, 토마토, 귤, 고등어, 꽁치와 같은 붉은살생선, 새우와 같은 갑각류, 돼지고기는 삼가야 한다. 영양학적 가치가 훌륭한 달걀과 우유도 알레르기의 가족력이 있는 아기에게는 주의하여 공급해야 한다.

③ 이유 후기(9~10개월) : 고형식기

음식을 직접 손으로 집어 먹게 하여 손에서 입으로 음식을 가져가는 조절능력을 길러주도록 하며, 숟가락의 개념과 사용법을 익히도록 하고, 혼자 컵을 사용해 먹도록 한다. 육류, 생선, 가금류 등 대부분 음식을 먹을 수 있게 되므로 다양한 식품을 접해 볼 수 있게 해주어야 하지만, 여전히 알레르기 또는 대사적인 문제에 대한 배려도 잊지 말아야 한다.

- 식사횟수는 3회를 원칙으로 하며, 이유식의 중요성은 더욱 증가한다. 따라서 이유식은 종합적인 영양을 충분히 생각해야 한다.

- 모유 또는 분유를 우유로 바꾼다.
- 비스킷, 크래커, 빵의 가장자리 등을 손에 쥐고 먹는 연습을 시키고 목에 막히지 않도록 지켜보아야 한다.

④ 1세 전후 : 이유 완료기

12개월 이후는 소화효소도 거의 성숙되고 뒤 어금니를 제외한 모든 젖니가 나오며, 먹을 수 있는 음식물의 종류가 더욱 다양해져 성인과 크게 다를 바가 없게 된다. 하루 우유 섭취량은 600mL 정도 섭취하고, 나머지는 일반식으로 섭취하는 것이 좋다. 1세 이전에 알레르기를 일으킬 위험이 있는 달걀흰자, 돼지고기, 붉은 살 생선, 메밀, 토마토, 신 과일, 밀, 옥수수, 코코아 등도 서서히 도입하는 것이 좋다.

2. 유아기의 식생활지도

1 유아기의 식행동과 식사

유아기에는 각종 기능이 발달됨에 따라 기본적 습관이 몸에 배며, 식사도 점차 스스로 할 수 있게 되고, 소화기능도 증가하여 성인식에 가까운 식품의 종류 및 조리법을 받아들일 수 있게 된다. 이 시기에 편식, 식욕부진 등의 문제가 생기기 쉬우므로 깊은 이해를 가지고 좋은 식사습관을 확립시켜야 한다.

유아의 연령에 따라 영유아의 생리적 상태, 운동기능의 발달에 따라 식사행동의 발달이 이루어진다. 이러한 식행동발달에 맞추어 식사지도가 이루어져야 한다. 그 발달과정의 표준을 보면 표 4-5 와 같다.

유아기는 심신의 발육이 왕성하다. 장래의 체격과 튼튼한 체질, 바른 식습관 등은 이 시기에 기초가 형성된다. 따라서 충분한 식사를 균형 있게 하는 것은 중요한 일이다.

유아기 식사의 특성을 보면 몸 크기에 비해서 많은 영양이 필요하다. 식욕이 고르지 못하며 개인차가 심하고 식욕은 환경의 영향을 받기 쉽다.

또한 새로운 식품과 요리에 대한 적응력이 약하며 자제력이 부족하여 식사량

표 4-5 / 유아 식행동의 발달

연령	발달표준
1년 3개월	• 젖병을 잘 찾지 않고, 컵에 입을 대고 마실 수 있다. • 숟가락질은 어려워서 못하며 손가락으로 음식을 집어서 입으로 넣는다. • 밥그릇을 양손으로 잡는다. • 혼자서 먹는 의욕이 생기며 남에게도 먹을 것을 주고 기뻐한다. 그러나 음식을 흘리거나 떨어뜨리는 등 실패가 많다.
1년 반	• 혼자서 식사하는 능력이 발달된다. • 숟가락을 쥐고 음식을 입으로 넣기 위해 애를 쓴다. • 양손으로 공기를 들어서 물을 마시게 된다. 그러나 그릇을 떨어뜨리거나 음식을 잘 흘린다. • 식사 중 위에 변화가 생기면 먹는 것을 중단하고 자리에서 일어난다. • 음식 맛에 대한 기억이 남는다.
2년 전후	• 컵을 손에 쥐고 음료를 잘 마신다. • 음식물을 적극적으로 원한다. • 음식이 오는 것을 앉아서 기다리는 등 욕구통제능력이 나타난다. • 음식의 기호가 뚜렷해진다. • 식욕이 저하된다.
2년 후	• 식사 중에 흘리지 않고 깨끗하게 먹는 유아도 있으나 대부분 많이 흘린다. • 자립과 의존심의 두 면을 가지고 있다. • 컵이나 공기를 한쪽 손으로 잡고 잘 마실 수 있게 된다. • 숟가락 쥐는 방법이 좋아진다. • 식단을 차릴 때 도와주려고 한다.
2년 반~ 3년 반	• 편식이 고착되거나 편식 없이 좋은 식습관이 형성되는 시기이다. • 식사 때에 손을 사용하는 능력이 향상된다. • 젓가락질을 하게 된다. • 음식을 잘 씹어 먹게 된다. • 3세가 넘으면 운동량이 늘어서 식욕이 상당히 왕성해진다.
4년	• 식사예절을 배우게 된다. • 식사를 빨리 하게 된다.
5년	식사를 하면서 다른 가족들의 대화를 듣고 함께 이야기를 하게 된다.

조절이 어렵다. 먹는 방법이 아직 익숙하지 못하며 이때 식사태도와 식행동의 기초가 형성된다.

(1) 좋은 유아식의 조건

좋은 유아식의 조건은 식사 내용, 식사환경, 식사태도와 행동 등으로 나누어 볼 수 있다.

① 좋은 식사 내용

- 알맞은 영양량을 함유한다.
- 연령발달에 알맞은 식품의 선택과 조리법을 선택한다.
- 개인차에 대한 배려를 한다.
- 요리의 다양성을 준다.
- 안전성을 확보한다.

② 좋은 식사환경

- 기능적인 식탁과 의자를 준비한다.
- 매력적이며 먹기 쉬운 식기를 사용한다.
- 따뜻한 마음과 사랑으로 식사 분위기를 조성한다.

③ 좋은 식사태도와 행동

- 손 씻기와 입 안 헹구기를 습관화한다.
- 인사를 장려한다.
- 잘 씹어 먹기를 습관화한다.
- 편식하지 않도록 한다.

(2) 유아의 식사에 영향을 주는 요소

① 유아의 식욕과 생리조건

음식을 맛있게 먹으려면 무엇보다 공복의 느낌이 있어야 한다. 만복 시에는 맛있는 음식도 맛이 없게 느껴지고 식욕이 나지 않는다. 그러므로 식사는 유아가 알맞게 배고픈 시간에 할 수 있게 한다.

② 심리 면

유아는 심리적인 영향을 많이 받는다. 야단을 맞거나 빨리 먹을 것을 독촉받거나 놀이에 열중하고 있을 때, 식사를 강요당했을 때에는 식욕이 저하된다.

③ 환경온도 및 습도

유아는 체온의 조절기능이 미숙하므로 환경온도와 습도에 의해 신체조건이 나빠지기 쉽고 식욕도 영향을 받는다. 날씨가 너무 덥고 습도가 높으면 식욕이 저하되고 짜증을 많이 내게 된다.

④ 음식의 온도와 외관

음식의 최적 온도는 20~30°C의 범위가 가장 바람직하다. 유아는 대체로 뜨거운 음식을 싫어하므로 성인이 좋아하는 음식 온도보다 5~10°C 낮은 것을 주도록 한다.

음식의 외관은 심리작용에 영향을 주며 식욕을 지배한다. 일반적으로 식욕을 촉진시키는 색은 적색, 오렌지색, 황색, 녹색, 녹색과 청색의 중간이며, 황록색과 자색은 식욕을 감퇴시킨다.

⑤ 음식 기호와 싫증

음식 중에는 매일 먹으면 싫증이 나서 먹기를 거부하는 경우가 있는 반면에, 매일 하루 세 끼 연속해서 먹어도 싫증이 나지 않는 경우가 있다. 밥, 된장국, 김치 등은 싫증이 나지 않는 기본 식단이다. 음식을 맛있게 먹기 위해서는 시간적 간격이 필요한데, 유아를 위한 식단은 이러한 음식 기호의 주기를 염두에 두고 계획한다.

⑥ 유아식의 조리

유아기 음식은 먹기 쉬운 크기로 조리를 하고 부드럽게 한다. 또한 자극성이 없고 담백하게 조미를 한다. 어렸을 때 짜고 매운 음식에 맛을 들이게 되면 계속해서 나트륨 섭취가 높아지고 자극성 있는 식품을 좋아하는 식습관이 형성된다.

(3) 유아의 간식

유아기는 아침 · 점심 · 저녁만으로는 유아에게 충분한 에너지와 영양소를 공급할 수 없으므로 간식을 통해 영양 보급을 하는 데 주된 목적이 있다. 그리고 유아의 기분을 상쾌하게 하고 즐거움을 주며 정서를 풍부하게 한다.

간식의 양은 1일 에너지 필요량의 10~15%가 적합하다. 간식은 다음 식사의 식욕을 감퇴시키지 않으며 알맞은 만족감을 주는 데 그치도록 한다. 유아의 간식은 영양적으로 에너지뿐만 아니라 단백질 · 비타민 · 무기질 · 수분을 공급할 수 있는 동시에 소화가 잘 되는 것이어야 한다. 간식은 단것, 색채가 강한 것, 불결한 것을 피하며 위험식품에 주의한다. 간식으로 당분이 많은 엿, 사탕, 캐러멜이나 과자 종류 등은 치아에 부착되며 설탕이나 탄산수 등과 같이 충치 유발식품이다. 간식을 먹은 후에는 반드시 양치질을 하도록 한다.

표 4-6 / 간식에 적절한 식품

구분	식품
에너지원	비스킷, 쿠키, 샌드위치, 밀전병, 감자, 고구마 등
단백질 · 칼슘원	우유, 우유 음료, 요구르트, 치즈, 달걀, 우유묵(푸딩), 콩과자, 콩미숫가루, 깨엿, 땅콩 등
비타민원	신선한 과일 및 주스, 오이, 당근 등

2 유아의 식사지도

유아가 보육시설에서 식사를 하는 횟수는 하루 1회에 불과하며, 아침과 저녁식사는 가정에서 하고 있다.

유아는 부모의 식습관과 식행동을 모델로 삼는 경향이 많으므로 부모는 가정에서 모범적인 태도를 취해야 한다. 따라서 자모회를 통해 가정에서의 자녀 식습관 지도의 중요성을 인식시킬 필요가 있다. 유아기의 생활습관 중에서 식습관은 장래의 건강과 인성에 밀접한 관계가 있으므로 매우 중요하다. 따라서 유아의 발달 수준에 알맞게 쉽게 꾸준히 지도할 필요가 있다.

(1) 식사예절지도

음식을 아끼고 귀중히 여기며 주어진 음식에 대해 감사하게 생각하는 태도와 실천을 습관화시키는 일은 가정이나 유아교육시설에서 매우 중요하다. 식사예절은 유아기부터 몸에 배어 항상 자연스럽게 행할 수 있게 해야 한다.

(2) 바람직한 음식 기호 육성

① 음식 기호의 육성

유아기의 음식 기호는 일생 동안 지속된다. 유아가 약간 싫어하는 음식이라도 소량 먹을 수 있게 하며, 같은 식품이라도 조리법 여하에 따라 달라지므로 변화를 준다.

유아의 식품 기호가 중요시되는 것은 특정 식품을 싫어하는 것을 방치해 두면 나중에 편식으로 고정될 우려가 있기 때문에 유아기에 시정하도록 노력해야 한다. 유아기는 식품과 요리에 대해 익숙하지 못한 시기로 맛에 대한 기호도 고정되어 있지 않으므로 싱겁게 먹는 습관을 들여야 한다. 이유기로부터 유아기에 설탕을 많이 사용한 음식을 먹게 되면 감미에 대한 기호가 강해져서 화학조미료 사용을 줄인다. 가공식품은 소금 함량이 많으므로 적게 사용하고 식품에 대한 미각이 둔해져서 편식을 하게 된다.

설탕의 과잉 섭취는 충치 유발의 원인이 된다. 불규칙적인 간식과 잠자기 전의 음식 섭취 등의 식습관도 충치를 유발하게 된다.

알아두기

바람직한 음식 기호의 형성방안

- 유아의 음식은 싱겁게 한다.
- 화학조미료의 사용을 가능한 한 줄이도록 한다.
- 가공식품은 일반적으로 소금이 많이 들어 있으므로 조리할 때 간을 주의해서 맞춘다.
- 조리할 때 설탕을 가능한 한 적게 사용해서 식품 본래의 맛을 살리도록 한다.
- 간식은 가능한 한 당분이 적은 것을 선택해서 준다.
- 시중에서 판매되고 있는 주스 또는 탄산음료는 양을 줄이고 얼음이나 얼음물로 희석시켜서 주도록 한다.

② 식품 가려먹기 지도

유아에게 낯선 음식을 갑자기 여러 가지 주면 식사를 조금만 하거나 편식이 생기기 쉬우므로 서서히 조금씩 단계적으로 권장하도록 한다. 이 시기에는 부모의 식사행동에서 가장 많은 영향을 받으므로 온 가족이 음식을 가려먹지 않도록 유의할 필요가 있다.

(3) 바람직한 식사태도지도

유아들의 올바른 식사태도와 방법을 훈련하여야 한다. 음식을 잘 씹어 먹고 바른 자세로 식사를 하는 것은 어릴 때부터 훈련되어야 하며 이러한 식사태도는 장래 성인이 된 후에도 지속된다.

① 음식 잘 씹어 먹기

가정에서 시간에 쫓기는 생활 때문에 어머니는 간혹 유아로 하여금 식사를 빨리 끝내도록 재촉을 하는 경우가 있다. 그러나 유아는 유아 나름대로 음식을 씹어 먹는 속도가 있으므로 음식을 빨리 먹도록 강요하지 않아야 한다. 음식을 빨리 먹는 것은 소화불량의 원인이 된다. 음식을 천천히 씹어 먹는 습관은 건강과 직결되며 음식의 소화 흡수도 증진시키고 과식하지 않도록 한다. 소리를 내면서 식사를 하는 경우 주위 사람에게 매우 불쾌감을 주므로 씹는 소리를 내지 않도록 아래위의 입술을 다문 채 먹는 습관을 갖도록 한다.

② 식사시간 지키기

식사를 맛있게 즐기는 기본조건은 무엇보다 유아가 공복을 느껴야 한다. 유아가 식사시간을 잘 지키지 않거나 간식의 빈도가 높을 경우 좋지 않은 식습관을 갖게 된다. 따라서 식사시간 및 간식시간은 잘 지켜져야 한다. 영유아들은 놀이에 정신을 빼앗기거나 어머니 부재의 가정에서는 점심을 결식하는 예가 많다. 농번기 또는 도시 어머니의 취업으로 유아의 식사시간이 불규칙해지기 쉬운데, 이러한 점을 생각할 때 유아교육시설의 급식은 식사시간이 일정하므로 매우 유익하다.

③ 식사자세 바로잡기

식사 때의 태도와 자세는 성인이 된 다음에 인성을 평가하는 데에도 영향을 미친다. 양쪽 다리를 똑바로 붙이고 의자에 깊숙이 앉아 식탁 위의 음식을 똑바로 앞에 놓고 식사를 하게 한다. 바른 자세로 식사를 하기 위해서는 의자와 식탁의 높이가 맞아야 한다. 의자가 너무 높거나 식탁이 너무 낮으면 고개를 수그리고 음식을 먹게 되므로 자세가 흐트러진다. 식사를 하는 동안에는 식탁 위에 팔꿈치를 올려놓아서는 안 된다. 식탁 위에 팔꿈치를 올리게 되면 자연히 어깨가 기울어 다른쪽 어깨가 올라가기 쉽고, 자세의 균형이 깨진다.

④ 식사하는 동안의 대화

식사하는 동안의 대화는 조용한 분위기에서 이루어져야 한다. 유아가 큰 소리로 떠들기 시작하면 다른 유아도 목소리가 커지고 전체가 소란스럽게 된다. 입 안에 음식이 들어 있는 동안에 이야기를 하지 않는 습관도 중요하다.

⑤ 청결 지키기

유아의 위생습관은 중요하다. 특히, 화장실에 다녀온 후 손 씻기, 식사하기 전에 손 씻기, 흙장난을 한 후 손 씻기, 식후 입 안 헹구기, 양치질 등은 되도록이면 조기에 몸에 배도록 한다. 손을 씻은 다음에는 손수건이나 타월로 닦는 것도 습관화되어야 한다.

3 유아의 식행동문제

(1) 식욕부진

유아의 발육과정에서 일시적으로 식욕과 음식의 기호가 불안정해지는 시기가 있다. 식욕부진과 편식이 일어나기 쉬운 시기는 일반적으로 이유기와 4세 전후의 시기이다. 이유기에 생기는 것은 이유식의 조리법, 공급방법에 문제가 있으며, 만약 유아가 주어진 새로운 음식에 순응할 수 없을 때 식욕부진이 일어나기 쉽다. 또 3~4세경에는 자아가 발달해서 여러 가지 일에 대해 기호의 감정이 뚜렷해지며 음식에 대해서도 싫은 것에는 거부반응이 일어나 식욕부진을 일으키기 쉽다.

어머니나 보육자도 영유아의 정서발달을 잘 이해한 후 유아의 식욕이 다소 저하되어도 지나치게 신경을 쓰지 말고, 식사를 즐겁고 편안한 분위기 속에서 할 수 있도록 배려한다. 너무 심하게 야단을 치거나 강제적으로 식사를 하게 하면 역효과가 난다. 또 1회의 식사는 먹거나 안 먹거나 20~30분 정도로 끝내도록 하고, 간식은 많이 주지 말아야 하며, 운동을 충분히 하도록 한다.

유아식은 식단을 다양하게 하며, 식품재료를 쓰는 방법과 색채, 그릇 담기 등에 변화를 준다.

(2) 식품 기호

유아의 식생활에서는 음식의 기호가 문제시되는데, 이것을 만약 방치해 두면 후에 편식이 고정될 우려가 있다.

① 유아가 좋아하는 식품

일반적으로 유아가 좋아하는 식품은 달걀, 가미된 우유, 요구르트, 육류, 사과,

귤 등이다. 육류는 소시지나 햄버거 등을 좋아한다. 유아는 대부분 돼지고기를 싫어하나 돼지고기를 원료로 해서 만든 햄 · 소시지 · 핫도그 등은 좋아하며, 돼지고기가 든 짜장면 · 탕수육 등도 좋아한다.

② 유아가 싫어하는 식품

유아가 싫어하는 식품은 냄새가 강한 채소, 매운 음식, 짠 음식 등이다. 미나리 · 파 · 양파 · 쑥갓 · 당근 등과 고추 · 겨자 등이 많이 든 음식을 싫어한다. 또 가시가 많거나 비린 냄새가 심한 생선도 싫어한다.

유아는 식품 자체가 싫은 것보다 조리법에 따라 기호가 많이 달라진다. 일반적으로 유아가 좋아하는 음식은 단것, 부드러운 것, 입 안에서 씹어 먹기 좋은 것, 입 안에 넣기 쉬운 크기의 것 등이다.

③ 혐오식품

유아는 혐오식품이 적으나, 어느 특정 식품을 기피하며 보기만 해도 식욕이 저하되고 식사를 할 수 없는 경우가 있다. 유아가 혐오하는 식품은 파 · 미나리 · 쑥갓 · 당근 · 돼지고기 · 생선 등이며, 그 이유로는 맛이 이상하다, 쓰다, 냄새가 난다, 기름기가 많다, 비린내가 난다 등등 미각 · 후각 · 촉각 등에 따른 이유가 많다. 이러한 미각과 촉각 등의 이유로 인한 혐오는 성장해 가면서 감소하므로, 무리를 하거나 단념해서는 안 된다.

(3) 편식

편식은 어떤 종류의 식품만을 좋아하고 다른 식품을 거부하는 것으로 음식을 좋아하고 싫어하는 감정이 강하며, 식사 내용이 영양적으로 불균형하고, 발육과 성장 및 영양상태가 상당히 뒤떨어지는 경우를 이른다.

① 편식이 발생하는 경우

- 생선류는 대체로 싫어하며, 채소는 모두 싫어하는 등 식품류별 단위로 음식을 먹지 못하거나 싫어하는 등 식품 구성에 있어서 결함이 있는 경우이다.
- 식품 선호가 어느 특정의 국한된 종류에만 편중해서 식품 선택의 범위가 좁아 발육과 영양상태가 떨어지는 경우이다(예 : 달걀과 고기를 좋아해서 채소는

전혀 먹지 않는 것).

② 편식의 원인

- 생리적 · 심리적 원인 : 유아가 발달하는 과정에서 어떤 종류의 식품에 대해서는 맛과 냄새, 혀의 촉각 등에 익숙하지 않기 때문에 경악감을 갖게 된다. 즉, 유아기에는 냄새와 향기에 예민한 반응을 나타내며, 파 · 미나리 · 당근 · 쑥갓 등 싫어하는 음식 먹기를 강요당하거나 구토 · 복통 등 불쾌한 경험을 한 일이 있거나, 동물에 대한 동정 및 심리적인 요인으로 편식하게 된다.
- 사회적 · 경제적 요인 : 경제적으로 어려운 환경에서 식품의 사용범위가 좁은 식생활로 성장하게 되면 편식하게 된다. 그러나 이러한 편식은 일시적이며 환경이 달라지면 새로운 식생활에 익숙해진다.
- 가정의 식사환경 : 영유아의 식생활은 부모 또는 가족이 편식할 경우 그대로 식생활에 반영되며 유아의 편식 원인에는 어머니의 육아태도에 문제가 있을 때도 생긴다.

③ 편식의 예방

편식은 유아기, 특히 자의식이 발달하는 3세경부터 많아지며 아직 고정된 것이 아니라 유동적이므로 교정이 가능하나, 나쁜 습관이 형성되면 시정하기가 어렵다. 따라서 유아기 때부터 편식이 생기지 않도록 육아에 가족들의 협력이 필요하다.

- 이유 시 다양한 식품과 조리법을 이용한다.
- 이유식의 조미는 자극성 없이 연하게 한다.
- 부모나 가족이 편식을 하지 않도록 한다.
- 유아가 싫어하는 음식은 조리법을 개선한다.
- 음식을 강제로 주지 않는다.
- 식사환경을 즐겁게 만든다.
- 식사량을 적게 하면서도 영양공급은 충분히 한다.

3. 영유아의 질병과 영양문제지도

Ⅰ 영유아의 영양문제

(1) 성장장애

영유아의 신장과 체중이 자신의 월령수에 따른 성장곡선에서 5백분위수 미만을 나타내는 경우를 일반적으로 성장장애로 간주한다. 영아에서 성장장애가 나타나는 가장 중요한 원인은 에너지와 단백질 결핍이며 그 외 철, 아연 등의 미량영양소 결핍이 원인이 될 수 있다. 영유아에서 영양 결핍으로 성장장애가 나타나는 경우는 다음과 같다.

- 모유 섭취량이 부족한 경우 : 약한 흡유력, 모유수유 횟수 감소 등
- 에너지 요구량이 증가하는 경우 : 중추신경계 질환, 선천성 심장질환 등
- 모체의 유즙 생성량의 저하나 유즙 배출이 잘 안 되는 경우 : 식사, 질병, 피로, 스트레스, 불안, 흡연, 약물 등
- 이유 시작 시기가 너무 늦어진 경우
- 다운증후군, 뇌성마비나 경련이 자주 일어나는 질병

(2) 빈혈

① 원인과 증상

우리나라 영유아의 30~50%가 혈중 철분량이 정상치 이하이며, 약 10% 내외는 철 결핍성 빈혈인 것으로 보고되었다. 영아 후기의 철 결핍은 23%이고 빈혈 발생률은 10%를 넘고 있다. 1~2세의 경우에는 철 결핍이 35%를 상회하며 3~5세의 경우도 예외는 아니다 그림 4-3 . 이 시기에 철 결핍이 일어나는 원인은 불충분한 영양 섭취, 흡수가 잘되지 않는 철분(Ⅲ)이 들어 있는 식품(달걀, 시금치 등)만을 주로 이유식에 이용, 빠른 신체 성장과 혈액량 증가로 인한 철 필요량의 급증 그리고 소화기 질환, 감염 등으로 인한 출혈이나 혈액손실 등을 들 수 있다. 따라서 영아용 곡류 제품에는 철을 강화하여 판매하고 있다.

철은 혈액과 근육의 구성물질이며, 여러 가지 특정한 효소의 기능을 도와주는

그림 4-3 영유아기의 철 결핍 및 빈혈 발생 빈도

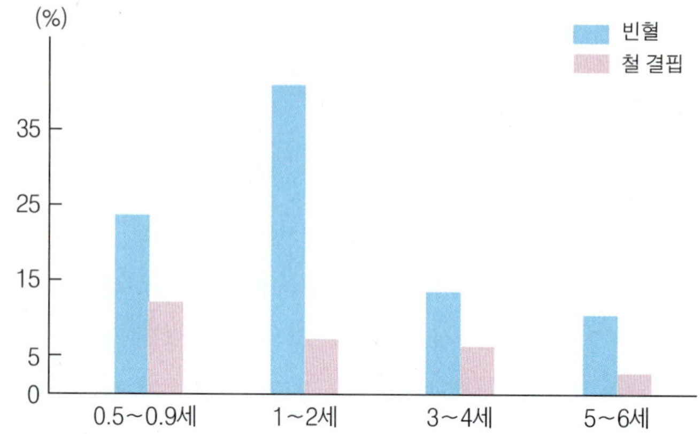

자료 : 김순기(2000).

작용을 한다. 철이 부족하면 철 결핍성 빈혈이 발생하며 식욕감소와 세균감염에 대한 저항력이 감소하고 장의 소화력이 약화되며, 무기력해지고 쉽게 피곤을 느낀다. 또한 집중력이 감소하고 학습능력이 떨어지게 된다. 특히, 영유아기의 장기적인 철 부족은 치명적인 성장 · 발달 저해요인이 되며, 철 결핍성 빈혈의 영유아는 정상아에 비해 지능지수나 행동발달지수가 낮으며 이것은 이후에 철을 보충해 주더라도 지속될 수 있다.

② 예방

철 결핍성 빈혈을 예방하기 위해서는 식이에서 충분한 철을 공급하거나 철이 첨가된 식품으로 공급하는 것이다. 철 결핍성 빈혈을 예방하기 위해서는 이유기의 영아에게 철이 충분히 함유된 육류, 생선, 녹색채소 등을 이유식에 포함하는 것이 좋다. 시판되는 영아용 곡류 제품에는 철이 강화되어 있으나 체내 이용률은 낮으므로, 식사 시 비타민 C가 풍부한 식품을 함께 섭취시킴으로써 철의 체내 흡수를 높이도록 한다. 유아가 성장하면서 철 공급원은 육류, 생선, 조류, 녹색 채소와 전곡류 등으로 다양해진다. 그러나 유아는 균형식이를 하지 않는 경우가 많아서 결핍증이 많이 나타난다. 부모나 보육사, 교사의 교육을 통해서 유아들에게 철의 중요성을 알리고 균형식을 제공하도록 하는 것이 효과적이다.

(3) 설사

영유아기는 어른에 비해 설사가 자주 일어나는데, 설사 시 수분 손실이 증가하여 탈수를 초래할 수 있다. 특히, 영아기에는 아직 수분조절능력이 적어서 탈수가 심해지면 생명이 위험하다.

영아에게 설사가 심해지면 젖 주는 것을 몇 차례 줄이고 영유아 모두 탈수를 방지하기 위하여 묽은 포도당액, 보리차, 끓인 물을 계속해서 조금씩 먹인다. 주스와 젖산음료는 장내에서 발효를 일으켜 설사를 악화시킬 수 있으므로 피한다. 설사의 원인을 찾아서 치료해야 하며 만일 설사할 때 38℃ 이상의 열이 나거나 구토가 24시간 이상 계속될 경우, 또는 하루에 10번 이상의 심한 설사가 일어나면 수분, 나트륨, 칼륨 등의 보충이 필요하다. 심한 경우 병원을 찾는 것이 중요하다.

2 영유아의 질병

(1) 치아우식증과 충치

① 원인과 위해

치아우식증은 영아나 어린 유아의 유치에 충치가 발생하여 2세 이하 영유아의 앞쪽 윗니가 썩는 것을 말한다 그림 4-4 . 이 질환의 주 원인은 우유병을 입에 물고 잠드는 습관이 있거나 이유식을 늦게 시작한 경우 등이다. 우유가 입 안에 있는 채로 잠이 들면 침의 분비는 줄어들어 치아가 썩기 쉽다. 치아우식증은 우유뿐만 아니라 유산음료나 유분이 든 식품, 모유의 경우 당을 발효시켜서 산을 형성하여 치아를 손상시킨다. 오랜 시간 동안 젖병을 물고 있으면 윗니가 앞으로 나오는 뻐드렁니 모양의 치아가 될 수 있다. 유치는 영구치의 치열과 기능을 결정하는 데 큰 영향을 미친다. 말을 배워야 할 시기에 유치가 제대로 나오지 않거나 기능장애를 일으키면 언어장애, 발음장애 등으로 연결되며, 음식을 섭취할 수 있는 저작기능을 떨어뜨리는 것은 물론 영구치가 자라는 데 많은 지장을 준다.

그림 4-4 유아의 치아우식증

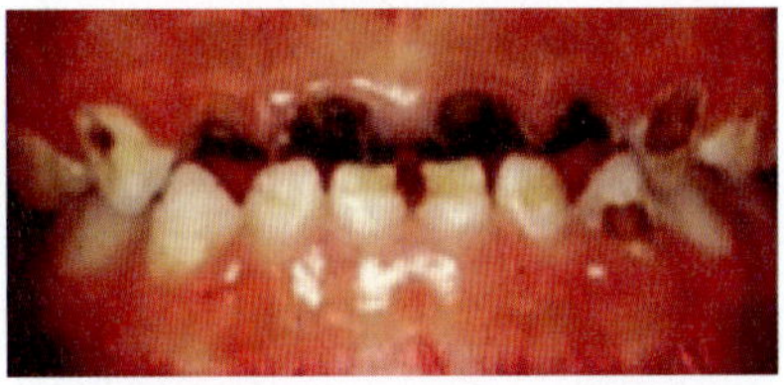

유아기 충치의 가장 큰 원인은 잠잘 때 아기에게 젖이나 우유병을 물려서 재우는 것이다. 꿀, 탄산수, 건포도, 바나나, 캐러멜 등과 같은 것은 치아에 들러붙어

서 산 생성을 더 많게 한다.

유치의 충치는 영구치에도 영향을 미쳐 영구치도 금방 썩게 만들고 영구치가 나오는 시기나 순서에도 이상을 일으켜 제자리를 잡지 못해 부정교합을 유발하거나 불완전한 모양이 될 수 있다.

② 예방

- 미생물의 영양원이 되는 당류(특히, 설탕)를 가능한 한 적게 먹인다.
- 최소한 하루에 한 번, 특히 잠자기 전에 반드시 이를 닦아서 재우는 것이 좋다.
- 치아를 건강하게 해주는 영양소는 무기질 · 비타민 · 단백질 등이며, 이들을 다량 함유한 채소나 과일, 달걀, 우유, 생선류 등을 충분히 섭취하게 한다.
- 대개 만 1세가 넘으면 컵으로 우유 등을 마실 수 있으므로 젖병 사용을 가능한 한 중지한다.
- 어느 정도 칫솔질을 하게 되면 음식을 먹은 후 반드시 이를 닦는 습관을 들이도록 지도한다.
- 1년에 두 번 이상의 정기검진을 한다.

(2) 비만

① 원인

과체중과 비만은 에너지의 과잉 섭취와 활동부족, 유전적 요인 등에서 발생한다. 식품에서 섭취된 에너지는 신체활동과 생명 유지 및 성장을 위해서 사용되는데, 필요한 에너지보다 많은 열량을 섭취하면 쓰고 남은 열량은 지방으로 전환되어 피하에 축적되므로 살이 찌게 된다.

유전적 요인은 태어나면서부터 지방세포의 수가 많은 것으로, 가계의 유전적 요인이 먹는 습관과 함께 작용하여 비만을 초래하게 된다. 영유아의 비만은 가계 및 영양적 · 활동적 · 심리적 요인이 복합적으로 작용하게 된다.

과체중은 정상체중보다 10～20%가 높은 경우이고, 비만은 정상체중보다 20% 이상 초과된 경우를 말한다. 비만 영유아는 최근 계속 증가 추세에 있는데, 영유아 비만은 소아성 고혈압과 당뇨병, 고지혈증의 원인이 되고 있다. 또한 장래 비만과 성인병으로 발전할 수 있으며, 심리적 · 정서적으로 자신감의 결여가 일어나 동료 집단과 사회생활에 영향을 주게 된다.

알아두기

유아 비만의 원인

- 지방, 콜레스테롤과 설탕 함유 식품의 과다 섭취
- 영유아 식이공급의 이상
- 활동 부족
- 가계의 유전적 요인
- 식품을 안정이나 보상수단으로 제공
- 성장기에 체중 과다 증가

② 치료와 예방

과다 체중이거나 비만인 경우 체중을 감소시키기 위해서는 활동량 증가, 식이조절과 행동요법을 기본으로 하는 것이 효과적이다. 첫째, 에너지 섭취량 감소와 함께 영양교육을 병행한다. 지방 섭취량을 감소시키고 먹는 음식의 종류를 바꾸도록 한다. 사탕, 초콜릿, 케이크 등 농축된 열량원과 기름기가 많은 고기나 튀긴 음식을 삼가고 채소와 과일, 나물류, 해조류 등을 대신 먹도록 한다. 둘째, 에너지의 소비증가는 활동량과 운동량을 증가시킨다. 유아는 본격적인 체육활동을 할 시간이 없으므로 엘리베이터나 버스를 타는 대신 가까운 거리는 걷게 하고 맨손체조, 줄넘기 등과 함께 영양교육을 병행한다.

식사행동 변화는 체중조절을 위해서 아주 중요하다. 음식을 천천히 먹으며, 더 먹고 싶다고 생각될 때 식사를 마치는 습관을 들이고, 한 끼의 식사도 거르지 않는다. 배가 고프면 한꺼번에 많은 양의 식사를 하기 때문이다.

유아들은 배가 고프면 견디기 어려우므로 배를 부르게 하는 찌개 등 수분이 많은 음식과 섬유질이 많은 채소나 해조류 등을 공급한다. 또한 비만아가 효율적인 체중 감소를 할 수 있도록 부모의 영양교육을 실시한다.

(3) 식품알레르기

① 원인

식품알레르기란, 음식물이 항원으로 작용하여 신체가 이에 대응하면서 과민반응을 일으키는 알레르기성 질환을 말하며 유전성으로 오는 경우도 있다. 식품알레르기란 식품의 단백질과 같은 크기의 큰 물질분자가 체내에 들어와서 과잉 면역반응을 유도할 때 일어난다. 알레르기를 일으킬 수 있는 식품은 달걀, 땅콩, 우유 등이다. 식품알레르기는 영유아기에 가장 흔하다가 성장하면서 과민반응이 점차 줄어든다.

② 예방

식품알레르기의 발생을 억제하기 위해서는 식품에 대한 내성을 기르는 것이 가장 좋으나, 최소한 2세 이전의 식사에서는 되도록 알레르기를 일으킬 수 있는 알레르기 유발식품들은 제한하는 것이 바람직하다. 알레르기를 일으키는 항원으로서 어느 특정한 식품이 진단되면 제한한다. 알레르기의 원인이 되기 쉬운 식품으로는 상한 단백질 식품이나 우유와 달걀이 대표적이며, 고등어나 가다랑어 같은 등푸른생선도 항원성이 강하다. 밀이나 딸기 · 복숭아 · 죽순 등 비단백질성 식품과 곰팡이류 등도 해당된다.

알아두기

아나필락시스 쇼크

전신적이고 급작스러운 알레르기증상으로 조기 응급처치를 하지 못했을 경우 생명을 위협하는 식품에 의한 아나필락시스가 아이들의 경우 81%를 차지하고 있다. 생명을 위협하는 반응은 알레르기 항원이 혈액 기원성으로 되거나 아주 많은 양의 화학물질이 국소부위에서 혈액순환기계로 분비될 때 발생할 수 있다. 많은 양의 화학적 매개체가 혈액으로 들어간다면 아나필락시스성 쇼크라는 아주 심각한 전신성(몸 전체에 관여) 반응이 유도된다. 아나필락시스를 일으키는 단일 원인으로 식품이 가장 높은 빈도를 보이고 있다.

(4) 아토피피부염

아토피피부염은 영유아에게 많이 나타나는 만성질환으로 가려움이 매우 심하여 아이와 가족의 삶의 질을 저하시킨다. 우리나라 영아의 20% 이상에서 아토피피부염이 발생하고 아토피피부염 환자의 50% 이상이 식품과 연관이 있다.

아토피피부염은 병원마다 다른 처방을 제시하거나 여러 자연요법에 따른 지나친 식이제한으로 심각한 영양문제를 야기하는 경우가 있다.

3 선천성 대사장애 및 기타 장애

(1) 선천성 대사장애

선천성 대사장애는 태어날 때부터 체내에 필요한 효소가 없어 모유나 조제유 성분을 정상적으로 대사시키지 못하며, 비정상적인 대사물이 뇌나 신체에 손상을 주고 정신지체를 초래하는 질병이다. 선천성 대사장애로는 페닐케톤뇨증, 호모시스틴뇨증, 갈락토스혈증 등이 있다. 선천성 대사장애는 출생 후 3~6일경에 발뒤꿈치에서 혈액을 채혈하여 검사하거나 출생 전 양수검사를 통해 진단할 수 있다.

선천성 대사장애로 진단이 되면 아기에게 질환에 맞는 특수한 조제유와 저단백식이 또는 탄수화물 조절식이를 주어야 한다. 아미노산 대사장애 질병을 위한 특수 조제유는 단백질을 완전히 가수분해하여 장애요인이 되는 아미노산을 제거하여 만든 것으로 가격이 매우 비싸다. 국내에서는 페닐케톤뇨증, 단풍시럽뇨증용으로 메싸이오닌이나 루신, 단백질을 제거한 특수 조제유들이 제조 · 시판되고 있다.

(2) 다운증후군, 뇌성마비, 경련

다운증후군과 뇌성마비, 경련이 있는 영아들은 흔히 저체중이나 발달장애가 일어나며 여러 가지 영양문제를 보이는 경우가 많다. 이러한 영아는 신장, 체중, 머

표 4-7 / 다운증후군 등의 영양적 문제와 영양관리

상태	영양적 문제	영양관리
다운증후군	• 유아기의 빨기 능력 저하 • 변비 • 성장부전 • 비만	• 빨기 능력 향상 • 섬유소와 수분 섭취 증가 • 열량의 증가 또는 감소 • 활동량의 증가
뇌성마비	경구 섭취능력 문제	• 문제에 대한 판정 • 구강 운동신경 촉진 • 질감 조정 • 열량 조정
경련	• 음식 섭취상 문제 • 체중감소 • 약물과 영양소의 상호작용 • 치아문제	• 열량 증가 • 딜란틴 사용 시에는 비타민 D 보충

자료 : 대한영양사회(2010).

리둘레, 피부두겹두께 등을 6개월 간격으로 측정하여 영양상태를 평가해야 한다. 그리고 성장이 충분히 이루어지고 있는지, 영양적으로 건강한 상태인지를 파악하는 것이 필요하다. 각 선천성 대사질환에 따른 영양문제와 영양관리는 표 4-7 과 같다.

Chapter 05

영유아교육기관의 급식관리

영유아기는 성장이 매우 빠른 시기인 만큼 발육에 필요한 영양소를 충분하고 적절하게 제공해 주어야 한다는 점, 대부분의 식생활이 보호자에 의해 이루어진다는 점, 그리고 소화와 배설기능에 많은 제한이 따른다는 점에서 다른 연령층과 차별화된다. 따라서 유아들이 하루 대부분의 시간을 보내고 있는 영유아교육기관의 급식관리는 영유아의 건강과 바람직한 성장을 위해 매우 중요하게 다루어져야 한다. 이 장에서는 영유아급식의 현황과 바람직한 급식관리에 대해 알아본다.

1. 영유아기 급식
2. 식단 작성 및 관리
3. 급식단계별 위생관리

1. 영유아기 급식

Ⅰ 급식의 의의

① 성장을 뒷받침하기에 충분한 영양소의 공급 : 영양소 권장섭취기준의 충족

영유아교육기관에서 하루의 대부분을 보내는 영유아를 위한 급식은 매 식사마다 성별과 연령에 따른 일일 권장섭취기준의 1/3을 충족시켜야 하며, 간식을 통하여 부족되기 쉬운 영양소와 수분을 충분히 공급하여 타고난 성장잠재력을 발현할 수 있도록 배려해주어야 한다.

② 바람직한 식습관의 형성

영유아기는 식사의 규칙성이 부족하고 식사량도 일정하지 않으며 식품에 대한 기호도 쉽게 바뀌는 등 자칫 영양불균형에 빠지기 쉬운 시기이므로 급식을 통하여 바람직한 식습관이 형성되도록 도와주어야 한다.

③ 사회성의 증가를 통한 또래문화 적응

영유아기는 최초로 사회성이 발달되는 시기이다. 놀이에 집중하면서 또래의 영향을 크게 받는 경향이 있어 식생활 면에서도 친구나 교사의 영향을 많이 받으므로 급식을 통하여 사회성이 형성되도록 지도한다.

그림 5-1 영유아 교육기관의 급식현장

④ 식사예절의 생활화

보호자가 먹여주는 것을 받아먹기만 하던 신생아기에서 벗어나 스스로 먹기 시작하면서 다른 사람을 배려하는 식사예절도 함께 배우도록 지도하는 것이 좋다.

⑤ 영양교육의 기회 제공

특히, 유아기는 식품에 대한 기호가 확실하여 특정한 음식을 거부하는 일도 잦고 편식이 심하여 올바르지 못한 식습관이 정착되기도 하는 위험한

시기이므로 급식을 통하여 올바른 식습관이 형성되도록 영양교육이 필요하다.

⑥ 식중독 예방과 개인 식품위생관리

신선한 식품 이용과 철저한 가열관리로 식중독을 예방하고 개인적으로는 손 씻기 지도와 불량식품 매식 예방지도로 식품위생이 관리되는 계기가 되도록 한다.

2 급식 현황

(1) 우리나라 영유아 급식관리 행정체계

① 어린이집

어린이집은 법적으로 교육기관이 아니고 일하는 여성을 위한 보육기관이므로 보건복지부에서 관할하고 있다. 지방자치단체에서는 시 · 도의 위생과나 보건소 식품위생과에서 단체급식시설 신고 및 식생활 안전관리업무를 담당하고 있으나 올바른 식습관 형성을 위한 영양교육지원은 불가능하고 식중독 예방 차원의 행정적 관리만을 담당하고 있다. 최근에는 영양사가 배치되지 않은 소규모 어린이집을 대상으로 식품의약품안전처에서 급식관리지원센터를 통하여 올바른 급식위생관리 및 영양관리를 지원하고 있다.

② 유치원

- 교육부의 교육복지국 유아교육지원과에서 담당하며 유치원급식, 안전관리, 제도개선 등의 업무를 담당하고 있다.
- 지방자치단체에서는 시 · 도 교육청 초등교육정책과와 지역교육청 초등교육과에서 급식업무를 담당하고 있다.

(2) 영유아 급식의 법적 근거

- 영유아보육법 제33조(급식관리)에 보육시설의 장은 영유아에게 균형 있고 위생적이며 안전한 급식을 제공하여야 한다고 급식관리에 관한 사항이 명시되어 있다.
- 영유아보육법 시행규칙 제34조(급식관리)에는 ① 영양사배치기준과, ② 직접 조리 원칙에 관하여 규정되어 있다.

① 영양사 배치 기준

- 영양사가 작성한 식단에 따라 공급할 의무
- 100명 미만인 경우 육아종합지원센터 및 보건소 등에서 근무하는 영양사의 지도에 따른 식단 작성 허용

② 직접조리 원칙

- 유아교육법 제17조(건강검진 및 급식)
  - 원장의 유아에 대한 건강검진 실시의무 및 치료가 필요한 유아에 대한 조치
  - 원장의 유치원 유아에 대한 적합한 급식 제공 허용
  - 유아교육법 시행규칙 제3조(급식시설 · 설비기준 등)
- 급식하는 유치원에서 갖추어야 할 시설 · 설비 기준(별표 1)
- 영양사 배치 기준
  - 100명 이상의 유아에게 급식할 경우 식품위생법 제53조에 따라 면허를 받은 영양사 1명 의무 고용
  - 같은 교육청의 관할구역에 있는 인접한 지역의 5개 이내의 유치원은 공동으로 영양사 고용 허용

알아두기

영양사의 직무(식품위생법 시행규칙 제79조)

- 식단 작성, 검식 및 배식관리
- 구매식품의 검수 및 관리
- 급식시설의 위생적 관리
- 집단급식소의 운영일지 작성
- 종업원에 대한 영양 지도 및 식품위생교육

(3) 급식 관련 정보지원기관

① 중앙육아종합지원센터 및 지역육아종합지원센터

- 설치의 법적 근거 : 1993년 영유아보육법 제7조 및 동법 시행령 제12조, 17조와 지방자치단체 조례에 의해 처음 설치

- 역할 : 영유아 보육에 관한 제반 정보 제공 및 상담을 통한 일반 주민에 대한 보육 편의 도모, 어린이집과 연계 구축으로 어린이집의 운영 효율성 제고, 급식식단 제공
- 조직체계 : 중앙에 중앙육아종합지원센터와 전국 특별시, 광역시, 도와 시 · 군 · 구에 지역육아종합지원센터로 구성

② 학교보건진흥원

- 설립주체 : 서울특별시
- 역할 : 학교보건환경, 급식지도, 점검, 교육, 연구를 통한 학교보건과 급식의 질 향상을 위한 사업 수행
- 담당조직 : 급식지원과 학교급식의 위생, 안전관리, 식재료관리, 시설관리 및 기술지원, 교육, 연수 등 학교급식의 질 향상 제고

③ 유아교육진흥원

- 설립주체 : 서울특별시 교육청
- 역할 : 유아교육지원체계 구축을 위하여 설립한 유아교육 전담기관 연구 및 연수지원, 프로그램 개발, 체험 프로그램, 정보 제공 등이며 급식정보를 일부 제공

④ 식품의약품안전처

- 역할 : 국민이 안심하고 먹을 수 있는 양질의 식품, 의약품 등의 공급을 보장함으로써 국민보건증진에 기여
- 급식관리지원센터 조직 확대 및 운영을 통한 급식과 식생활 관련 정보 제공 : 영유아를 위한 계절별 식단과 영양가 분석자료, 각종 교육자료 제공, 특히 어린이 식생활안전관리특별법에 의한 식품안전구역 지정, 고열량 · 저영양 식품 기준 제정 및 관련 교육자료 개발과 보급, 당 · 나트륨 · 트랜스지방 저감화 교육 관련 자료, 가공식품 영양가 분석자료, 영양표시제도 활용에 관련된 교육자료 등 제공

⑤ 각 지방자치단체 보건소

- 역할 : 지역보건법에 의거하여 보건시책을 효율적으로 추진하여 국민보건의

그림 5-2 식품의약품안전처 어린이급식관리지원센터 홈페이지

자료 : 식품의약품안전처, http://www.ccfsm.foodnara.go.kr

그림 5-3 보건소 영양정보 제공사례

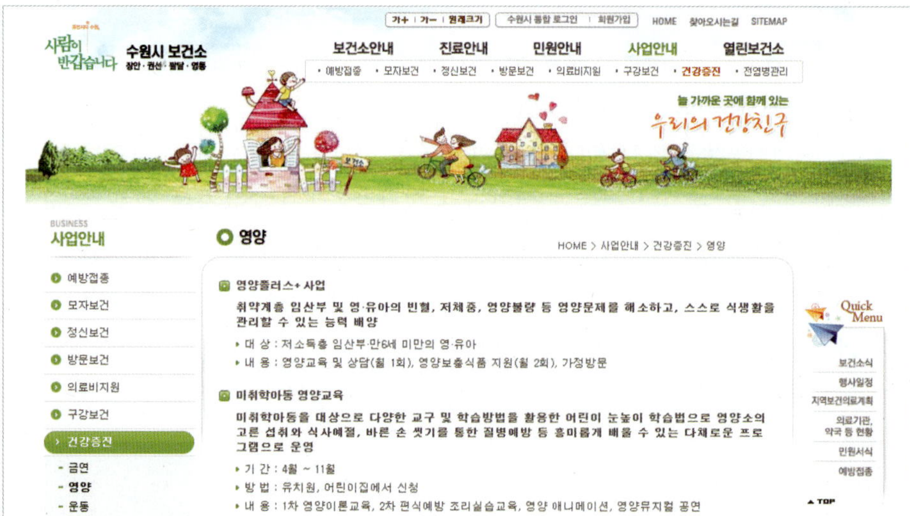

자료 : 수원시 보건소.

향상에 이바지함

- 급식 및 식생활 관련 정보 제공 : 영양문제를 해소하고 지역주민 스스로 식생활을 관리할 수 있는 능력을 갖추도록 관리하며 건강진단과 영양상담 기회를 제공하고 건강정보도 제공함

2. 식단 작성 및 관리

1 영유아의 영양섭취기준

2010년 한국영양학회가 정한 영아기와 유아기 영양섭취기준은 표 5-1 과 같다.

표 5-1 / 영유아급식(0~5세)을 위한 영양섭취기준

구분	연령	에너지 (kcal)	단백질 (g)	칼슘 (mg)	철 (mg)	비타민 A (R.E)	티아민 (mg)	리보플라빈 (mg)	비타민 C (mg)
영아 (개월)	0~5	500*	9.5**	200**	0.3**	300**	0.2**	0.3**	35**
	6~11	700*	13.5*	300**	6*	400**	0.3**	0.4**	45**
유아(세)	1~2	1,000*	15*	500*	6*	300*	0.5*	0.6*	40*
	3~5	1,400*	20*	600*	7*	300*	0.5*	0.7*	40*

* 권장섭취량, ** 충분섭취량
자료 : 한국영양학회(2010), 한국인 영양섭취기준.

2 영유아 식단 작성 시 고려사항

(1) 식단 작성단계별 고려사항

식단은 일반적으로 표 5-2 와 같은 순서로 작성할 수 있으며 단계별로 제시된 고려사항을 점검하여 건강하고 위생적인 식단이 제공되도록 해야 한다.

표 5-2 / 식단 작성단계별 고려요소

순서	단계별 고려 요소
급식횟수와 영양량 배분 ↓	• 3끼 식사의 영양량 배분 • 간식횟수(1회 또는 2회)
유형에 따른 음식 종류 결정 ↓	• 식단가와 식사 유형 • 주식, 국 또는 찌개, 주 반찬, 부 반찬, 김치
메뉴 구성 ↓	영양요구량, 기호 및 식습관, 조리원의 숙련도, 예산, 시설여건 및 기기설비, 식재료의 전처리 정도 등
음식별 식재료의 종류 및 분량 결정 ↓	영양요구량, 아동의 연령, 발달 정도, 계절식품 및 대체식품, 위생 등
영양 제공량 확인 및 점검	영양가 분석, 열량 및 미량영양소의 과부족 확인

(2) 유아 식단 작성 시 고려사항

① 영양 면

- 아침, 점심, 저녁의 영양량은 '1 : 1 : 1' 또는 '1 : 1.5 : 1.5' 정도로 배분한다. 유아기에는 일반적으로 점심 1식과 오전, 오후 간식 2회를 제공하므로 일일 권장섭취량에서 간식 분량을 뺀 나머지의 1/3 정도를 점심급식으로 제공하도록 배려하며 일일 필요 에너지의 25~30% 정도로 계획한다. 또한 일일 필요 에너지의 10~20%를 간식으로 섭취하면 적절하다.
- 유아는 성장기 신체발육에 지장이 없도록 반드시 우유 · 유제품을 1일 2회 섭취하도록 배려하고 질 좋은 단백질이 충분히 함유되도록 한다.
- 곡류 외에, 특히 채소류와 과일류도 포함시켜 다양한 식사가 되도록 배려한다.
- 유아 음식은 간을 약하게 하여 어릴 때부터 짠맛에 길들이지 않도록 하고 설탕이나 물엿 등 단순당의 섭취도 줄이도록 배려하여 조리한다.
- 유아가 만족감을 느끼는 메뉴를 고려하되 부드러운 음식과 함께 적어도 한 가지는 씹는 음식을, 그리고 식이섬유가 많은 음식을 포함한다.

② 조리 면

- 계절식품을 활용하고 가공식품보다는 생산자 직거래 등을 이용하여 신선한 자연식품을 활용한다.
- 조리법이 다르더라도 같은 식품을 한 끼에 사용하지 않고 또 너무 자주 이용

하지 않는다.

- 음식의 색, 조리형태, 배열 등을 적절히 변화시켜 식사에 흥미를 갖도록 유도한다.
- 되도록 소화되기 쉽게 조리하고 자극성 있는 향신료나 조미료를 삼간다.
- 가능하면 유아들의 식품과 맛에 대한 선호도를 고려한다.
- 다양한, 적정온도의 음식을 제공하여 향미에 대한 미각교육 측면을 고려함으로써 급식음식에 싫증을 느끼지 않게 한다. 미각이 5가지 맛을 예민하게 느끼는 적정온도는 표 5-3 과 같다.
- 유아가 처음 입학하는 시기인 3, 4월은 집에서 자주 접하는 음식을 제공하여 적응기간을 고려한다.

표 5-3 / 맛의 종류와 예민하게 느끼는 적정온도

맛의 종류	미각이 가장 잘 느끼는 적정온도
단맛	20~25℃
짠맛	30~40℃
쓴맛	40~50℃
신맛	5~25℃
매운맛	50~60℃

표 5-4 / 급식식단의 영양공급량 구성안(유아 3~5세 기준)

오전 간식(100~120kcal)	점심식단(400~500kcal)	오후 간식(100~150kcal)
• 일일 총 필요 열량의 약 10% 수준으로 제공 • 점심식사에 영향이 없도록 가벼운 간식으로 준비	1일 총 필요 열량에서 2회 간식으로 제공되는 에너지량을 제외한 필요 에너지량의 1/3 수준으로 제공	• 일일 총 열량의 약 10% 수준으로 제공 • 다양한 영양소와 수분의 공급이 가능하도록 구성

오전 간식

음식명	열량
우유	106.5kcal
바나나	

점심식단

음식명	열량
흑미밥	446.5kcal
두부다시마국	
고등어조림	
애호박나물	
총각김치	

오후 간식

음식명(분량)	열량
보리차(100mL)	116.9kcal
순한 맛 떡볶이(65g)	

자료 : 육아정책연구소(2012), 유치원급식운영관리지침서.

③ 위생 면

- 식중독 발생의 위험이 높은 여름철이나 환절기에는 상하기 쉬운 음식이나 보관의 어려움이 많은 음식은 제한한다.
- 조리시간이 길거나 조리단계가 복잡한 음식도 제한하는 것이 좋다.
- 가열조리 74°C 이상인 음식, 조리 후 생재료가 첨가되는 음식, 더운 것과 찬 것을 섞는 음식, 익힌 고기와 생채소를 섞는 음식 등은 위생관리 면에서 특별히 주의해야 한다.
- 위험요소가 내포된 음식은 배식 직전에 혼합하는 등 위생 면에서의 철저한 공정관리가 필요하다.
- 가열조리식품은 중심부가 74°C 이상이 되도록 유의한다.

표 5-5 / 표 식단 작성 시 주의해야 할 식재료 및 음식

기간	종류	종목
3~10월	패류	소라, 조개, 꼬막, 굴, 석화, 홍합 등
	젓갈류	꼴뚜기젓, 명란젓, 어리굴젓, 오징어젓, 창난젓 등
4~9월	회류 및 알류	광어, 한치, 참치, 멍게, 해삼, 성게알, 연어알, 미더덕, 홍어, 동태곤이 등
6~9월	어류 및 콩 가공품류	콩국, 콩비지, 판두부 등
연중 금지	육내장류	선지, 순대, 곱창, 간, 천엽, 닭똥집 등
연중 주의	식재료	• 가열공정 없이 제공되는 농 · 축 · 수산물(가열 후 사용 가능) • 냉동 엽채류, 무침용 건어물, 육회용 쇠고기 • 생굴류(회/무침/석화) • 비포장 가공식품(두부류 등)
비고	금지 메뉴	• 삭히는 공정 • 생굴 등의 날것의 상태로 제공되는 식품 • 족발 등 제조공정의 위생상태 확인이 어려운 완제품 등
	연중 주의 메뉴	• 조리공정이 복잡하거나 수작업이 많은 메뉴 • 꽈리고추, 두릅, 원추리, 머윗대, 토란대, 생취 등의 미량독소에 의한 장염 유발 식재료가 포함된 메뉴 등

자료 : 식품의약품안전처(2013), 어린이급식관리지침서.

3 식단 작성의 도구

(1) 기초식품군과 식품구성자전거

2010년 개정된 영양섭취기준은 종전과 마찬가지로 식품군을 6가지로 분류하였으나 곡류군을 통합하였고, 최근 연구결과에서 견과류가 심혈관질환, 암, 당뇨, 비만 등의 만성질환에 도움을 주는 것으로 보고되었으므로 견과류를 고기·생선·달걀·콩류로 분류하였다. 유지 및 당류는 기본 양념류에 포함되므로 식사구성안에서는 유지 및 당류를 제외한 5가지 기초식품군이 골고루 성별, 연령별 영양섭취기준에 충족되도록 적당량 포함되게 유의해야 한다. 보건복지부와 한국영양학회는 기초식품군의 종류와 균형 잡힌 식사구성을 보다 쉽게 이해하도록 하기 위하여, 기초식품군의 1일 권장횟수와 1회 분량을 감안하여 자전거 바퀴의 면적 비율을 달리하여 수분 섭취와 운동을 강조하는 식품구성자전거를 제시하였다.

그림 5-4 식품구성자전거

자료 : 보건복지부·한국영양학회(2010).

(2) 1인 1회 분량

표 5-6 의 예와 같이 식품군별로 대표식품의 1인 1회 분량이 제시되었다. 일반인들의 1회 섭취량으로부터 산출한 분량을 기준으로, 쉽게 이해할 수 있는 분

표 5-6 / 식품군별 대표식품의 1인 1회 분량

식품군	1인 1회 분량					
곡류	밥 1공기 (210g)	백미 (90g)	국수 1대접 (건면 100g)	냉면국수 1대접 (100g)	떡국용 떡 1인분 (30g)	식빵 2쪽 (100g)
고기·생선·달걀·콩류	육류 1접시 (생 80g)	닭고기 1조각 (생 60g)	생선 1토막 (생 60g)	콩 (20g)	두부 2조각 (생 80g)	달걀 1개 (60g)
채소류	콩나물 1접시 (생 70g)	시금치나물 1접시(생 70g)	배추김치 1접시 (생 40g)	오이소박이 1접시 (생 60g)	버섯 1접시 (생 30g)	물미역 1접시 (생 30g)
과일류	사과(중) 1/2개(100g)	귤(중) 1개(100g)	참외(중) 1/2개(200g)	포도 1/3송이 (100g)	수박 1쪽 (200g)	오렌지주스 1/2컵(100g)
우유·유제품류	우유 1컵 (200g)	치즈 1장 (20g)	호상요구르트 1/2컵(100g)	액상요구르트 3/4컵(150g)	아이스크림 1/2컵(100g)	
유지·당류	식용유 1작은술(5g)	버터 1작은술 (5g)	마요네즈 1작은술(5g)	커피믹스 1회 (12g)	설탕 1큰술 (10g)	꿀 1큰술 (10g)

자료 : 한국영양학회(2010), 한국인 영양섭취기준 개정판.

량이면서 동일 식품군 내에서 일정한 에너지 기준을 충족하는 1회 제공량serving size 또는 1회 섭취량portion size이 사용되고 있다.

(3) 권장식사 패턴

권장식사 패턴은 일상적인 식사 패턴을 반영하고 양념 사용량을 고려하여 구성되었다. A타입은 어린이와 청소년을 위한 것으로 우유 및 유제품을 2회 섭취하는 것을 기준으로 하고 있으며 성인의 경우 우유 및 유제품 1회 섭취하는 B타입을 권장하고 있다.

유아의 권장식사 패턴을 활용하면, 식단의 작성이나 영양섭취량의 충족 정도를 평가할 수 있다. 유아의 체위기준치에 따라 에너지 필요추정량을 근거로 권장식사 패턴이 제시되어 있다.

권장식사 패턴은 반드시 이렇게 먹어야 한다는 것이 아니며 이런 정도의 식사 구성으로 영양섭취기준을 만족시킬 수 있는 수준의 식사가 가능하므로 1일 식사구성의 기준자료로 활용할 수 있다. 유아의 권장식사 패턴은 다음 표 5-7 과 같다.

표 5-7 / 생애주기별 권장식사 패턴

생애주기		성별	권장식사 패턴
유아기	3~5세	전체	1,400kcal, A타입
아동기	6~11세	남자	1,800kcal, A타입
		여자	1,600kcal, A타입

자료 : 한국영양학회(2010), 한국인 영양섭취기준 개정판.

4 식사구성안을 이용한 식단 작성

유아의 식단은 식사구성안의 구성요소인 기초식품군과 각 식품군별 대표식품의 1인 1회 분량 그리고 권장식사 패턴을 활용하여 쉽게 작성할 수 있다.

(1) 식단 작성의 과정

식단 작성은 2010년 한국인 영양섭취기준에서 제시된 바와 같이 그림 5-5 에서 제시하는 순서에 따라 작성하면 건강한 어린이들이 장기적으로 균형 잡힌 식사를 할 수 있게 된다.

그림 5-5 식단 작성과정

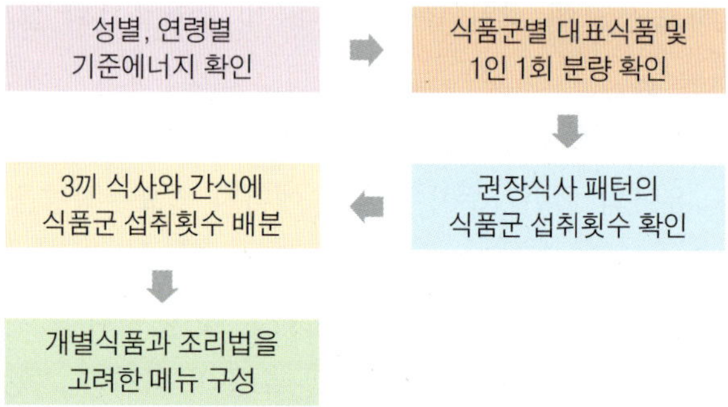

(2) 식단 작성의 예

유아의 경우 생애주기별 권장식사 패턴을 참고하면 3~5세 유아기준 1,400kcal, A타입을 활용하면 된다. 예를 들어, 곡류, 생선, 달걀, 콩류의 경우 3회 섭취를 아침, 점심, 저녁에 각각 1회씩 배분하여, 아침에는 쇠고기볶음 0.5회 분량과 메추리알조림 0.5회 분량을, 점심에는 동태전 1회 분량을, 그리고 저녁에는 삶은 돼지고기를 1회 분량 배분할 수 있다. 같은 방법으로 채소류도 생채소와 나물을 적절히 다양하게 활용하여 배분하며, 과일은 주로 오후 간식으로 또는 식후에 먹도록 식사를 구성한다.

용인시 급식관리지원센터에서 제공되는 계절별 식단을 표 5-8 에 제시하였다.

표 5-8 / 유아기 3~5세(1,400kcal, A타입) 식단 작성의 예

식품군별 권장횟수 \ 구분		아침	점심	저녁	간식
식단		팥밥 쇠고기뭇국 메추리알장조림 오이생채	검은콩밥 버섯된장국 치즈생선가스 과일채소샐러드	쌀밥 콩나물국 돼지불고기 호박나물 백김치	팬케이크 우유 귤
곡류	2회	팥밥 105g 0.5	검은콩밥 105g 0.5	쌀밥 105g 0.5	팬케이크 50g 0.5
고기·생선·달걀·콩류	3회	쇠고기 30g 0.5 메추리알 30g 0.5	생선(동태) 60g 1	돼지고기 60g 1	
채소류	5회	무 35g 0.5 오이생채 35g 0.5	버섯 30g 1 양상추, 오이 35g 0.5	콩나물 35g 0.5 양파, 파 35g 0.5 호박 35g 0.5 백김치 40g 1	
과일류	1회		과일샐러드 50g 0.5		귤 1/2개 50g 0.5
우유·유제품류	2회		치즈 1장 20g 0.5 요구르트(드레싱) 1/2개 50g 0.5		우유 1컵(200mL) 1

자료 : 한국영양학회(2010), 한국인 영양섭취기준 개정판.

표 5-9 / 유아를 위한 식단의 예

구분	식단	식단사진	
		식사	간식
아침	팥밥 쇠고기뭇국 메추리알장조림 오이생채		
점심	검은콩밥 버섯된장국 치즈생선가스 과일채소샐러드		팬케이크, 우유 
저녁	쌀밥 콩나물국 돼지불고기 호박나물 백김치		귤 

자료 : 용인시 급식관리지원센터(2013).

5 간식

유아기에는 세 끼 식사만으로는 유아에게 충분한 에너지와 영양소를 공급할 수 없으므로 유아간식은 영양보충에 주된 목적이 있다. 또한 간식은 유아의 기분을 상쾌하게 하고 즐거움을 주며 정서를 풍부하게 하는 역할도 한다. 유아들은 서로의 식품 선택에 영향을 미치므로 식생활교육을 통하여 영양가 있는 건강한 간식을 선택하고 섭취하도록 유도할 수 있다.

유아에게 주는 간식의 양은 1일 에너지 필요량의 10~15%가 적합하다. 간식은 다음 식사의 식욕을 감퇴시키지 않으며 알맞은 만족감을 주는 데 그치도록 제공해야 한다.

유아의 간식은 영양적으로 에너지뿐만 아니라 단백질 · 비타민 · 무기질 · 수분을 공급할 수 있으며 소화 또한 잘 되는 것이어야 한다. 또 맛이 있고 보기에 매력적인 것을 주어야 한다. 간식으로 단 것, 색채가 강한 것, 불결한 것을 피하며 흡입 등의 위험이 있는 식품에 주의한다. 당분이 많은 간식은 충치 발생위험이 높다. 따라서 엿, 사탕, 캐러멜, 치아에 부착되는 과자 종류 등은 피하는 것이 좋고, 설탕이 많이 함유된 식품이나 탄산수 등도 충치 유발식품이므로 제외시킨다. 간식을 먹은 후에는 반드시 양치질을 하도록 지도한다.

표 5-10 / 간식에 적절한 식품

구분	적절한 식품			
에너지원	달지 않은 비스킷이나 쿠키, 샌드위치, 떡, 감자, 고구마			
단백질 · 칼슘원	우유, 우유 음료, 요구르트, 치즈, 달걀, 푸딩, 콩과자, 땅콩 등			
비타민원	신선한 과일 및 주스, 오이, 당근 등			
음식	 우유와 찐 고구마	 보리차와 백설기	 오렌지주스와 토스트	 호박죽
총 열량	148.5kcal	118kcal	159.2kcal	148.9kcal

자료 : 유아정책연구소(2012), 유치원 급식운영관리지침서.

어린이 급식관리지침서(2013)에서 제시한 바람직한 간식 제공방법은 다음과 같다.

(1) 바람직한 간식 제공시간

- 다음 식사에 영향을 주지 않기 위해서는 점심급식 사이의 시간이 2시간 30분 전후의 간격을 두고 간식을 제공하는 것이 좋다.
- 필요한 영양소량이 많은데, 소화력은 한정되어 있으므로 오전, 오후 간식으로 나누어 필요한 영양소량을 공급할 수 있도록 구성한다.

(2) 간식 제공 시 고려사항

- 오전 간식은 점심시간과의 간격이 짧으므로 점심식사에 무리가 되지 않을 정도의 양을 제공한다. 예를 들어, 오전 간식에 떡(탄수화물)이 제공되었을 경우 오후 간식으로 면류(탄수화물)를 제공하는 것은 영양소가 편중될 수 있으므로 바람직하지 않다.
- 점심 메뉴를 고려하여 간식 식단을 작성하고, 단백질과 열량이 편중되지 않도록 제공한다.
- 무기질과 비타민이 간식을 통해 보충될 수 있도록 2가지 이상의 식품을 조합하여 공급한다. 예를 들면, 삶은 달걀(단백질)과 우유(음료 중 단백질 함량이 높음)를 제공하는 것보다는 삶은 달걀과 오렌지주스(비타민)를 제공하는 것이 더 균형된 영양 간식으로 바람직하다.
- 수분 공급이 가능하고, 소화하기 좋은 식품을 선택한다.
- 영양표시를 확인하여 단순당이 적은 식품을 제공하며, 탄산음료나 당도가 높은 식품은 간식 식품으로 제공하는 것을 제한한다.
- 어린이식생활안전관리특별법에서 금지한 고열량·저영양식품이나 정서저해식품을 간식으로 제공하지 않아야 한다.

(3) 간식 선택과 제공할 때 유의사항

- 젤리, 꿀떡, 새알심 등은 유동적인 형태로 기도를 막을 경우 위험하므로 항상 주의가 필요하다.

- 인절미, 경단 등 찹쌀로 만든 떡 종류는 끈적이고 형태가 유동적이므로, 삼켰을 때 기도를 막을 수 있어 항상 주의하며, 가급적 피하도록 한다.
- 고구마, 백설기, 강력분으로 만든 빵, 삶은 달걀 노른자는 수분이 적은 간식으로 퍽퍽해서 삼키기가 어렵고, 목이 메는 경우가 많으므로 반드시 음료와 함께 제공하고 급하게 먹지 않도록 교사의 세심한 주의가 필요하다.
- 아몬드, 땅콩, 콩류 등 크기 면에서 기도를 막을 수 있는 것은 피해야 하며, 제공해야 하는 경우 얇게 썰거나 다져서 제공할 수 있으나 주의가 필요하다. 알레르기 반응에도 유의해야 한다.
- 생 파인애플 속의 브로멜린이라는 단백질 분해효소는 혀나 구강의 단백질을 분해하여 구강염을 일으킬 수 있으므로 유아가 빨아먹지 않게 주의해야 하며, 통조림의 경우 당 시럽에 재워져 있으므로 시럽은 되도록 주지 않도록 배려한다.
- 포도는 껍질째 주면 알맹이를 빨아서 먹을 경우 기도를 막을 수 있으므로 껍질을 벗겨서 씹어 먹을 수 있도록 주의가 필요하다.
- 짜 먹는 요구르트나 컵으로 주는 음료는 급하게 계속 빨거나 마실 경우에 기도로 들어갈 수가 있으므로 주의가 필요하다. 두세 모금 정도 마시고 쉬어서 완전히 삼켰는지 확인 후 또 먹을 수 있도록 한다.

6 배식

유아의 영양섭취기준을 고려하여 작성된 메뉴에 따라 배식을 하게 된다. 이때 적정급식량은 구성된 식단의 음식에 따라 양적인 가감을 할 수도 있다.

(1) 만 3~5세 유아의 기준급식 적정량

유치원에서 제공하는 기본 유형의 점심급식 식단을 중심으로 밥과 국이나 찌개, 단백질 중심 반찬 1가지, 채소 음식의 부찬 1가지, 김치로 구성된 식단을 기준으로 제시한 배식 적정량은 표 5-11 과 같다. 음식 식재료와 조리법에 따라서 열량이나 영양소가 달라질 수 있으므로 대략적인 양을 범위로 제시하였다.

표 5-11 / 메뉴별 적정 제공량

구분	밥류	국/찌개류	주찬	부찬	김치
적정량(g)	125~135	150~160	35~40	20~25	15~20

자료 : 유아정책연구소(2012), 유치원 급식운영관리지침서.

그림 5-6 적정배식량과 배식도구

자료 : 급식관리지원센터(2013), 어린이 단체급식 가이드라인 교육용 카드, 1인 1회 적정 배식량.

(2) 음식 식재료와 조리법에 따른 배식량 조절

음식 식재료와 조리법에 따라 국이나 찌개 또는 주찬, 부찬의 배식량을 조절한다. 예를 들면, 두부돼지고기찌개의 경우 콩나물국이나 시금칫국에 비하여 함유 열량이 높으므로 주찬과 부찬의 양이 감소될 수 있다. 또한 부찬으로 튀김류나 기름에 지진 빈대떡과 같은 음식이 제공될 경우 주찬과 국 또는 찌개의 양이 조절될 수 있다.

(3) 배식 시 유의점

- 조리가 완료되면 적온 보관하고, 세척 · 소독된 용기에 담아 뚜껑을 덮어 2차 오염을 방지한다. 찬 음식은 10℃ 이하, 더운 음식은 57℃ 이상을 유지한다.

- 배식에 참여하는 사람은 배식 전에 손을 씻고 위생모, 위생장갑, 마스크, 앞치마를 착용하며 국자, 집게 등 적절한 배식용 도구를 사용하여 배식한다.
- 배식 중에 남아 있는 음식은 바로 조리한 음식과 섞지 않는다.
- 음식은 당일 소모를 원칙으로 하고 남은 음식은 전량 폐기한다.

3. 급식단계별 위생관리

(1) 식자재 관리

- 신선한 식자재 구입
- 유통기한 내 사용
- 식자재 보관요령 준수, 적절한 장소에 보관
- 식중독 예방을 위한 위생적인 조리 및 배식과정 준수
- 음용수 준비
- 농산물의 원산지 표시에 따른 법률에 의거 쌀, 배추김치, 쇠고기, 돼지고기, 닭고기, 오리고기나 가공품의 조리 · 제공 시 원산지 의무 표시

(2) 세척

- 식재료별로 싱크대를 구분 사용하는 것이 바람직하나 한 개를 사용할 때는 채소류, 육류, 어류, 가금류의 순으로 사용하고 식재료마다 싱크대 세척 후 사용한다.
- 채소와 과일의 잔류농약 제거를 위한 세척 : 담금세척이 가장 효율적이며 1분 담금 후 버리고 새로운 물에 30초간 세척하는 과정의 반복 후 마지막으로 흐르는 물에 세척한다.
- 생선 · 육류 위생관리 : 충분히 씻고 핏물을 제거하며 세척시간이 1시간 이상일 때는 냉장상태를 유지한다.

(3) 소독

4% 차아염소산나트륨을 사용하여 100ppm 농도 확인 후 5분간 침지한 다음 먹는 물로 냄새가 제거될 때까지 세척한다.

(4) 절단

- 칼과 도마는 각각 용도별로 사용한다.
- 교차위험이 큰 긁힌 도마는 교체한다.
- 새로운 식품 절단을 위해 같은 도마를 계속 사용할 때는 10초 이상 물로 헹군다.

(5) 조리

- 조리 전 비누를 사용하여 손을 씻고 앞치마, 위생모, 위생복, 위생화를 착용한다.
- 조리종사자는 귀고리, 반지, 매니큐어 금지 및 조리 전 건강상태를 확인한다.
- 식중독균 사멸을 위한 적절한 가열온도 조리
  - 튀김, 구이, 찜, 조림 및 볶음, 데침 등 가열조리 시 식품 중심부가 74℃ 이상인지 탐침온도계로 확인한다.
  - 수시로 음식을 저어 음식의 균일한 온도를 유지한다.
  - 온도측정방법 : 조리 식품의 가장 두꺼운 부분을 측정하고 1회 조리 시마다 3회 이상 측정한다.
- 무치기 작업 시에는 소독된 장갑을 사용하고 조리기구는 알코올 등으로 소독한 후 휘발시켜 사용한다.

(6) 배식관리

- 급 · 간식 전후로 식탁을 청결하게 관리한다.
- 음식마다 집게 또는 일회용 장갑을 사용하여 배식한다.

(7) 보존식

- 보존대상 : 배식된 모든 메뉴
- 보존용기 : 스테인리스 재질의 뚜껑 있는 전용용기 또는 1회용 멸균팩(일반 지퍼백 사용 가능)을 사용한다.
- 보존량 : 음식 종류별로 각각 1인 분량(최소 100g 이상)씩 독립 보관한다.
- 보존 여건 : −18℃ 이하에서 144시간(6일) 동안 전용 냉동고에 보존한다.
- 담당자를 지정하여 관리하고 날짜, 시간, 채취자 성명을 기록하고 관리한다.

그림 5-7 보존식 용기 및 보존식 기록지

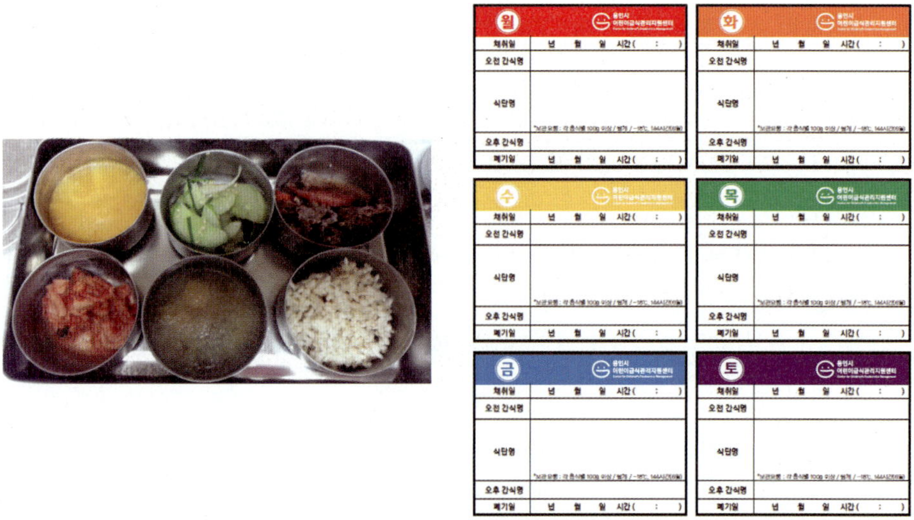

자료 : 용인시 급식관리지원센터.

Chapter 06

식품위생과 안전관리

어린이집과 유아교육기관에서 급식을 실시할 때 영양적인 측면의 고려와 함께 위생적이고 안전하게 실시해야 한다. 급식의 위생과 안전성을 높이기 위해서는 식품위해요소가 차단되도록 식품의 처리, 가공, 조리, 저장에서부터 음식의 운반, 배식에 이르기까지 일련의 과정들이 관리되어야 한다. 또한 이 모든 과정이 일어나는 장소의 시설, 설비 및 기구들을 위생적이고 안전하게 관리해야 한다.

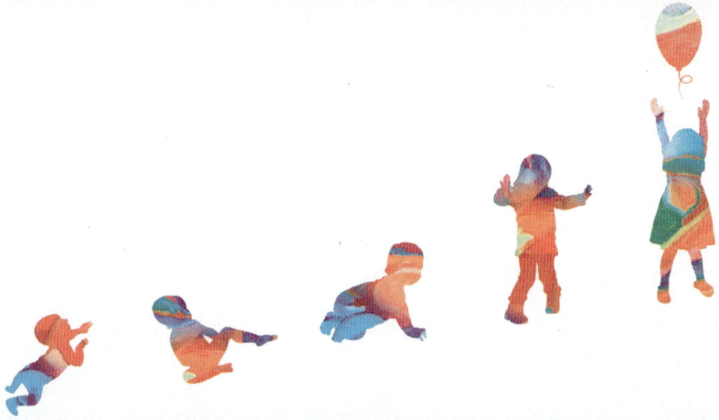

1. 식품위생관리

Ⅰ 식품위생관리의 의의 및 식품위해요소

(1) 식품위생관리의 의의

어린이집이나 유아교육기관은 영양적인 급식과 함께 안전하고 위생적인 식품을 제공하는 것이 매우 중요하다. 식품위생관리는 안전한 식품을 섭취하게 하며 식중독을 예방하고 나아가 건강을 증진시키기 위한 것이다. 식품위생관리는 식품으로 인한 건강상의 위해요소를 제거하고 급식시설의 위생과 안전관리도 포함한다.

비위생적인 식품이나 음식의 섭취로 인하여 영유아들에게서 식중독이 발생될 수 있다. 아직도 우리나라에서는 자주 세균성 식중독이나 경구 감염병이 발생하고 있으며 최근에는 잔류농약, 공장폐수로 인한 농수산물의 오염, 인공방사능, 발암성인 곰팡이 독소 등으로 인한 중독문제가 발생하고 있다. 식품의 생산에서 소비에 이르는 과정까지 식품을 통한 건강 유해물질을 섭취할 수 있으며 건강 위험요인으로 부각되고 있다.

식품안전은 감염병이나 천연적 · 인위적 독소물질에 의한 급성 · 만성 중독과 같은 식품으로부터 발생되는 식중독 위험으로부터 보호하는 것이며 건강상의 위해와 연관하여 식품의 품질에 광범위하게 적용된다. 영유아들은 성인에 비해 건강 위해요인에 대한 저항력이 약하고, 가공식품 섭취가 증가하면서 환경오염물질을 섭취하거나 노출되는 것은 중대한 건강 위험요인으로 간주된다.

식품위해요소는 일반적으로 식품을 통해서 식기나 주방기기 혹은 사람의 손을 통해 입속으로 들어오게 된다. 특히, 주방 수세미나 화장실의 타월, 싱크대, 도마 등은 식중독을 일으키는 미생물의 좋은 서식처가 되며, 영유아들의 놀이기구나 동화책도 감염경로 중 하나로 간주된다.

따라서 어린이집이나 유아교육기관에서 급식을 실시할 때 식품안전성과 환경안전이 중요하다. 식품안전사고나 중독에 대비한 교육은 영유아를 직접적인 대상으로 할 수 있다. 영유아는 아직 먹는 식품에 위해요인을 스스로 감지하기가 어렵고 음식을 자신이 선택하고 준비하며 섭취 조절하지 못한다. 따라서 영유아를 돌보는 교사, 보육사 및 급식 관련 종사자와 부모를 위생교육하여야 한다.

(2) 식품위해요소와 관리

어린이집이나 유아시설에서 식중독 예방은 급식에서 매우 중요한 과제이다. 식품의 안정성을 해치고 식중독을 유발할 수 있는 식품위해요소를 차단하는 것이 필요하다. 이러한 식품위해요소는 생물학적 요소, 화학적 요소와 물리적 요소로 나눌 수 있으며, 각 위해요소에 해당되는 종류는 표 6-1 과 같다.

표 6-1 / 식품위해요소별 종류

위해요소	종류
생물학적 위해요소	곰팡이, 세균, 바이러스 등의 미생물, 기생충, 원충 등 생물체
화학적 위해요소	자연 발생된 버섯독, 복어독, 곰팡이 독소 등 식품 생산 및 가공 중 오염된 농약, 항생제, 중금속, 세제, 살균제 등
물리적 위해요소	유리, 금속, 플라스틱 같은 다양한 이물질

급식관리자들은 이러한 위해요소를 차단하거나 이를 안전한 수준으로 낮춤으로써 각종 위생사고나 식중독을 방지하여야 한다. 위해요소는 식품의 원료가 생산되는 단계부터 식품을 섭취하는 단계까지 모든 과정에 존재한다. 위해요소 방지를 위한 사전 예방적 관리기법으로 HACCP이 적용되고 있다. HACCP은 식품의 원재료부터 제조, 가공, 보존, 유통, 조리단계를 거쳐 최종 소비자가 섭취하기

알아두기

HACCP이란?

HACCP은 위해요소분석과 중요관리점의 영문 약자로서 '해썹' 또는 '위해요소중점관리기준'이라 한다.

원료와 공정에서 발생가능한 병원성 미생물 등 생물학적 · 화학적 · 물리적 위해요소 분석

위해요소를 예방, 제거 또는 허용수준으로 감소시킬 수 있는 공정이나 단계를 중점관리

전까지의 각 단계에서 발생할 수 있는 위해요소를 규명한다. 그리고 이를 중점적으로 관리하기 위한 체계적이고 효율적인 관리체계이다.

2 식품관리

영유아 급식시설에서 가장 중요한 위생관리는 식재료를 저장하고 보관할 때 오염 또는 세균의 감염으로 인한 식중독의 발생을 억제하고 영양가의 손실을 최소화할 수 있어야 한다.

(1) 식품 보관 및 처리

식품을 시장에서부터 주방까지 운반할 때나 혹은 주방에서 잘못 취급하면 식품의 낭비뿐만 아니라 식품의 부패가 일어난다. 그런 이유로 주방이 자주 식중독의 근원이 되므로 식품을 구매한 후에는 빨리 냉장고에 저장할 것을 권장한다.

주방에서의 오염을 막기 위하여 위생상태가 아주 좋아야 하고, 조리 전에 과일, 채소, 캔 위를 씻으며 냉동식품을 상온에서 녹이지 않는다. 육류 · 조류 · 어류를 자른 후 도마나 손을 깨끗이 씻는다. 육류 · 어류 · 조류의 녹은 물은 다른 식품과 같이 놓지 않는다.

모든 조리된 음식이나 바로 냉동시켜야 하는 음식은 두 시간 내에 냉장시킨다. 시식은 반드시 작은 그릇에 덜어서 숟가락을 이용한다. 포장된 식품과 음식에 손대지 않는 경우를 제외하고 한 번 배식하고 남은 음식은 절대로 사용하지 않는다.

(2) 식품 저장온도

식품의 저장온도는 미생물 번식에 중요하므로 저장온도와 저장기간을 알고 관리해야 한다. 미생물은 40～60°C 범위 내에서 대부분의 박테리아가 증식하는데 그림 6-1, 영하온도에서도 생존하는 세균이 있다. 약 50°C 이상에서 급격히 세균이 증식되며 100°C 이상 온도에서는 세균과 영양세포는 사멸하나 포자는 생존이 가능하다. 그리고 식품조리나 냉장 등의 온도에 각별한 주의가 필요하다.

또한 식품의 신선도를 유지하기 위하여 적정 저장온도를 유지하는 것이 필요하다 표 6-2.

그림 6-1 단계별 식품온도와 세균증식, 생존, 사멸온도

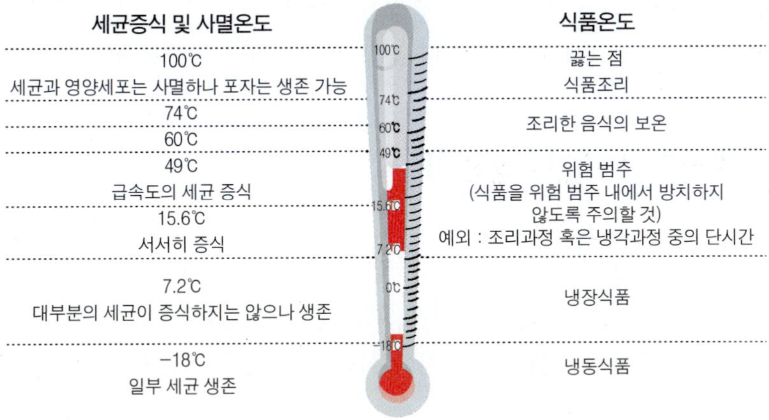

표 6-2 / 식품의 저장온도

식품명	저장온도(℃)	식품명	저장온도(℃)
과일	7~10	육류	1~3
채소 · 달걀	4~7	어패류	0~3
우유 · 유제품	3~4	냉동식품	-25~-15

(3) 안전한 식품관리를 위한 권장수칙

WHO(국제보건기구)의 안전한 식품관리를 위한 권장수칙(1993)은 다음과 같다.

- 안전하게 가공된 식품을 선택하라.
- 음식의 가열조리를 완전하게 하라. 식중독 등을 유발하는 위해미생물을 사멸시키기 위해서는 철저히 가열하도록 한다.
- 조리된 식품은 되도록 빨리 섭취하라.
- 조리된 식품의 저장 · 보관에 각별히 유의하라. 조리한 식품을 4~5시간 이상 보관할 경우에는 반드시 60°C 이상이나 10°C 이하에서 저장한다.
- 조리된 식품을 데울 때는 완전하게 재가열하라.
- 조리된 식품과 조리되지 않은 식품끼리의 접촉을 피하라.
- 손을 여러 차례 씻어라.
- 부엌 싱크대 위의 선반을 아주 깨끗이 하라. 행주 · 도마 등 조리기구는 매일

살균 · 소독 · 건조시킨다.

- 벌레, 쥐, 애완동물 등으로부터 음식을 보호하라.
- 깨끗한 물을 써라. 식품은 깨끗한 물로 세척하거나 조리를 한다.

3 급식관리자의 개인위생관리

식품을 다루는 조리종사자와 배식하는 사람들에 의해 위해요소가 전달됨으로써 식품오염을 일으킬 수 있다. 따라서 식품관리자는 위생관리를 철저히 함으로써 급식대상자들에게 위생적이고 안전한 식품을 공급할 수 있게 된다.

그림 6-2 급식관리자 모습

(1) 복장

조리종사자는 복장을 단정히 하고 손톱을 깨끗이 짧게 유지하며 장신구를 하지 않는다. 머리는 뒤로 묶고 모자나 망을 쓰며 조리복을 사용하고 청결하게 유지한다. 화장실에 다녀온 후 손 씻기와 발 소독을 한다.

(2) 개인위생관리

영유아들이 소변보는 것을 돕거나 기저귀를 갈아주거나 코를 풀게 도와주는 일을 한 후 또 화장실을 이용한 후에는 반드시 손을 씻어서 교차오염을 막는다.

위생관리에서 가장 중요한 것은 식중독 예방이며 그 첫 번째는 '손 씻기'로 손은 비누를 사용하여 손가락 사이사이, 손등까지 골고루 흐르는 물로 20초 이상 씻는다. 손 씻을 때 사용한 물과 손을 씻는 방법에 따라 손에 남아 있는 세균수를 비교한 것을 보면 표 6-3 과 같다. 비누를 사용해서 손을 비벼서 흐르는 따뜻한 물에 씻는 것이 세균을 없애는 효과가 크다. 그리고 씻은 후에는 물기를 잘 닦아야 한다.

표 6-3 / 손 씻는 방법에 따른 균수의 제거효과

구분	방법		균수		잔존율(%)
			씻기 전	씻은 후	
수돗물	대강	세면기 물 흐르는 물	4,400 40,000	1,600 4,800	> 36.3 < 12.0
	비벼서	세면기 물 흐르는 물	10,000 60,000	1,300 1,100	13.0 < 1.65
온수(30℃)	대강 비벼서		5,700 3,500	750 58	13.1 < 1.65
비누 사용	대강 비벼서		840 3,500	54 8	6.4 0.22

(3) 건강관리

조리종사자들은 매년 1회 만료일자 전에 정기적인 건강검진을 받아야 하고 검진 결과 소화기계 감염병 환자 및 보균자(제1종 감염병), 결핵환자, 피부병 및 화농성 질환자, 후천성면역결핍증AIDS 환자 등은 조리에 직접 관여하지 않도록 해야 한다.

작업 전 자신의 건강상태를 인지하고 설사, 발열, 구토 등 이상이 있을 경우 상위 책임자에게 보고한다. 손에 상처가 생기면 황색포도상구균의 오염 가능성이 있으므로 즉시 책임자에게 보고하고 치료해야 한다. 심하면 일에서 제외하도록 한다.

2. 조리실 시설 · 기구관리와 안전관리

1 조리실 시설 · 기구관리

주방의 위생상태가 좋은 것은 도마, 칼, 부엌 도구 등과 급식관리자의 손이나 주방기구에서 식품에서 식품으로 전달되는 오염이 없도록 하는 것이다.

영유아에서 시설 위생관리는 식품의 위생과 안전성 확보가 기본이다. 싱크대와 조리대는 수세미와 세척제를 이용하여 씻고 소독한다. 식기세척기는 1일 1회 세

척한 후 살균소독제를 용법 · 용량에 맞게 살균 · 소독한다. 주방의 바닥은 빗자루로 쓰레기 제거 후 세척제를 씻고 바닥의 물기를 깨끗하게 제거한다.

따라서 주방기기 위생관리의 내용은 다음과 같다.

그림 6-3 도마와 칼

- 조리기구는 사용 후 반드시 세척과 함께 살균 소독하여 정해진 장소에 보관한다.
- 냉장고, 냉동실 등 음식이나 식자재 보관장소의 관리를 철저히 한다.
- 식기와 행주, 칼, 도마의 관리를 항상 청결하게 유지한다.
- 조리실의 쓰레기는 매 식사준비 후 바로 버려서 청결을 유지한다.
- 바퀴벌레, 개미, 쥐 등을 철저히 퇴치한다.
- 조리실 내의 조명, 통풍, 환기에 주의한다.

2 조리실 안전관리

안전은 조리작업이나 식사관리 시점에도 준수해야 한다. 사고는 조리작업의 올바른 방법을 모르거나 부주의했을 때 발생한다. 조리가구를 다룰 때, 음식을 조리하거나 기름을 사용할 때, 가스나 전기를 사용할 때는 항상 주의하고 안전수칙을 지켜야 한다.

(1) 가스레인지 관리

- 가스 사용 전 환기를 시키고 가스냄새가 나면 가스가 새는 것으로 본다. 가연성 물질을 가스기기 옆에 두지 않으며 가스레인지는 자주 청소하여 불꽃구멍 등에 음식찌꺼기 등이 끼어 있지 않도록 한다.
- 가스 사용 중에는 불이 붙지 않은 상태로 코크가 열려 있는지 확인한다. 조리 시 음식물이 넘쳐 불이 꺼지면 가스가 누출되므로 자주 살핀다.
- 가스 사용 후에는 조리가 끝난 후 중간밸브와 최종밸브를 잠그고 확인한다.
- 가스 사용 시 레인지후드를 틀어 놓는다. 주방의 레인지후드는 조리 시 생긴 냄새, 가스, 습기를 제거하는 역할을 한다.

알아두기

가스 누출 시 응급대책

가스 누출이 감지되는 즉시 중간밸브와 최종밸브를 빨리 잠근다. 창문과 출입문을 열어 환기를 하며 주변의 가용성 물질을 치운다. 스파크로 인한 폭발 위험이 있으므로 전기기구도 절대로 사용하지 않는다. 가스안전관리에 대한 정보는 한국가스안전공사www.kgs.or.kr를 활용하며 지역관리소에 연락하여 도움을 받는다.

가스의 위해

가스레인지 점화 시 일산화탄소, 이산화질소, 이산화황, 포름알데하이드 등의 유독가스가 나오는데, 이런 가스는 면역기능을 악화시키고 기관지염을 일으킨다. 비흡연 여성 중 조리를 많이 한 여성이 조리를 거의 하지 않은 여성에 비해 폐암 발병률이 3~4배 높은 것으로 보고되었다.

(2) 이동식 부탄연소기 관리

이동식 부탄연소기는 잘못 사용하면 폭발하거나 사고로 이어질 수 있어서 주의해야 한다.

- 실내에서 사용할 때는 환기에 유의한다.
- 바닥이 삼발이보다 큰 냄비나 불판은 연소 시 생긴 복사열의 영향을 받아 부착된 가스용기가 폭발할 위험성이 있다.

(3) 화재사고

- 조리 시 앞치마끈이나 옷이 조리장비에 물려 들어가 불이 붙을 수 있으므로 주의한다.
- 소화장비는 정기검사를 통해 관리하고, 눈에 잘 띄는 곳에 두며 사용법을 평소에 알아두어야 한다.

3 음식물 쓰레기 관리

급식관리자는 음식물 쓰레기를 적게 하면 식품의 낭비를 줄이고 예산도 절약하게 된다. 음식물 쓰레기 관리는 식품을 구입하는 것에서부터 조리, 남은 음식과 쓰레기 처리에 이르기까지 모두 포함된다. 특히, 영유아교육기관과 보육시설에서 식품의 낭비와 남겨서 버리는 것은 영유아의 식습관과 태도에도 많은 영향을 주게 된다.

식품의 낭비를 줄이는 방법을 제시하면 다음과 같다.

- 필요 이상으로 구입하지 말아야 한다. 즉, 상해서 버려야 하는 것을 피하기 위하여 필요한 양만큼 산다.
- 찢어진 포장이나 잘라진 상품, 또는 튀어나오고 찌그러지고 새거나 녹슨 통조림은 구입하지 않는다.
- 식품이 상하거나 질적으로 손실되는 것을 방지하기 위하여 구입한 후 곧바로 부엌으로 운송한다. 부엌에서는 모든 식품을 적합한 장소에 잘 보관하여 식품의 품질을 보존하고 먹기에 안전하도록 한다.
  - 가스레인지나 열원 근처에는 식품을 놓아두지 말아야 한다.
  - 상하기 쉬운 식품을 잠시라도 주방 선반 위에 내놓지 말아야 한다.
- 냉장고를 적절히 사용하는 것은 식품을 상하지 않게 하여 위생적인 식품을 제공하는 데 아주 중요하다.

3. 식중독

1 식중독의 종류

식중독은 세균 또는 독소 등에 오염된 식품을 섭취했을 때 발생하는데, 주로 환자나 보균자와 직접 접촉에 의하거나 그들의 분변 또는 대사물 등이 다양한 경로로 음식물이나 오염된 물을 통해 전파된다. 접촉에 의한 식중독 발생 시에는 점진적인 발생동향을 보이지만, 물이나 식품 등의 오염에 의한 경우에는 공동매개 유행 양상을 보인다. 식중독 증상은 일반적으로 오한과 두통, 심한 복통, 설사, 구토 등이 나타나는데, 급성위장염 증상으로 일시적일 수 있지만 극도의 탈수 증상이나 호흡마비 등으로 사망하는 경우도 있다. 식중독의 종류는 세균성식중독, 화학성식중독과 자연독식중독으로 다음과 같이 나눌 수 있다.

(1) 세균성식중독

식중독을 일으키는 가장 많은 원인은 세균성식중독이며 살모넬라균, 웰치균, 포도상구균, 보툴리누스균과 곰팡이, 병원성대장균 등이 대표적이다. 세균성식중독은 식중독의 80~90%를 차지하고 있으며 식품 취급과정에서 세심한 주의와 적절한 방지대책을 통해 예방할 수 있다. 세균성식중독 중 살모넬라균에 의한 것이 가장 많고 병원성대장균, 황색포도상구균과 장염비브리오균 순이며 노로바이러스에 의한 식중독이 발생한 바 있다.

식중독균의 세균의 특성과 식중독 증상은 표 6-4 와 같다. 식중독의 세균 종류에 따라 잠복기가 다르고 증상도 다르므로 전문기관의 검사에 의해 정확한 원인을 찾아서 치료해야 한다.

이 외에도 곰팡이균과 리스테리아균 등이 식중독의 원인이 되고 있다. 리스테리아균은 토양과 하수, 하천수, 포유류 및 조류와 어패류, 축산물과 환경에서 발견되고 있다. 일반 병원성균과 달리 낮은 온도에서도 증식하므로 냉동식품 제품에서 검출되고 있고 열에 대한 저항성이 크다. 우유와 아이스크림 식품, 냉동 핫도그나 피자 등이 불충분하게 가열되었을 때 균주가 체내로 유입될 가능성이 크다. 특히, 신생아, 영유아 등에서 많이 발생한다.

표 6-4 / 세균성식중독의 감염원 및 원인 식품원

유형	원인균(물질)	감염원	주요 원인식품
감염형 식중독	살모넬라균	가축, 쥐	달걀, 식육 등
	장염비브리오균	어패류	생선회, 초밥 등
	캠필로박터균	닭, 가축	닭고기 등
독소형 식중독	포도상구균	사람의 피부	곡류가공식품, 도시락 등
	보툴리누스균	화농창	통조림식품 등
기타	클로스트리듐	사람, 동물의 장관	가열조리식품, 식육 및 가공품
	세레우스균	토양, 변	식육제품, 농산물가공품 등
	병원성대장균	사람, 동물의 장관	식육, 채소, 물 등

출처 : 식품의약품안전처, 식중독 분류.

표 6-5 / 식중독 세균의 특성과 증상

특성			증상			
원인균	사멸온도	잠복기 (시간)	구토	복통	설사	특징
살모넬라	60℃, 30분	10~24	가벼움	상당히 강함	심함	반드시 발열
장염비브리오	60℃, 30분	14~20	가벼움	강함	심함	발열 많음 상복부의 격통
포도상구균	62℃, 30분 (생성된 독소는 120℃에서 30분 가열해도 무독화되지 않음)	1~6	격심함	약함	가벼움	발열 없음 격심한 구토
보툴리누스	121℃, 15분 (A, B형 아포는 120℃ 4분, E형 아포는 80℃ 10분, 산생독소는 80℃ 15~20분으로 무독화)	12~36	가벼움	약함	가벼움	발열 없음 신경마비

알아두기

병원성 대장균 O-157 식중독 사건

1996년 5월 하순, 일본의 오카야마현의 오쿠소학교에서 병원성 대장균 O-157*Escherichia coli*, O-157균으로 인한 집단 식중독 사건은 전국으로 급속히 확산되어 환자 수가 1,300명을 넘었고 6월 초순에 감염 학생 2명이 사망하게 되었다.

사망 원인은 '용혈성 요독성 증후군'(독소에 의한 신장기능 부진)으로 발표되었다. O-157균은 원래 소나 양의 장내에 살고 있는 대장균이며 신체에 침입하는 경로는 거의 전부 입을 통한다. 즉, 음식물이나 오염된 손가락을 통하여 체내로 들어오게 된다. O-157균은 75℃ 이상 충분히 가열하면 멸균된다.

(2) 화학성식중독

화학적 식중독은 유해한 화학약품이 식품에 혼입되거나, 조리나 가공 중에 사용한 기구나 용기 등이 불량하여 식품 중에 독성물질이 혼입되어 일어난다. 화학성식중독의 종류와 원인물질은 표 6-6 과 같다. 식품을 가공하고 저장기간을 연장, 맛 증진을 위하여 사용하는 유해성 감미료인 둘신, 사이클라메이트 등이 있고, 우엉, 연근 등에 사용하는 표백제도 있다. 농약의 오염 또는 잔류된 유독성분이 알레르기 유발이나 식중독 원인이 된다. 포름알데하이드, 페놀, 수은, 납, 카드뮴 등 포장재, 식품용기에서 유래되기도 한다.

표 6-6 / 화학성식중독의 종류와 원인물질

유형	원인균(물질)	감염원	주요 원인식품
급성 · 만성	오염 및 잔류된 유독 · 유해물질	각종 식품, 어류	각종 첨가물, 유해 첨가물 등 잔류농약, 유해 금속화합물, 지질의 산화생성물, 니트로자민, 메탄올, 간수 등 녹청(구리), 납, 비소 등
알레르기형	알레르기 유발물질 (유해아민 등)		꽁치, 고등어 등 붉은살생선

자료 : 식품의약품안전처, 식중독 분류.

증상은 유해물질의 종류에 따라 다르지만, 일반적으로 잠복기가 대단히 짧고 현기증, 경련, 마비 등의 신경 증상을 수반하는 예가 많으며 발열은 거의 없다.

(3) 자연독식중독

자연식품 자체가 내포하고 있는 유독물질을 섭취하여 발생하는 식중독은 독버섯처럼 항상 독을 함유하거나 감자처럼 특정한 시기와 부위에만 독성을 갖는 것도 있다. 자연독식중독의 종류와 원인 식품은 **표 6-7** 과 같다.

표 6-7 / 자연독식중독의 종류와 원인식품

유형	원인균(물질)	감염원	주요 원인식품
식물성	식물성 식품에 함유된 각종 독소성분	식물성 식품	감자독, 버섯독, 독미나리, 맥각독, 아플라톡신(곰팡이류) 등
동물성	동물성 식품에 함유된 각종 독소성분	동물성 식품	복어독, 조개독 등

자료 : 식품의약품안전처, 식중독 분류.

식물성 식품의 자연독은 버섯류, 감자류, 은행, 청매나 견과류 등에 함유되어 있다.

① 버섯

버섯 종류는 대단히 많은데, 대다수는 독을 함유하고 있고, 먹는 버섯은 한정되어 있다. 독버섯은 색이 아름답고 윤기가 나는 것, 쓴맛이나 신맛이 나는 것, 유즙이나 점액이 분비되는 것 등으로 감별할 수 있다.

그림 6-4 독버섯의 종류

광대버섯 미치광이버섯 삿갓외대버섯 파리버섯 화경버섯

② 시안배당체

시안배당체는 덜 익은 복숭아, 살구, 청매나 은행 등에서 시안산(청산, HCN)을 형성하는 물질이다. 시안은 독성이 강하며 두통, 현기증, 오심, 구토, 복통, 설사, 호흡곤란, 마비, 의식불명, 발작, 호흡마비 등의 증세를 보인다.

③ 복어

복어의 독성분은 테트로도톡신으로 복어의 알, 내장, 난소, 피부 등에 집중적으로 함유되어 있고, 근육에 미량 존재하며, 봄에 강해져서 산란기인 5~6월에 최고조에 달한다. 테트로도톡신은 매우 강력한 마비성 신경독이다. 테트로도톡신의 중독 증상은 대개 섭취 후 30분에서 5시간 이내에 나타나는데, 혈행장애 및 호흡장애가 오고 감각장애와 말초신경 마비, 호흡곤란, 청색증, 호흡마비 등이 나타나며 사망하게 된다.

④ 조개류

조개류 중독은 바다에 서식하는 쌍편모조류에 형성된 독소를 조개류가 섭취함으로써 함유하게 된 것이다. 독성물질은 조개의 내장에 존재하고, 열에 안정하므로 보통의 가열조리로 파괴되지 않는다.

2 식중독 예방의 관리단계

식중독 예방을 위한 식품관리는 음식물 구입, 보존, 조리 준비, 조리, 식사, 남은 음식 처리과정에 이르기까지 관리되어야 한다. 식중독 예방을 위한 위생수칙은 개인위생, 조리장, 물, 냉장 · 냉동, 원재료, 주변환경, 방충 · 방서 및 교육 · 훈

그림 6-5 식중독 예방을 위한 일반적 위생수칙의 관리 내용

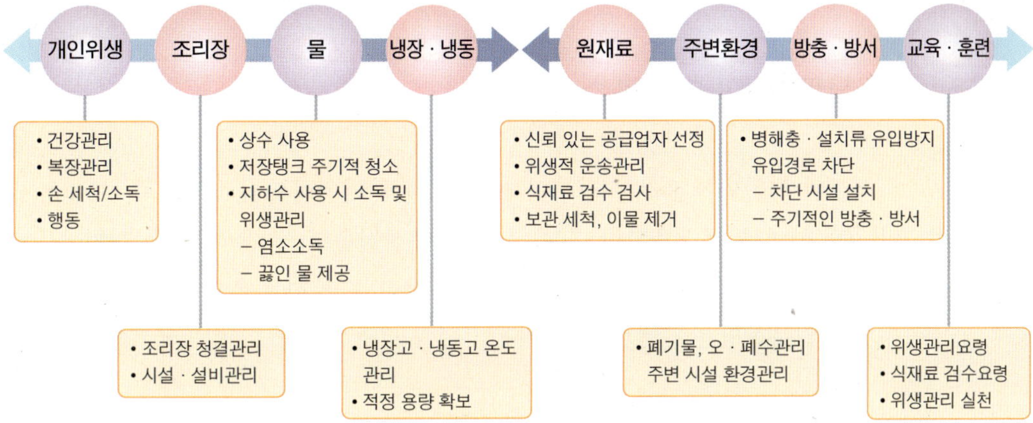

련 등이 있으며 각각의 주요 관리 내용은 **그림 6-5** 와 같다. 특히, 매일 실천해야 되는 사항은 손 씻기, 개인위생관리, 깨끗한 물 사용, 조리실 내부의 청결, 불안전한 식재료의 사용과 쓰레기 처리 등이 있다.

알아두기

식중독 예방 3대 요령

식품의약품안전처에서 제시하는 식중독 예방 3대 요령은 손 씻기, 익혀 먹기, 끓여 먹기이다.

자료 : 식품의약품안전처, www.mfds.go.kr

4. 식품위생과 안전관리체계

Ⅰ 식품위생관리체계

식품위생과 안전관리는 정부의 여러 부처에 다원화되어 있다. 즉, 보건복지부가 총괄하면서 국립보건원, 교육부, 농림축산식품부, 식품의약품안전처, 시 · 도 등에서 관련법에 의해서 식품 위생업무를 관리, 수행하고 있다. 관련 부처의 식중독 관리업무현황은 표 6-8 과 같다.

표 6-8 / 정부부처별 식중독 관리업무 현황

부처별	업무	비고
보건복지부 (국립보건원방역과)	식중독 및 감염병 관리업무 총괄	기생충 질환예방법 감염병예방법 식품위생법
식품의약품안전처	식품안전관리 체계 강화 – 식품접객업소 및 집단급식소 위생관리	식품위생법
여성가족부	보육시설 급식 · 안전관리	영유아보육법
교육부	유치원, 학교급식 안전관리	학교급식법
환경부	안전수 공급	먹는 물 관리법
해양수산부	수산물에 대한 위생관리	수산물 검사법
농림축산식품부	농축산물에 대한 안전관리	축산물가공처리법

(1) 영유아시설 급식 관련 체계

영유아시설의 모든 행정과 급식 및 안전관리업무는 보건복지부의 보육정책관-보육기반과에서 담당하고 있다. 어린이집의 경우 영유아보육법 제34조에 급식관리에 관하여 명시하고 있다. 보육사업지침에서 보육시설종사자의 배치기준을 제시하고 있는데, 영유아 100인 이상의 보육시설의 경우 영양사 1인을 두는 것을 원칙으로 하나, 단독으로 영양사를 두는 것이 어려울 때는 동일 시 · 군 · 구의 5개 이내 보육시설이 공동으로 영양사를 둘 수 있다. 영유아 40인 이상 80인 이하를 보육하는 시설의 경우 취사부 1인, 80인을 초과할 때마다 1인씩 증원하는 것을 원칙으로 한다. 그리고 직접 조리하여 공급하는 것을 원칙으로 한다.

표 6-9 / 영유아보육법과 시행규칙

영유아보육법	영유아보육법 시행규칙
제5장 건강영양 및 안전 제33조(급식관리) 보육시설의 장은 영유아에게 보건복지부가 정하는 바에 의하여 균형 있고 위생적이며 안전한 급식을 하여야 한다.	제34조(급식관리) ① 법 제33조의 규정에 의한 급식은 영유아가 필요한 영양을 섭취할 수 있도록 영양사가 작성한 식단에 의하여 공급하여야 한다. 이 경우 영양사(5개 이내의 보육시설이 공동으로 두는 영양사를 포함)를 두고 있지 아니한 100인 미만의 영유아를 보육하고 있는 보육시설은 보육정보센터보건소 등에 근무하는 영양사의 지도를 받아 식단을 작성하여야 한다. ② 영유아에 대한 급식은 보육시설에서 직접 조리하여 공급하는 것을 원칙으로 한다.

(2) 유치원 급식 관련 체계

중앙정부 차원의 유치원 행정기관은 교육부 유아교육정책과이며, 시 · 도 교육청에서는 초등교육정책과에서 담당하고 있다. 지역교육청에서는 초등교육과에서 유치원 행정업무를 책임지고 있어, 일선 유치원의 장학지도 및 행정업무를 맡고 있다.

2007년 6월 21일로 유아교육법 시행규칙의 일부가 개정되어 급식과 관련된 시설설비기준을 제시하고 있다. 조리실의 모든 시설은 감염병예방법에 따라 하절기

표 6-10 / 유아교육법과 시행규칙의 급식 관련 내용

유아교육법	유아교육법 시행규칙
제17조(건강검진 및 급식) ② 원장은 교육하고 있는 원아에게 적합한 급식을 제공할 수 있다. ③ 제1항의 규정에 따른 건강검진의 실시시기 및 그 결과처리에 관한 사항과 제2항의 규정에 따른 급식 시설 · 설비기준 등에 관하여 필요한 사항은 교육부령으로 정한다.	제3조(급식시설 · 설비기준 등) ① 법 제17조 제3항의 규정에 의하여 급식을 실시하는 유치원에서 갖추어야 할 시설 · 설비 기준은 다음 각호와 같다. 1. 조리실 : 교실과 떨어지거나 차단되어 유아의 학습에 지장을 주지 아니하는 시설로 하되, 식품의 운반과 배식이 편리한 곳에 두어야 하며, 내부벽과 바닥은 불연재료 및 내수재료로 시공하여 위생과 청소가 용이하고 화재 예방을 고려하여야 한다. 2. 식품보관실 : 환기 · 방습이 용이하여 식품과 식재료를 위생적으로 보관하는 데 적합한 곳에 두되, 방충 및 방서시설을 갖추어야 한다. ② 1회 급식유아가 100인 이상인 유치원에는 식품위생법 제37조 규정에 의하여 면허를 받은 영양사 1인을 두어야 한다. 다만, 급식시설과 설비를 갖추고 급식을 실시하는 2개 이상의 유치원이 인접하여 있는 경우에는 지방교육자치에 관한 법률 시행령 제21조의 규정에 의한 동일 교육청의 관할구역에 소재하는 5개 이내의 유치원은 공동으로 영양사를 둘 수 있다.

(4~9월)에는 2개월마다, 동절기(10~3월)에는 3개월마다 1회 이상 허가받은 방역업체에 의뢰하여 급식시설 소독을 실시하고 소독필증을 비치하도록 하고 있다.

2 위생관리방안

(1) 식중독 관리기관의 위생관리방안

식중독은 식품예방법, 감염병예방법에 의해서 주로 관리한다. 집단급식소의 식중독과 세균성 이질 등의 위생관리방안과 관련 기관은 표 6-11 과 같다.

식중독이 발생한 경우 주민, 학생, 병·의원 등이 식중독 발생 사실을 해당 보건소에 신고하도록 되어 있다. 보건소는 발생 사실을 각각 유관기관에 보고해야 한다. 최근에는 감염병이나 식중독이 발생했을 때 인터넷의 보고관리 시스템을 통해 식중독 발생과 조사결과를 보고해야 한다. 일단 식중독발생 사실이 보고되면 원인물질을 분석하여 환자를 치료해야 한다. 그리고 철저한 역학조사를 통해서 그 발생경로를 파악하고, 위생관리 중점요소를 시행해야 한다.

표 6-11 / 집단급식소의 위생관리기관

구분	세균성 이질(전염성)	학교 등 식중독	대형업소 식중독
관련 기관	• 복지부/보건원 • 시 · 도 보건(위생)과 • 시 · 군 · 구 보건소	• 교육부/고용노동부 • 시 · 도 보건(위생)과 • 시 · 군 · 구 보건소	• 식품의약품안전처 • 시 · 도 보건(위생)과 • 보건소 위생과
내용	개인위생 강조	위해요인 중점관리	위해요인 중점관리
목표	손 씻기, 안전식수 먹기	교차오염방지 이행, 학생들의 손 씻기	교차오염방지 이행
방법	교육 및 홍보	• 교차감염방지 교육 • 식품/도시락 검수강화 • 종사자 건강검진	• 교차감염방지 교육 • 종사자 건강검진 • 사후관리 강화

(2) 위생점검

어린이집이나 유아교육기관에서 실시하고 있는 급식을 위생적으로 관리하여 식중독 등의 위생사고를 미연에 방지하기 위해서 위생지도의 점검을 강화하고 있다. 각 시 · 군 · 구청에서는 집단급식소와 위탁급식소를 대상으로 연 2회(학기별 1회)의 정기점검을 실시하여 급식에 대한 위생지도를 하고 있다. 유치원 운영관리지침서의 보육시설이나 유아교육기관에서도 사용할 수 있는 교육부의 1일 위생안전점검표의 내용은 표 6-12 와 같다. 매일 위생점검을 하여 영유아 급식의 위생관리에 만전을 기할 수 있을 것이다.

표 6-12 / 1일 위생안전 점검표

구분	점검 내용	점검결과	조치사항
개인 위생	조리원의 건강상태는 어떠한가?(감염성 질환 여부)	이상 없음, 이상 발견 후 조치	
	복장(위생복, 위생모, 위생화, 앞치마) 위생상태는 어떠한가?	청결, 미흡, 불량	
	손 위생상태(손의 상처, 손톱상태, 장신구 착용 여부)는 어떠한가?	이상 없음, 이상 발견 후 조치	
식품 안전	생으로 먹는 과일 및 채소류는 소독을 실시하였는가?	실시, 미실시, 해당 없음	
	검식 시 음식에서 이상한 냄새나 맛은 없었는가?	이상 없음, 이상 발견 후 조치	
	보존식은 5℃ 이하에 보관·관리하였는가?	실시, 미실시 (보존식, 우유)	
시설·설비 위생	변질, 부패 및 유통기한 경과 식품은 없는가? 급식실 내·외부 청소 및 소독상태는 어떠한가?	이상 없음, 이상 발견 후 조치	
	조리실의 정리정돈 상태는 어떠한가?	청결, 미흡, 불량	
	식품창고의 청결과 정리정돈 상태는 어떠한가?	청결, 미흡, 불량	
	고장 또는 수리를 요하는 시설·설비가 있는가?	이상 없음, 고장	
	냉장고는 정상 작동되는가?	작동상태( )	
	청결 및 정리정돈 상태는 어떠한가?	청결, 미흡, 불량	
	용도에 따라 구분하여 사용하였나? (채소, 생선, 육류로 구분 – 칼, 도마, 식기류 등)	구분 사용, 미사용	
	조리기구·기계는 사용 전·후 세척, 소독을 실시하였나?	실시, 미실시	
	행주, 도마, 칼 등은 소독하고 사용하였는가?	실시, 미실시	
	쥐, 파리 등 해충류가 있는가?	종류 :	
	쓰레기의 처리상태는 어떠한가?(잔반량 : kg)	청결, 미흡, 불량 수거상태( )	
안전 관리	가스, 수도꼭지 잠금을 확인하였나?	확인, 미확인	
	문단속, 전열기 코드를 뽑았나?	확인, 미확인	
	급식실 바닥은 미끄럽지 않게 관리되는가?	관리, 미관리	
기타			

자료 : 교육인적자원부(2007), 유치원 급식 운영관리지침서.

Chapter 07

영유아 영양교육의 실제

영유아기는 식습관이 형성되어 가는 시기이며, 이 시기의 식습관은 평생 건강의 기초가 된다. 최근 보육시설과 유치원에서 하루의 대부분을 보내는 유아가 많아지면서 가정에서뿐만 아니라 보육시설에서의 영양교육의 중요성이 증대되고 있다. 유아교육기관에서 신체적인 성장, 운동능력의 향상과 함께 영양정보를 습득하여 바람직한 식생활 행동이 이루어지도록 지도함은 매우 의미 있는 일이다. 따라서 체계적인 영양교육을 통해 영양소와 건강, 신체성장과의 관계 등에 대해 올바르게 이해하고 건강한 식습관을 형성하도록 지도해야 한다. 이 장에서는 영양교육의 이론에 입각하여 실제 우리나라에서 수행되고 있는 영양교육사업의 사례를 중심으로 공부하여 현장에서의 영양교육 수행에 관하여 간접경험의 폭을 넓히고자 한다.

1. 영유아 영양교육

1 영유아 영양교육의 의의

영양교육이란 건강증진을 위하여 식행동을 변화시키고자 하는 일련의 계획된 교육과정이라고 정의한다. 영유아 영양교육은 영유아의 신념, 태도, 지식 및 환경의 변화를 통하여 식품에 대한 이해도를 높이며 건강한 식생활을 영위하도록 도와주는 과정을 말한다. 따라서 영양지식을 제공하고 올바른 식생활에 대한 긍정적인 태도를 갖도록 하며 이를 실천하는 데 장애요소가 없도록, 관련되는 모든 요인을 중재하는 종합적인 활동이라고 할 수 있다. 따라서 영양교육은 건강교육의 특별한 한 부분으로 이해되어야 한다.

영아기에는 보호자가 제공하는 모유나 조제유 또는 이유식 등을 수동적으로 먹게 되므로 식품의 이름을 가르쳐 주거나 식품의 맛에 익숙해지도록 유도하는 것 외에는 적극적인 영양교육을 시도할 기회는 없는 편이다.

어린이집에 다니기 시작하는 유아기에는 사회성이 증가하고 또래문화의 영향을 많이 받으며 자아개념이 형성되어 먹는 음식의 종류와 양에 이르기까지 모든 것을 자신이 독자적으로 결정하려는 경향이 강해진다. 그러나 자기 절제력과 통제력은 부족한 편이어서 식생활을 관리하는 능력은 절대적으로 부족하다. 이러한 식생활 환경 속에서 불완전한 식습관이 형성되고 지속되면 성인기에까지 올바르지 못한 식습관이 고착되고 장기적으로 생활습관병 등의 위협을 초래하는 건강하지 못한 식습관이 형성되기 쉽다. 따라서 유아 자신의 식품에 대한 기호가 분명해지는 유아기는 영양교육을 시작해야 하는 중요한 시기이다.

이 시기에는 놀이와 생활훈련을 통한 영양교육이 필요하며 가정과 보육시설의 식생활환경의 변화가 함께 이루어져야 유아에게 효과적인 영양교육 메시지를 전달할 수 있다. 따라서 유아기 어린이의 특성을 이해하고 유아기 어린이에게 효율적인 영양교육방법을 훈련하여 식생활을 지도하는 것이 필요하다.

2 영양교육 개념의 변화

영양교육의 역사를 되돌아보면 과거 식량이 절대적으로 부족하던 시절의 영양교육은 절대적인 식량증산과 식품의 사회안전망 확보가 그 주요 목표였고 영양교육의 개념은 식품의 분배수준에 지나지 않았다.

그러나 농업혁명과 산업혁명 시기를 거치면서 식품의 대량생산과 보존이 일반화되자 일부 저개발국가를 제외하고는 인류의 먹거리 부족문제가 점차 해결되어 가는 경향을 보였다. 따라서 영양교육의 개념은 과학적인 영양지식의 보급으로 인식되었다. 즉, 올바른 영양지식이 있어야 건강한 삶을 영위할 수 있다고 학자들은 생각하였다.

경제발전에 따른 풍요로움은 영양과잉, 영양불균형 등의 문제를 초래하였고 생활습관의 변화와 더불어 만성퇴행성질환의 확대라는 심각한 건강문제를 야기하였다. 학자들은 영양지식이 충분하여도 그 지식이 행동으로 변화되지 않는다는 사실을 확인하였다. 따라서 영양교육이란 개인과 집단의 행동을 변화시키고 그 변화된 행동이 유지되도록 하는 것이라고 주장하기에 이르렀다. 현대 영양교육의 개념은 영양상태의 개선을 위하여 지식과 태도뿐 아니라 궁극적으로 행동이 변화되도록 유도하는 것으로 정의하고 있다.

최근에는 교육계획을 수립할 때 영양상태 판정 자료를 중심으로 영양문제가 대두된 원인이 무엇인지를 종합적으로 판단하여 영양교육계획을 수립하여야 한다는 주장이 제시되고 있다. 즉, 주거환경 · 교통 · 교육 등을 포함한 사회적인 진단, 보건형태나 질병양상 등을 이해하기 위한 역학적인 진단, 건강과 질병 관련 식생활조사법 등을 이용하여 영양행동을 분석하는 행동 및 환경적 진단, 영양지식 · 태도 · 자원 · 수단 · 기술 · 사회적인 후원 등을 포함하는 교육 및 조직적인 진단, 그리고 행정 및 정책적인 진단을 통하여 영양교육과 상담의 계획을 수립하고 서비스를 수행할 때 보다 성공적인 영양교육이 될 수 있다는 것이다.

2. 영유아 양육형태의 변화와 영양교육환경

1 영유아 양육형태의 변화

과거 우리나라에서 학령 전 어린이는 초등학교 입학 전까지 가정에서 어머니나 할머니 손에 양육되었고 특별한 영양교육의 기회가 주어지지는 못하였다. 대신에 많은 형제 속에서 손위 형제나 자매와 놀면서 사회성이 형성되고 부모나 형제들의 식습관이 학령 전 어린이들의 식습관과 식사 패턴에 영향을 미치는 것이 일반적이었다.

그러나 최근 들어 여성의 사회활동이 증가하면서 어린이는 유아기에 어린이집이나 유치원에 등록하여 하루의 대부분의 시간을 보내고 이어서 초등학교에 입학하게 된다. 가정형편에 따라서는 종일반에서 하루를 보내거나 심한 경우에는 주말에만 가정으로 돌아가는 어린이도 있다.

이처럼 영유아들이 하루 중 대부분의 시간을 교육기관에서 보내게 됨에 따라 하루에 간식 한두 번과 한 끼 또는 두 끼의 식사를, 때로는 모든 식사를 집 밖에서 해결하게 되고 따라서 전래의 '밥상머리 교육'의 기회는 점차 사라지고 있어 영유아 대상 영양교육의 주체 역시 변화하고 있다.

그러나 일부 100명 이상을 수용하는 국공립 어린이집을 제외하고는 대부분 영세한 어린이집이나 유치원은 전문영양사가 배치되어 있지 않다. 교사들도 영양교육에 대한 관심이 부족하거나, 관심이 있어도 어떻게 접근해야 할지 모르므로 영양교육은 현장에서 소외되고 교육과정에도 반영되지 못하고 있는 실정이다. 정부에서는 맞벌이 부부를 위한 어린이집의 증설에만 주력하는 형편이어서 안전하고 건강한 어린이 식생활관리에는 힘이 미치지 못하고 있다. 지방자치단체별로 운영하는 육아종합지원센터에서도 계절별 식단 제공 정도의 식생활 정보관리 외에는 이렇다 할 영양교육은 제공하지 못하고 있으므로 영양전문가들은 어릴 때부터의 보다 나은 영양교육을 위하여 많은 노력을 해오고 있다. 최근 들어 급식관리지원센터와 보건소를 중심으로 영양인력이 부족한 어린이집을 대상으로 활발한 영양교육을 실시하고 있다.

2 영유아 영양교육환경

2010년 국민건강 · 영양조사 결과에 따르면 우리나라 유아의 식생활에서 가장 부족한 영양소는 철, 칼슘, 비타민 B_2, 비타민 A, 섬유소 등이었다. 특히, 저소득 취약계층 가정에서는 철 부족으로 인한 높은 빈혈률, 높은 저체중아 비율을 보였고 열량섭취량이 섭취기준보다 부족한 아동도 일부 발견되었다. 또한 경제적인 여건이 상대적으로 양호한 가정환경에서도 엄마가 직장을 가진 경우가 전업주부인 가정의 유아보다 영양 섭취 적정도가 낮아 주부가 아동의 식생활관리에 충분한 시간을 할애하지 못하는 현대인 식생활의 문제점을 보여 주었다.

일하는 여성의 비율이 더욱더 높아지고 대가족제도가 붕괴되면서 영유아교육기관을 이용하는 수 역시 증가하는 사회적인 추세를 감안할 때 취학 전 어린이의 식생활관리와 그에 따른 영양교육은 상당 부분 가정과 함께 영유아교육기관에서 분담할 수밖에 없는 실정이다.

표 7-1 에 제시한 바와 같이 보건소 영양사를 중심으로 전문 영양인력이 배치

표 7-1 / 보건소 홈페이지에 게시된 영유아교육기관 영양교육 프로그램 안내 사례

◉ 오군이와 함께하는 영양 체험장 운영

구분	내용
기간	연중(월~금, 오전 10시 30분~12시)
대상	관내 어린이집, 유치원 유아
장소	보건소 건강전시장
내용	오군이 식품 알기(건강의 열차게임, 주방놀이, 오군이 스튜디오 등)
신청방법	2월 말~3월 초 전화(389-4474) 및 내소

※ 오군이 : 골고루 영양을 섭취하기 위한 5가지 식품군(곡류, 어육류, 채소, 우유, 과일군)

◉ 영양상담실 운영

구분	내용
기간	연중(오전 9시~오후 6시, 단 12~13시 점심시간 제외)
대상	일반시민, 질환자
내용	RFID 키오스크를 이용한 식사진단, 연령별 · 질환별 바른 식생활 상담 및 관련 자료 배부
신청방법	전화(389-4404) 및 내소

◉ 영양교육자료 대여 사업

구분	내용
기간	8~12월
대상	관내 어린이집, 유치원 유아
내용	영양과 관련된 DVD, 동화책, 활동책 등
신청방법	전화(389-4404) 및 내소

자료 : 민영희, 안양시 동안구 보건소.

되지 않은 어린이집이나 유치원 어린이를 대상으로 영양교육자료를 개발하여 대여하거나 직접 수행하는 방식으로 활발한 영양교육이 실시되고 있으나 지역사회에 소재한 모든 영유아교육기관을 담당하기에는 역부족일 수밖에 없다.

보건복지부는 영양교육사업인 영양플러스 프로그램을 개발하여 영양 취약계층인 일부 저소득 계층 영유아와 임산부를 대상으로 보충식품 지원과 함께 다양한 영양교육자료를 개발하여 지역별로 월 1회 영양교육과 상담을 수행하고 있으며 구체적인 지표를 통한 영양교육의 효과가 제시되고 있다. 이러한 사회적인 경향을 반영하여 서울특별시와 대한영양사협회는 어린이 식생활 전문지도자 과정을 개설하여 전문영양사를 배출하고 있다.

또한 식품의약품안전처에서는 2011년부터 어린이급식관리지원센터를 설립하여 영양사가 배치되지 않은 어린이집, 유치원 및 지역아동센터 등에서 원장, 교사, 조리원, 영유아 대상 방문교육과 집합교육을 통해 영양교육 및 급식 · 위생관리를 지원하고 있다. 2013년 말 현재 전국에 88개 지방자치단체가 센터를 개소하였고 전국적으로 급속히 확장되고 있어 어린이급식관리지원센터는 영유아 영양교육의 주체로 자리매김하고 있다 그림 7-1 .

그림 7-1 급식관리지원센터의 조직구성과 업무

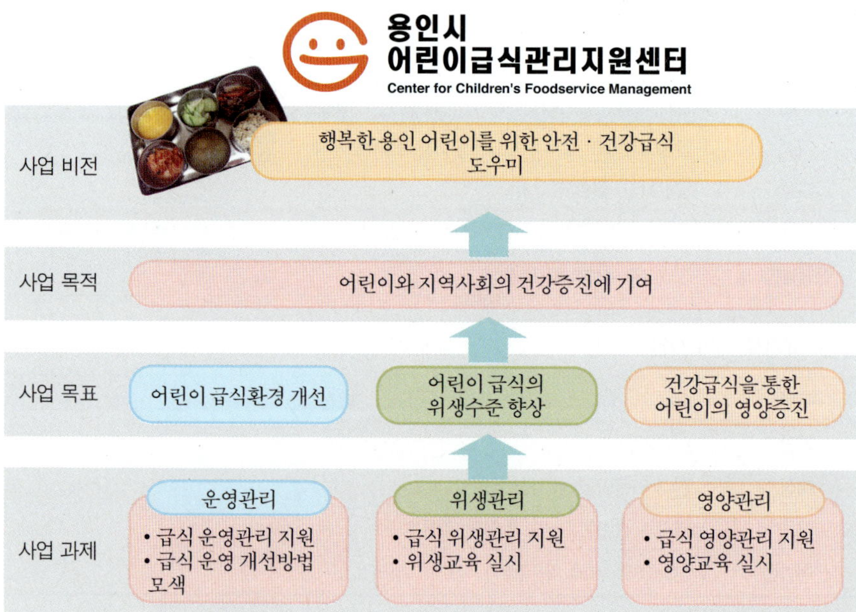

자료 : 용인시 어린이급식관리지원센터.

3. 영양교육과정

1 영양교육 실시과정

영양교육 실시과정은 앞 장에서 제시된 건강교육의 실시과정과 같다. 대상자를 선정하여 영양상태 진단을 위한 자료를 수집하고 영양상태를 종합적으로 진단한 후 영양교육계획을 세워 영양교육을 실시하고 교육의 효과를 평가하게 된다. 영양교육이 성공적인 것으로 평가되면 개선된 상태의 유지를 위한 추후관리를 하고, 그렇지 못한 경우 피드백을 통하여 영양교육 실시과정상의 문제점을 파악하며 개선점을 찾아 더 나은 영양교육을 시도하게 된다.

2 영유아 영양상태 진단

유아의 영양상태는 일반적으로 식생활조사, 신체계측조사, 생화학적 조사, 임상조사 그리고 생활환경조사 등을 통하여 필요한 자료를 수집한 후 진단할 수 있다.

어린이집이나 유치원에서 정기적으로 수행되는 신체검사자료를 활용할 수도 있으며 이 경우에는 식생활조사만을 추가하여 영양상태를 판정할 수 있다.

- 식생활조사는 보호자를 면담하거나 영유아를 직접 관찰하여 자료를 수집한다. 특정 식품의 섭취횟수와 빈도, 섭취량, 편식 여부, 채소나 과일에 대한 기호도를 포함한 식습관조사 등을 이용할 수 있다. 영양소섭취량을 영양섭취기준과 비교하거나 구체적인 식생활 자료를 수집하고자 할 경우에는 보호자를 대상으로 24시간 회상법을 이용하여 좀 더 정확한 섭취 식품의 종류와 양을 추정할 수 있다.
- 신체계측조사는 영유아를 대상으로 비교적 간편하게 실시할 수 있다. 통상적으로 체중과 신장을 측정하며 소아발육 표준치와 비교하여 백분위값을 구하거나 같은 연령 아동의 측정값과 단순 비교하는 방법으로 유아의 영양상태를 진단할 수 있다. 단기적인 영양불량은 체중값에 변화를, 비교적 장기적인 신장 측정값에 변화를 가져온다.

- 영유아를 대상으로 하는 생화학적인 조사는 손가락 끝에서 소량 채혈하여 헤모글로빈 값과 헤마토크릿 값을 측정하여 빈혈 여부를 판정하는 방법이 가장 널리 활용된다. 임상조사방법은 특정한 영양소 결핍이 심각할 경우에만 적용할 수 있으므로 우리나라 영유아를 대상으로 영양상태를 진단할 경우에는 적용하기 어려울 수 있다.

3 영양교육 계획수립

(1) 영양교육 목표 정하기

영양교육을 실시하고 그 효과를 측정하기 위해서는 장단기적인 영양교육의 목표설정이 필요하다. 예를 들면, 영양교육 후 아침식사를 하고 유치원에 등원하는 영유아의 비율을 10% 높인다거나 급식시간에 채소 반찬 잔반량의 20% 감소를 목표로 할 수 있다. 또는 단기적으로 영양지식 면에서 기초식품군을 구분하여 같은 식품군에 속한 식품들을 구별할 수 있는 영유아의 비율을 높이는 것을 영양교육의 목표로 정할 수도 있다.

(2) 영양교육방법의 선택

영유아대상교육은 집단교육과 개인교육을 병행하되 필요한 경우 개인상담과 가정방문교육을 병행할 수도 있다. 또한 교육시간은 급식시간을 활용할 수도 있으며 각 영역별 활동시간에 활동의 주제를 식생활로 구성하여 통합교과적인 접근을 시도할 수도 있다. 특히, 가정통신문을 활용하여 가정에서의 영양교육과 연계하여 지도하면 더 효과적일 수 있다.

(3) 적절한 교육매체의 선택

최근에는 다양한 영유아용 영양교육매체가 개발되어 시판되고 있다. 교육매체는 대상자의 수준과 교육여건에 따라 적절한 것을 선택해야 한다. 영양교육매체의 역할과 선택기준에 관하여는 다음 절에서 자세히 살펴본다.

(4) 영양교육 실행

취학 전 어린이대상 영양교육은 20~30분 정도가 적절하며 이보다 더 짧은 시간이 소요되는 영양교육을 반복적으로 수행하는 것도 좋다. 또한 단순한 영양정보를 제시하고 학습한 후 놀이나 경작을 통해 체험학습할 수 있게 해주는 방법도 효과적이다. 간단한 조리실습도 함께 병행하면 교육효과가 배가될 수 있다.

(5) 영양교육의 효과평가와 활용

평가지표는 영양교육의 대상에 따라 또는 영양교육의 여건에 따라 달라질 수 있다. 평가지표를 적절히 활용하면 영양교육계획 수립 시에 설정한 장단기적인 목표와 비교하여 영양교육의 성공 여부를 판단할 수 있다. 평가결과는 피드백 과정을 통해 영양교육의 지속 또는 개선 여부를 결정하는 데 중요한 근거자료로 활용한다.

4 영유아 영양교육 매체

(1) 영양교육 매체 활용의 필요성과 종류

영양교육 매체란 교육자와 교육대상자 사이에서 영양교육의 효과를 극대화하기 위하여 사용하는, 모든 학습에 도움이 되는 자료나 기구를 모두 가리킨다. 영양교육 현장에서 효율적이고 교육적인 의사소통을 돕기 위한 매개체라고 볼 수 있다.

교육매체의 필요성에 관한 한 연구에 따르면 사람에게 주어진 정보의 내용을 기억하는 정도는 표 7-2 와 같이 시청각 경험의 종류에 따라 매우 다른 것으로

표 7-2 / 다양한 경험에 따른 잔존 기억 정도

내용	기억 정도
읽은 것	10%
들은 것	10~15%
보고 들은 것	15~30%
해본 것	30~50%
실천한 것	75%

보고되었다. 따라서 가능하면 다양한 시청각자료를 이용하거나 직접 경험할 수 있는 기회를 제공해 줄 수 있는 영양교육용 교수학습방법을 고안할 필요가 있다.

(2) 영양교육 매체의 선정기준

영유아는 장시간 집중력을 가지고 학습활동을 하기 어려우며, 복잡한 내용의 수업 내용을 이해하는 능력도 부족하다. 따라서 영유아대상 영양교육이나 식사지도에는 유아의 발달단계에 적합하고 영유아가 흥미를 가질 만한 교재를 교수매체로 활용할 필요가 있다. 영유아대상 학습에 활용할 수 있는 영양교육 매체의 선정기준은 다음과 같다.

① 적절성

용어의 수준이나 난이도, 정보의 제시방법 등이 영유아의 수준에 적합한지 검토하고 또한 전달하고자 하는 정보가 간단명료하고 논리적인지도 확인한다.

② 신빙성

내용이 정확한지, 영양과학의 최신 지식을 반영하였는지, 저자나 제작자가 자격이 있는 영양전문가인지, 영양전문가가 제작에 관여하여 올바른 정보를 제공하고 있는지 확인한다.

③ 흥미

매체의 외관이나 내용 면에서 영유아의 흥미를 유발할 만한 것인지, 호기심을 충족시켜 주는지, 그리고 관심을 갖게 하고 학습동기 유발에 도움이 될 수 있는지 여부를 고려한다.

④ 조직과 균형

내용이 편중되지 않고 잘 구성되었는지, 배경, 음악, 삽화 등이 적절하게 사용되었는지, 목적이 분명히 서술되고 쉽게 알 수 있는지, 서술상태나 해설 또는 시각화가 교재의 목적과 맞는지, 교재의 목적이 잘 달성되었는지, 사용할 가치가 있는지 등을 중점적으로 분석한다.

⑤ 기술적인 질

색상이나 음질, 크기와 안전성, 견고성, 제작연도를 확인하고 이용 가능한 시청각 보조 기자재의 종류와 시설에 적합한지도 확인한다.

⑥ 가격

예산범위 내에서 매체를 활용할 수 있는지, 불가능할 경우 대체 매체의 종류는 어떤 것들이 있는지, 주위에서 쉽게 구할 수 있는 재료로 개발, 제작이 가능한지, 교육의 효율적인 측면에서 고려할 때 매체의 경제성이 적절한지, 교육활동에 투입되는 시간과 노력 대비 교육효과가 적절한지 등을 검토하며 보건소, 학교 등 타 기관과 매체를 공유할 수도 있는지 고려한다.

4. 영양교육방법

1 영양교육 실시과정 사례 1 : 영양 취약계층을 위한 영양플러스사업

다음 **알아두기** 에 제시된 바와 같이 4가지 자격기준에 합당한 취약계층 주민의 건강증진을 위하여 대표적인 영양교육사업인 영양플러스 프로그램이 성공적으로 수행되고 있다. 영유아를 대상으로 하는 다양한 영양교육자료가 개발되고 지역별로 월 1회 영양교육과 상담이 수행되고 있으며 구체적인 지표를 통한 교육의 효과가 제시되고 있다. 교육사례를 구체적으로 제시하여 이론에 근거한 사업의 경험을 나누고자 한다.

알아두기

영양플러스사업 대상자 자격기준 : 4가지 기준을 모두 만족하는 경우에 해당

- 대상 분류 : 만 6세 미만의 영유아, 임신부, 출산부, 수유부
- 거주 기준 : 사업 운영 보건소의 관할지역 내 거주
- 소득수준 : 가구 규모별 최저생계비 대비 200% 미만 소득자
- 영양 위험요인 : 빈혈, 저체중, 성장부진, 영양 섭취상태 불량 등 한 가지 이상의 영양위험요인 보유자

그림 7-2 영양플러스 로고와 영양교육대상자 교육과정

(1) 대상자 진단

① 대상집단의 영양문제 발견

철, 칼슘, 비타민 B_2, 비타민 A, 섬유소 섭취가 부족한 경우, 특히 저소득 취약계층 어린이의 높은 빈혈률, 높은 저체중아 비율, 또는 열량 섭취의 부족 발견 시

② 영양문제의 원인 분석

저소득, 보호자의 영양지식 부족, 지리적인 문제, 종교 등 다양하며, 특히 저소득에 의한 고영양식품 섭취의 부족, 부모의 영양지식 부족 · 무관심, 양육시간의 절대 부족에 의한 영유아 영양 불량 또는 불균형 등이 해당한다.

③ 기존의 영양교육 프로그램 수혜 여부와 기존 서비스에 대한 평가

기존의 체계적인 영양교육 프로그램은 전무하며 수급권자들에 대한 생계비 보조형태의 현금지원은 식품구입으로 연결되지 못하고 있다.

④ 대상자들의 영양교육 요구도

요구도는 매우 높다. 특히, 임신 중 영양, 모유수유, 이유, 어린이 영양에 관한 요구가 높았다.

(2) 영양교육계획의 수립

① 목적과 목표의 설정

영유아의 영양 불량 비율의 감소, 영양소 섭취 적정률 개선, 저체중아 비율 감소 등을 목표로 한다.

② 영양교육방법의 선택

- 취약계층 영유아에게 부족한 영양소를 식품보충을 통하여 지원 : 쌀, 참치통조림, 미역, 감자, 당근, 영양 보충용 시리얼, 콩, 우유, 이유식, 달걀 등을 제공한다.
- 영양교육 제공
  - 월 1회 의무적으로 영양교육을 이수한다.
  - 가정방문을 통한 상담 수시 실시 및 보건소를 방문상담 가능하다.
- 교육자료 개발 및 제공
  - 교육에 필요한 주제별 PPT 자료 개발, 보충식품을 이용한 요리 레시피 책 개발 및 보급, 다문화가정 수혜자용 다양한 언어의 교육자료 등을 개발한다.
  - 수집된 전국 자료의 활용을 위한 중앙 전산시스템 개발, 지역 실정에 맞는 교육자료 개발 및 활용의 융통성을 부여한다.
- 대상자를 거주 지역별로 세분화하여 영양교육을 제공한다.

그림 7-3 영양플러스 소품사진

자료 : 이유식 교육자료, 울산광역시 남구보건소.

그림 7-4 영양플러스사업에 관한 홍보 리플릿

임산부 및 영유아 영양플러스사업은

01. 식생활을 통한 건강관리
엄마와 아기의 건강은 우리 미래의 건강이며 행복입니다. 행복한 미래를 위하여 엄마와 아기의 영양관리를 제공합니다.

02. 영양교육 및 상담
스스로 균형된 영양 공급이 가능한 식사를 할 수 있도록 시기별 영양관리 방법을 교육합니다.

03. 보충식품 지원
균형식 섭취에 실질적인 도움이 되도록 필수 영양소 공급이 가능한 식품을 지원합니다.

대상자 선정기준 3가지

01. 관내 임산부, 출산부, 영유아

02. 가구별 최저 생계비의 200% 미만

03. 영양학적 위험요인이 있는 사람
(빈혈, 저체중 등 보건소 검사로 확인)
→ 위의 3가지 기준을 모두 만족해야 함

최저 생계비 200% 기준액(원/월)

전국가구 최저 생계비 200% 가구 규모별 건강보험료 수준

가구원수	월소득	건강 보험료 본인 부담금(원)		
	최저 생계비 200%	직장 가입자	지역 가입자	혼합 (직장+지역)
1인	1,008,689	28,643	17,103	30,540
2인	1,717,494	48,770	46,110	50,348
3인	2,221,838	63,091	58,297	64,742
4인	2,726,182	77,412	90,385	81,089
5인	3,230,526	91,733	110,461	95,892
6인	3,734,870	106,054	127,937	110,273

임산부일 경우 태아도 가족 수에 포함
가구원 수는 주민등록등본을 기준으로 함
건강보험료에 노인장기요양보험료가 포함된 금액

사업대상자 선정 방법

접수방법
참여 희망자는 전원 직접 보건소 방문

구비서류
- 건강보험카드 사본 1부
(세대 내 가입자가 2인 이상인 경우 모두 제출)
- 건강보험료 납부 확인서
- 자동차 등록증
- 기초생활보장 대상 증명, 의료수급 대상 증명
(해당자에 한해 제출)

영양 위험요인 조사
영양소 섭취량 조사 및 검사(키 몸무게 측정, 비혈검사 등)

대상자 선정
선정 기준 적합여부를 판정한 후 대상자 개별 통보

③ 활동설계와 홍보전략 개발

- 홍보물 개발 : 사업의 로고, BI, 포스터, 티셔츠, 앞치마 등을 개발하고 보충식품 배달용 차량을 이용하여 홍보(로고와 BI 프린트)한다.
- 구역별 수혜자들의 모임 주선 : 사교모임 형성, 육아정보 나눔 및 친목을 도모한다.
- 마케팅 전략 : 지역방송, 신문, 문자메시지 등을 활용한다.

④ 평가계획의 수립

평가는 수혜 자격기준에 합당한 대상자이나 예산상 수혜받지 못한 주민을 대조군으로 하여 사업의 전후 영양지식, 태도, 아동의 체위, 아동과 모성의 철 영양상태를 비교하는 디자인으로 구성되었다.

(3) 영양교육 실행

영양교육과 식품 지원은 초기에는 6개월, 이후 사업이 안정된 다음에는 10개월

동안 실시되었다.

(4) 영양교육의 효과평가

① 평가자료 수집방법

- 보호자의 영양지식과 식태도 변화를 분석한다.
- 생화학적인 지표(철분 영양상태) : 6개월 이상 지속 사업의 전후를 비교한다.
- 장기적인 영양교육의 효과평가 : 대상 영유아들의 체위지표를 활용하고 신장이나 체중의 백분위값을 이용해 저체중 또는 과체중에 속하는 영유아의 비율을 영양교육 전후를 비교한다.

② 평가결과의 활용

- 피드백 과정을 통해 영양교육사업의 지속 여부 결정의 중요한 지표로 활용한다.
- 시범사업에서 전국 253개 보건소로 사업이 확대되는 효과를 거두었다.
- 보건사업 중 비용편익 면에서 가장 효과적인 것으로 평가한다.

2 영양교육 실시과정 사례 2 : 건강한 영유아를 위한 급식관리지원센터

전국의 영유아대상 급식을 실시하고 있는 어린이집, 유치원, 지역아동센터 등에 재원하고 있는 영유아, 보육교직원 원장, 조리원, 교사 그리고 더 나아가서 학부모 등이 영양교육대상이 된다.

(1) 대상자 진단

① 대상집단의 영양문제 발견

- 우리나라 영유아의 식사에서 가장 부족한 영양소 : 철, 칼슘, 비타민 B_2, 비타민 A, 섬유소 등(국민건강영양조사 결과)
- 어린이 식습관 형성기에 문제점 : 편식과 알레르기, 아침 결식, 최근 관심이 집중되고 있는 당류 · 나트륨 · 트랜스지방, 고열량 · 저영양식품 등

② 영양문제의 원인 분석

- 보호자와 영유아교육기관 관계자들의 영양지식이 부족하다.
- 일하는 여성의 아동양육시간이 절대 부족하다.
- 영양교육 관심과 체계적인 교육 프로그램의 부재 등

③ 기존 영양교육 프로그램 수혜 여부와 기존 서비스에 대한 평가

- 육아종합지원센터 : 계절별 식단 제공 외에 영유아의 식생활에 관한 정보 제공은 전무하다.
- 기존의 조직적인 영양교육 프로그램 : 일부 지방자치단체 보건소를 제외하고는 기대하기 어렵다.
- 영양플러스 사업은 취약계층에 집중되고, 수혜아동의 수가 극히 제한적이다.

④ 영양교육 요구도

영유아들의 영양교육 요구도는 매우 높은 편이며, 보육교직원과 학부모의 영양교육에 관한 요구도도 높다.

(2) 영양교육계획의 수립

교육은 크게 영양교육과 위생교육으로 분류되고 센터 직원의 업무분장도 위생팀, 영양팀으로 구분된다. 각 팀의 구체적인 업무는 표 7-3 과 같다. 지방자치단체별로 대상자들의 특성과 여건에 따라 적합한 교육계획이 수립되었다.

표 7-3 / 센터의 업무분장별 구체적인 업무

조직	기능	세부직무
위생팀	위생관리 지원 계획	• 급식소의 위생관리 실태 파악 • 급식의 위생적 품질관리 기준 관련 자료 수집 • 시설 유형별, 급식규모별 위생관리자료 지원 계획 • 위생 및 안전관리 자료개발 · 보급
	위생관리 지원 실시	• 위생/안전관리 순회 방문지도 • 급식소 컨설팅 : 급식관리, 위생 · 안전관리, 시설 · 설비관리 등
	교육자료 개발 및 프로그램 운영	• 위생교육자료 개발 및 제공 • 대상별 정례교육 프로그램 운영 : 시설장, 급식담당자, 조리종사원, 아동 및 학부모대상 위생 · 안전교육 • 신규채용 및 변경 인력대상 교육 프로그램 운영

조직	기능	세부직무
영양팀	영양관리 지원 계획	• 관내 어린이 급식소의 영양관리 실태 파악 • 어린이 급식의 영양관리 기준 자료 수집 • 유형별, 급식규모별 영양관리자료 지원계획
	영양관리 지원 실시	• 영양관리 자료의 보급 • 영양관리 순회방문 지도 • 식단의 분석 및 검토
	어린이 급식식단 개발	• 개별 급식소 여건에 적합한 식단 작성 및 지원 • 표준 레시피 개발 및 보급 • 1인 1회 분량의 실물 모형 제작 및 시연
	교육자료 개발 및 프로그램 운영	• 영양교육과 식사지도용 자료개발 및 제공 • 대상별 정례교육 프로그램 운영 : 시설장, 조리종사원, 급식담당자, 아동 및 학부모대상 영양교육 • 신규채용 및 변경 인력대상에 대해 교육 프로그램 운영

자료 : 식품의약품안전처(2013), 어린이급식관리지원센터 세부운영가이드라인, pp. 171~172.

(3) 영양교육 실행

- 영유아대상 교육 : 연 2회 이상 직접 방문교육
- 보육교직원 교육 : 연 1회 이상 집합교육 및 방문교육
- 학부모대상 교육 : 가정통신문을 통한 간접교육과 연 1회 이상 집합교육, 조리실습 등의 집합교육 병행
- 급식센터별로 지방자치단체 여건에 맞는 다양한 교육자료의 개발, 활용

그림 7-5 급식관리지원센터 교육자료 개발과 영양교육

자료 : 용인시 어린이급식관리지원센터.

(4) 영양교육의 효과평가

센터가 설립 확장기에 있는 관계로 전국적인 영양교육효과 평가자료는 부족하나 지방자치단체별로 편식의 감소, 알레르기 유발 경험의 감소, 위생관리의 획기적인 개선 등 자료가 보고되어 있고, 특히 만족도 조사결과는 전국자료가 제시되고 있다.

그림 7-6 급식관리지원센터 운영효과 평가 사례

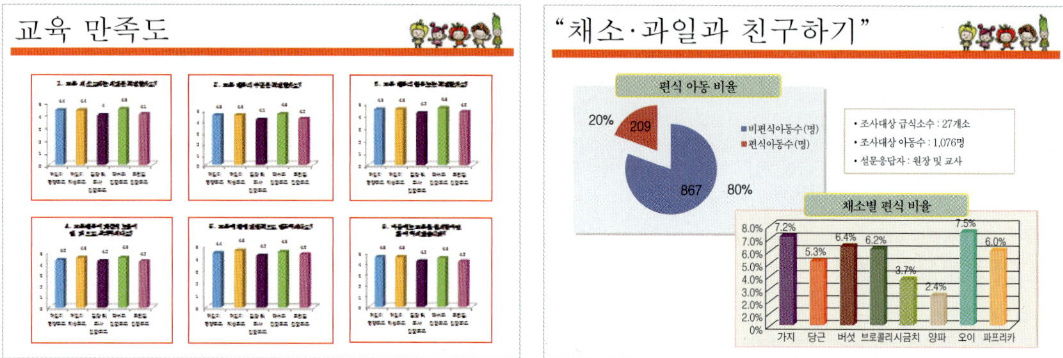

자료 : 용인시 급식관리지원센터(2013).

3 영유아 영양교육 평가지표

영양교육의 평가는 영양교육 자체의 기능성평가, 영양 면에서의 효과평가, 그리고 투입과 산출에 대한 효율성평가 등의 방법이 있다.

평가지표는 영양교육의 대상에 따라 또는 교육사업의 여건에 따라 달라질 수 있다. 일반적으로 단기적인 평가지표는 영양지식, 태도 식습관의 변화 등을 측정하며 생화학적인 지표로 빈혈률의 개선 여부도 확인이 가능하다. 좀 더 중장기적인 지표로는 저체중아나 과체중아 비율의 변화와 같은 체중과 신장 지표를 이용한 평가가 가능하며 장기적으로는 유병률의 변화와 같은 건강지표도 확인할 수 있다.

평가자료의 수집방법은 편식이나 결식 등 식습관 관련 자료는 보호자나 교사와의 면담을 통하여 또는 관찰을 통하여 수집할 수 있다. 그러나 유아대상 영양교육의 경우 단기적인 영양교육효과는 영양지식을 측정할 수밖에 없다. 대부분 유아가 한글을 해독하지 못하므로 일대일 면접을 통하여 영양지식을 확인하거나 과학적으로 개발된 그림설문지를 활용해야 한다.

4 영유아 영양교육에 적합한 매체

영유아는 장시간 침착하게 정신을 집중시켜서 이야기를 듣기 어려우며, 복잡한 이야기를 이해하는 능력이 부족하다. 따라서 이 시기의 영유아를 대상으로 영양교육을 하거나 식사지도를 할 때에는 흥미를 가질 만한 교재를 교수매체로 활용해야 한다. 유아교육시설에서 많이 활용할 수 있는 시청각 교수매체를 분류하면 다음과 같다.

표 7-4 / 매체의 종류

매체의 종류	매체의 예
시각매체	인쇄매체, 게시매체, 영상매체, 그림, 만화, 카드, 게시판, 융판, 사진, 그림책, 실물, 도형, 포스터 등
청각매체	녹음테이프, 레코드, 방송, 여러 가지 악기 등
시청각 겸용 매체	녹음된 슬라이드 세트, 발성영화, 그림이야기, 견학, 텔레비전, 인형극, 동영상 등

(1) 어린이 뮤지컬

영양교육 전문회사에서 영양전문가가 콘텐츠를 개발하고 디자인이나 음악을 덧입혀 전문적으로 제작한 신데렐라나 피노키오 등의 뮤지컬을 통하여 짧은 시간에 간단한 메시지를 전달하는 교육이 많이 활용되고 있다. 이 경우 지방자치단체에서 여러 어린이집이나 유치원 유아를 대상으로 일시에 공연을 관람할 수 있게 지원하므로 효과적이며 또한 유아들의 호응도 아주 좋은 편이다.

(2) 그림극

그림극은 제작이 간단하고 경제적이다. 그림극의 이점은 그림극 속의 모든 인물을 교사 혼자 모두 맡아서 하므로 교사가 연출하는 데 신경을 많이 쓸 필요가 없다는 점이다. 만약 한 장면에 오랜 시간과 주의를 집중시키고 싶을 경우에는 어느 장면을 특히 강조할 수도 있다.

최근에는 텔레비전이 많이 보급되어 움직이지 않는 화면을 대할 때 영유아가 약간의 아쉬움을 느끼기는 하나, 그 대신 상상력에 호소하는 추상적인 표현이 가능하다.

그림극은 너무 길면 영유아가 싫증을 느낄 수 있으므로 10~20분이 바람직하다. 영유아대상 그림극에는 식량을 생산하는 사람의 일, 식사예절, 편식과 건강의 관계, 다섯 가지 기초식품을 골고루 먹기 등에 관한 이야기를 활용해서 지도한다.

(3) 캐릭터의 개발과 활용

지방자치단체 특산품인 과일이나 채소를 이용하여 캐릭터를 개발하고 어린이 친화적인 이름을 정하여 동요나 여러 교재에 지속적으로 활용하여 과일, 채소와 친해지도록 하며 편식을 예방하는 목적으로 활용한다. 개발된 캐릭터는 과일과 채소보다는 친구로 인식되어 새로운 식품과 친해지는 계기로 활용되며 가면으로 만들어 놀이에 이용하거나 여러 교재에도 활용한다. 또한 영유아가 즐겨 사용하는 도장이나 판박이 스티커로도 활용된다.

그림 7-7 **영유아교육용으로 개발된 캐릭터, 판박이스티커와 가면**

자료 : 용인시 급식관리지원센터(2013).

(4) 전시

영유아들의 눈에 잘 띄는 위치와 높이에 어떤 단원이나 주간계획을 주제로 한 매체를 전시하여, 골고루 먹도록 동기를 유발해 주고 구체적인 정보를 제공하면 식사지도에 매우 유익하다.

(5) 슬라이드

색채 슬라이드는 쉽게 제작해서 사용할 수 있으나, 움직이지 않는 결점이 있다. 그러나 해설하는 내용에 따라 영사하는 시간을 길게 하는 등 자유롭게 조절할 수 있는 이점이 있다. 다른 투시매체보다 비용이 적게 들고, 슬라이드용 프로젝터가 작아서 조작이 쉬우므로 교사 스스로가 작동하면서 유아에게 보여 줄 수 있다. 유아나 교사뿐만 아니라 어머니들을 대상으로 한 교육매체로도 활용가치가 있다.

(6) 녹음테이프

녹음테이프는 조작이 용이하므로 영유아교육에 많이 활용할 수 있다. 녹음테이프는 단독으로 사용하거나 슬라이드, 그림극, 인형극과 함께 사용하면 더욱 효과적이며 전하려는 메시지를 전체 구성원에게 전하거나 헤드폰을 통해 개별적으로 전할 수도 있다. 영유아가 듣기 원하는 부분이나 교사가 지도상 되풀이해서 들려주고 싶은 부분이 있으면 되돌려서 들을 수 있다. 녹음테이프는 식사지도에 관한 대화 · 동화 · 노래 · 게임 등 내용을 다양하게 만들 수 있다.

(7) 손가락 인형

손가락 인형은 땅콩껍질 · 누에껍질 등에 페인트나 색칠을 해서 활용하며 머리카락은 털실 또는 헝겊이나 종이로 붙여서 만들 수 있다. 교사 혼자서 할 수도 있고, 2~3명의 교사가 함께 할 수도 있으며, 또는 유아끼리도 할 수 있다. 손가락 인형극은 식사예절, 편식 고치기 등의 지도에 많이 이용된다.

(8) 페프사트

페프사트는 여러 가지 식품 등을 크게 종이에 그려서 가위질을 하여 손에 들거나 머리에 붙이고 노래를 하거나 역할극을 할 때 사용한다.

그림 7-8 유아 영양교육용 포스터

자료 : 서울특별시 건강증진팀(2010).

(9) 포스터

여러 가지 식품, 요리, 간단한 몸의 구조, 음식과 몸 안에서 일어나는 작용에 대한 내용을 담은 간단한 포스터는 식사지도에 도움을 줄 수 있다.

(10) 동영상

동영상은 그림극보다 움직임이 많아 영유아의 관심을 집중시킬 수 있다는 장점이 있다. 그러나 제작 기술이 점점 발달하고 입체적이며 속도감 있는 동영상이 개발되어 기존 자료가 영유아의 흥미를 잃게 할 수도 있다. 정부기관, 지방자치단체 보건소 등에서 교육자료들이 개발되고 있다.

그림 7-9 보육시설 어린이교육용 동영상

자료 : 서울특별시 성동구 보건소.

5 효과적인 영유아 영양교육 전략

영유아교육기관에서 이루어지는 대부분의 영양교육은 이해 정도가 상대적으로 높은 유아대상으로 진행된다. 영아대상 교육은 식품을 가지고 놀기, 이름 알기 정도의 교육이 효과적이다.

(1) 영양소보다는 식품으로 접근하기

영양소의 구체적인 체내 역할에 대하여 가르쳐야 한다고 생각하지만 영유아에게는 영양소보다는 식품으로 접근하는 것이 합리적이다. 힘을 내주는 식품, 매일 먹어야 하는 식품, 가끔 먹어도 좋은 식품 등으로 메시지를 전하되 발달단계에 따라 메시지의 난이도를 조절하여 접근하여야 한다. 많은 나라에서 열량, 지방, 당분 함량이 높은 식품은 빨간 신호등으로 과일과 채소는 초록 신호등으로 표현하여 지도하기도 한다.

(2) 놀이와 게임활동을 이용한 교육

식품과 영양소가 우리 몸에서 하는 일, 식품의 종류, 같은 식품군에 속한 식품 기억하기 등과 같은 내용의 영양교육은 빙고게임이나 사다리놀이, 퍼즐 맞추기 등을 이용하면 유아가 흥미를 갖고 쉽게 기억하며 식품에 대해 친숙함을 갖도록 지도할 수 있다.

그림 7-10 유아 영양교육용 빙고 게임

자료 : 서울특별시/명지대학교(2010).

(3) 환경 바꾸기

영유아의 영양교육은 어린이집에서의 교육뿐 아니라 가정에서의 교육도 병행되어야 효과적이다. 급식과 교과과정을 통한 영양교육과 더불어 식생활환경도 함

표 7-5 / 서울특별시 과일 · 채소 더 먹기 사업 협력 보육시설 급식 메뉴와 간식표

							서울시 보육정보센터 식단표 운영
금주의 식단	요일	월요일	화요일	수요일	목요일	금요일	토요일
	날짜	15일	16일	17일	18일	19일	20일
	오전 간식	지리멸치 & 채소스틱 & 우유	제철과일	양송이수프	제철과일	굴무죽	약과 & 우유
	점심	쌀밥 근대된장국 닭채소조림 호박고지나물 김치	찰보리밥 감자양파국 떡갈비 숙주나물 김치	오므라이스 두부장국 깍두기 과일	흑미밥 콩비지찌개 생선살강정 참나물무침 깍두기	쌀밥 들깨미역국 돈육피망잡채 당근콩나물무침 김치	잔치국수 장떡 깍두기 사과
	오후 간식	해물우동	참치김치주먹밥 & 결명자차	케이준 치킨샐러드	삶은 달걀 & 채소샐러드	베이글생크림빵 & 우유	
	원산지	쌀, 김치 : 국내산, 쇠고기(국 : 국내산 육우, 불고기 : 호주산), 돼지고기 : 국내산, 닭고기 : 국내산					

자료 : 송파구 키즈 스쿨 어린이집(2010).

께 변화되어 영양교육을 지원하는 것이 효과적이다. 예를 들면, 과일과 채소 섭취를 더 늘리는 것이 영양교육 메시지라면 급식에 채소 메뉴 적용하기, 간식으로 채소스틱이나 과일 먹기, 교실이나 복도에 예쁜 채소과일 포스터 붙여두기 등 교육환경도 함께 변화시키면 훨씬 더 효율적으로 교육할 수 있다.

(4) 모든 보육활동에 영양교육 적용하기

모든 보육활동에 영양교육 메시지가 녹아 들어가도록 영양교육을 적용하면 더 효과적인 교육을 할 수 있다. 의사소통영역에서는 채소 · 과일을 주제로 한 동화 읽기, 자연탐구영역에서는 과일의 속 모양 공부하기, 예술경험영역에서는 과일 · 채소 그리기, 노래하기, 오려 붙이기 등과 같이 모든 보육활동영역에서 일정기간 영양교육 관련 메시지를 직 · 간접적으로 전달한다면 효율적인 영양교육이 수행될 수 있다.

(5) 되도록 간결한 메시지 전달하기

유아대상 영양교육 메시지는 간결할수록 좋다. 예를 들어, 미국영양교육학회가 맥도날드사의 후원으로 개발한 유아교육용 DVD인 'What's on your plate?' 에서 제시한 영양교육 내용처럼 음식과 건강과의 관계는 자동차가 가솔린이 있어야 달릴 수 있는 것처럼 음식을 먹어야 몸이 힘을 낼 수 있다는 메시지를, 골고루 먹기 교육을 위해서는 빌딩을 지을 때 시멘트와 벽돌, 유리, 페인트 등이 필요한 것처럼 고기와 채소, 과일, 밥 등이 골고루 필요하다고 가르치는 것 등이 좋은 예가 될 수 있다.

그림 7-11 맥도날드사와 미국영양교육학회가 개발한 유아영양교육용 DVD(What's on your plate?)

표 7-6 / 영양교육 협력 어린이집 교과과정 반영의 예 : 채소 · 과일 섭취증진 주제

<table>
<tr><th colspan="2">기간</th><td colspan="3">11월 15일(월)~11월 20일(토)</td><th>연령</th><td colspan="2">만 5세</td></tr>
<tr><th colspan="2">주제</th><td colspan="6">동화 프로젝트(해님달님)</td></tr>
<tr><th colspan="2">목표</th><td colspan="6">문학적 접근활동을 통해 창의력을 길러본다.</td></tr>
<tr><th colspan="2">요일
활동</th><th>월</th><th>화</th><th>수</th><th>목</th><th>금</th><th>토</th></tr>
<tr><td colspan="2">등원 및 맞이하기</td><td colspan="5">해와 달에 대해 이야기하며 등원 맞이하기</td><td rowspan="12">통합보육</td></tr>
<tr><td rowspan="5">자유선택활동</td><td>언어</td><td colspan="5">• 동화이름 짓기 • 매일매일 채소와 과일 먹기</td></tr>
<tr><td>수 · 조작</td><td colspan="5">• 채소 · 과일 빙고게임 • 해와 달 패턴놀이</td></tr>
<tr><td>창의적 표현</td><td colspan="5">• 동화책에 대한 이전 경험 그리기
• 과일 · 채소를 이용한 얼굴 만들기</td></tr>
<tr><td>과학</td><td colspan="5">• 도르래의 원리 알아보기</td></tr>
<tr><td>쌓기/역할</td><td colspan="5">• 무대 만들기 • 해님달님 되어보기</td></tr>
<tr><td colspan="2" rowspan="2">대 · 소집단활동</td><td>〈다문화활동〉
• 일본
– 전통의상 입어보기

〈영어〉
• Topic : Sports and Musical
• Speaking : I can play~</td><td>〈뿌꾸와〉
• 수 만들기
– 표현력 사고
– 상상력 사고

〈한자〉
• 8급 한자 익히기</td><td>〈영어〉
• Topic : Sports and Musical
• Listening: matching game

〈국악〉
• 사물놀이</td><td>〈신체활동〉
• 고고밸런스
– 무지개다리 균형 잡기
– 오래매달리기

〈수〉
• 과일과 채소
– 과일과 채소 모으기</td><td>〈영어〉
• Topic : Sports and Musical
• Words: Sports and Musical

〈한글〉
• 내가 좋아하는 과일
– 글자로 나타내기</td></tr>
<tr><td colspan="5">〈이야기 나누기〉
• 이전 경험 이야기 나누기 • 낱말 나열하기
• 유목화하기 • 1차 공동주제망 짜기</td></tr>
<tr><td colspan="2">전이활동</td><td colspan="5">〈음률〉 해님달님 1 〈동시〉 누구신가요</td></tr>
<tr><td colspan="2">식사 및 간식</td><td colspan="5">꼭꼭 30번씩 씹어요</td></tr>
<tr><td colspan="2">실외활동</td><td colspan="5">마음껏 뛰어 놀아요</td></tr>
<tr><td colspan="2">휴식</td><td colspan="5">조용한 분위기 속에 편안하게 휴식하기</td></tr>
<tr><td colspan="2">기본생활습관</td><td colspan="6">채소와 과일을 골고루 잘 먹을 수 있어요</td></tr>
</table>

자료 : 송파구 키즈 스쿨 어린이집(2010).

(6) 호기심 활용하기

대부분 유아는 과거에 먹어보지 않은 새로운 식품을 기피하는 경향이 있다. 이

러한 경우에는 유아의 호기심을 자극해서 새로운 식품을 탐험하듯 시도해 보도록 유도하면 도움이 된다. 또한 미리 새로운 식품을 소재로 놀이를 하거나 만들기 재료로 활용하여 친근감을 갖도록 하는 것도 좋은 방법이 될 수 있다.

(7) 좋은 식품과 나쁜 식품 구분하지 않기

많은 영양교육전문가가 건강에 좋지 않은 고열량식품을 나쁜 식품, 저열량식품은 좋은 식품으로 분류하여 유아들에게 ○표, ×표로 표시하도록 교육하고 있다. 이는 나쁜 식품으로 분류된 식품이라도 유아가 먹는 경우가 많고 또 좋아하는 경우 유아들의 마음에 부담을 갖게 하거나 자책감을 갖게 하는 결과를 초래하게 된다. 따라서 가끔 먹으면 좋은 식품, 매일 먹어야 하는 식품 등으로 접근하는 것이 더 슬기로운 영양교육 전략이 될 수 있다.

(8) 부모 영양교육 병행하기

어린이집에서의 영양교육은 가정에서까지 일관되게 진행되는 것이 필요하다. 그러므로 가정통신문을 이용하거나 좀 더 적극적인 경우 부모교육의 기회를 통해서 영양교육 내용을 전달하고 일관성 있는 교육의 기회를 제공하는 것이 중요하다.

5. 영유아 표준보육과정영역과 영양교육 내용

[1] 누리과정영역과 영역별 목표

'누리과정'은 그동안 별개로 운용되던 취학 전 아이들의 유치원교육과정과 어린이집 표준보육과정을 통합한 공통과정을 말한다. 2013년 3월부터는 3~5세 과정도 추가돼 '3~5세 연령별 누리과정'이라는 이름으로 확대되었다.

누리과정은 신체운동 · 건강영역, 사회관계영역, 의사소통영역, 자연탐구영역, 예술경험영역 등 총 5개 영역으로 이루어져 있다. 영양교육은 신체운동 · 건강영역의 '건강하게 생활하기' 내용범주에서 다루고 있다.

표 7-7 / 3~5세 연령별 누리과정의 영역과 영역별 목표

영역	활동 내용
신체운동 · 건강영역	기본 운동능력과 건강하고 안전한 생활습관을 기른다.
사회관계영역	자신을 존중하고 다른 사람과 더불어 생활하는 능력과 태도를 기른다.
의사소통영역	일상생활에 필요한 의사소통능력과 바른 언어 사용습관을 기른다.
자연탐구영역	호기심을 가지고 주변 세계를 탐구하며, 일상생활에서 수학적 · 과학적으로 생각하는 능력과 태도를 기른다.
예술경험영역	아름다움에 관심을 가지고 예술경험을 즐기며, 창의적으로 표현하는 능력을 기른다.

자료 : 교육부 · 보건복지부(2012), 3~5세 연령별 누리과정.

2 연령별 영양교육 내용

제3차 어린이집 표준보육과정은 0~1세 보육과정, 2세 보육과정, 3~5세 보육과정(누리과정)으로 구성되어 있다. 영유아의 발달과 개인차를 고려하여 연령군에 따른 영양교육 내용을 구분하였다. 영양교육은 0~1세와 2세 보육과정에서는 기본생활영역의 '건강하게 생활하기' 내용범주에서, 3~5세 보육과정에서는 신체운동 · 건강영역의 '건강하게 생활하기' 내용 범주에서 다루어진다.

표 7-8 / 0~5세 연령별 바른 식생활과정의 내용

<table>
<tr><th>내용범주</th><th>내용</th><th>연령</th><th colspan="4">수준</th></tr>
<tr><td rowspan="9">건강하게
생활하기</td><td rowspan="4">즐겁게 먹기</td><td rowspan="4">0~1세</td><td>1수준</td><td colspan="2">편안하게 안겨서 우유(모유)를 먹는다.</td><td rowspan="4">즐겁게
먹는다.</td></tr>
<tr><td>2수준</td><td colspan="2">이유식에 적응한다.</td></tr>
<tr><td>3수준</td><td>고형식에 적응한다.</td><td rowspan="2">도구로 음식을
먹어본다.</td></tr>
<tr><td>4수준</td><td>다양한 음식을 먹어본다.</td></tr>
<tr><td rowspan="2">바르게 먹기</td><td rowspan="2">2세</td><td>1수준</td><td colspan="3" rowspan="2">음식을 골고루 먹는다.
도구를 사용하여 스스로 먹는다.
정해진 자리에서 먹는다.</td></tr>
<tr><td>2수준</td></tr>
<tr><td rowspan="3">바르게
식생활하기</td><td>3세</td><td colspan="2">몸에 좋은 음식에 관심을 갖는다.
바른 태도로 식사한다.</td><td rowspan="2">음식을
골고루 먹는다.</td><td>-</td></tr>
<tr><td>4세</td><td colspan="2">몸에 좋은 음식을 알아본다.</td><td rowspan="2">음식을 소중히
여기고 식사
예절을 지킨다.</td></tr>
<tr><td>5세</td><td colspan="2">적당량의 음식을 골고루 먹는다.
몸에 좋은 음식을 선택할 수 있다.</td><td></td></tr>
</table>

영유아 표준보육과정에서 제시된 영양교육의 수준을 적용한 현장학습지도안의 예를 그림 7-12 에서 제시하였다.

그림 7-12 유아용 영양교육 학습지도안의 예 : 8차시

표 7-9 / 교수학습과정안 : 8차시

<table>
<tr><th colspan="2">학습목표</th><td colspan="2">1. 몸에 좋은 간식과 해로운 간식을 구별할 수 있다.
2. 건강에 좋은 간식을 먹으려는 태도를 갖는다.</td></tr>
<tr><th colspan="2">학습자료</th><td colspan="2">교재, 지침서, 파워포인트, 스티커</td></tr>
<tr><th colspan="2">단계(시간)</th><th>학습 내용</th><th>교수 · 학습활동</th></tr>
<tr><td rowspan="2">도입</td><td rowspan="2">3분</td><td>동기유발</td><td>• 내가 좋아하는 간식에는 어떤 것이 있는지 ○표 해보도록 유도하기
• ○표 한 간식은 건강에 좋을지 질문하기
– 자유롭게 대답한다.
• 건강 간식은 무엇인지, 어떤 것이 있을지 생각하도록 유도하기</td></tr>
<tr><td>우리는 할 수 있어요</td><td>• 학습목표를 말하면서 오늘 배울 내용을 파악하도록 유도하기
– "우리는 할 수 있어요."를 큰소리로 함께 읽는다.
1. 몸에 좋은 간식과 해로운 간식을 구별할 수 있어요.
2. 건강에 좋은 간식을 먹을 수 있어요.</td></tr>
<tr><td rowspan="2">전개</td><td>18분</td><td>알아보아요</td><td>• 건강 간식 : 건강 간식의 종류를 설명하고, 건강 간식의 좋은 점 설명하기
– 건강 간식을 먹으면 키가 크고 몸도 튼튼하게 자라게 된다는 설명을 듣는다.
– 건강 간식의 종류에는 과일, 우유, 찐고구마 등이 있다는 것을 알게 된다.
• 해로운 간식 : 해로운 간식의 종류를 설명하고, 해로운 간식의 문제점 설명하기
– 해로운 간식을 먹으면 몸이 뚱뚱해지고 이가 썩고 피부가 가려워질 수 있다는 것에 대해 설명을 듣는다.
– 해로운 간식의 종류에는 콜라, 짠 과자, 색깔사탕 등이 있다는 것을 알게 된다.
• 식품 속에 들어 있는 설탕 : 단맛이 나는 음식은 해로운 간식이며 설탕이 많이 들어 있음을 설명하고, 설탕 함량이 많은 음식 보여 주기</td></tr>
<tr><td>5분</td><td>찾아보아요</td><td>• 건강 간식 찾기 : 해로운 간식을 건강 간식으로 바꿀 수 있도록 유도하기
– 콜라 대신 우유, 케이크 대신 떡, 짠 과자 대신 과일을 선택한다.</td></tr>
<tr><td rowspan="2">정리</td><td rowspan="2">4분</td><td>확인해 보아요</td><td>• 건강 간식과 몸에 해로운 간식의 종류 확인하기
– 부록의 스티커에서 건강 간식과 몸에 해로운 간식 스티커를 【붙임놀이 2】에서 골라 건강이와 뚱뚱이의 배에 스티커를 붙인다.
– 스티커를 맞게 붙였는지 확인한다.</td></tr>
<tr><td>함께 외치며 약속해 보아요</td><td>• 건강 간식을 먹을 것을 다짐한다.
– '몸에 좋은 간식, 건강 간식'을 외치며 건강 간식을 먹을 것을 다짐한다.</td></tr>
</table>

지도상의 유의점	• 건강 간식 먹기를 실천할 수 있도록 건강 간식 먹기의 중요성을 강조한다. • 몸에 해로운 간식의 문제점을 설명하고, 그 종류를 확인하도록 한다. • 몸에 해로운 간식을 건강 간식으로 바꿔 먹을 수 있도록 알기 쉽게 설명한다.
확인해 보아요 (답안)	• 건강이 배 스티커 : 사과, 우유, 치즈, 찐옥수수, 요구르트, 떡, 생과일주스, 수박, 찐고구마 • 뚱뚱이 배 스티커 : 짠 과자, 사탕, 탄산음료, 아이스크림, 햄버거, 케이크

그림 7-13 유아용 영양교육 학습지도안의 예 : 16차시

표 7-10 / 교수학습과정안 : 16차시

학습목표	1. 올바른 식습관 3가지 이상을 말할 수 있다. 2. 올바른 식습관 3가지 이상을 실천할 수 있다.		
학습자료	교재, 지침서, 파워포인트, 동영상, '웰빙' 송, 스티커		
단계(시간)		학습 내용	교수 · 학습활동
도입	3분	동기유발	• 평상시 음식을 먹을 때 천천히, 골고루, 알맞게 먹는지 등을 질문하기 – 싫어하는 것은 잘 먹지 않는다 등을 말한다.
		우리는 할 수 있어요	• 학습 목표를 말하면서 오늘 배울 내용을 파악하도록 유도하기 – "우리는 할 수 있어요."를 큰소리로 함께 읽는다. 1. 올바른 식습관을 말할 수 있어요. 2. 올바른 식습관을 실천할 수 있어요.
전개	5분	노래를 불러보아요	• '웰빙송'을 들려주고 같이 부르기 – '웰빙송'을 부른다. • 일찍 자고 일찍 일어나는지, 우유는 매일 마시는지 질문하기 – 솔직하게 대답한다.
	8분	동영상을 보아요	'또리신랑' 상영 • 또리신랑의 잘못된 식습관이 무엇인지 주의깊에 보도록 유도하기 – 늦잠 자고, 골고루 적당히 먹지 않는 또리의 식습관을 관심 있게 본다. • 또리신랑은 색시와 결혼하고, 건강해지기 위해 어떻게 노력했는지 질문하기 – 건강이 식사지침 9가지를 발표한다.
	10분	알아보아요	• 나의 식습관 알아보기 : 9가지 올바른 식습관 중 유아들이 지키고 있는 식습관은 무엇인지 알아보고 올바른 식습관의 중요성 설명하기 – 천천히 먹어요, 골고루 먹어요, 알맞게 먹어요, 아침을 꼭 먹어요, 싱겁게 먹어요, 단 음식은 조금만 먹어요, 패스트푸드는 조금만 먹어요, 우유는 매일 2컵씩 마셔요, 채소 · 과일을 많이 먹어요 등 9가지 올바른 식습관에 대해서 지키고 있는 식습관에 ○표하고 교사의 설명을 듣는다.
정리	4분	확인해 보아요	• 약속카드 만들기 – 앞으로 지킬 올바른 식습관 3가지를 부록 【붙임놀이 5】의 스티커에서 찾아 붙이며 다짐한다. – 친구들에게 다짐을 이야기하고 사인을 받는다. • 올바른 식습관방법 확인하기 – 퀴즈판을 보고 맞으면 ○표, 틀리면 ×표를 하면서 정리한다. – 정리된 내용을 큰소리로 따라 말한다.
		함께 외치며 약속해 보아요	• 올바른 식습관 다짐하기 – 올바른 식습관으로 키도 쑥쑥, 몸도 튼튼을 외치며 식습관을 잘 지킬 것을 다짐한다.

지도상의 유의점	1. 어려서부터 올바른 식습관을 잘 지킬 수 있도록 올바른 식습관의 중요성을 강조한다. 2. 잘못된 식습관은 약속카드에 스티커로 붙여서 앞으로 꼭 지킬 것을 여러 친구들에게 이야기하고 사인을 받을 수 있도록 하며 가장 많은 사인을 받은 친구에게 상을 준다.
확인해 보아요 (답안)	• 음식은 천천히, 골고루, 알맞게 먹는다. (○) • 단 음식과 패스트푸드는 많이 먹으면 좋다. (×) • 아침을 꼭 먹고 음식은 싱겁게 먹는다. (○)

자료 : 식품의약품안전처(2013), 학생건강정보센터 ; https://schoolhealth.kedi.re.kr.

6. 표준보육과정 전 영역에 영양교육을 적용한 사례

대표적인 유아 영양교육용 워크북(서울특별시 · 명지대학교, 새콤달콤 과일채소이야기, 2010)의 구성 콘텐츠를 누리과정 5개 영역별로 접목한 사례를 제시하였다.

(1) 신체운동 · 건강영역 : 건강, 안전, 바른 식생활 등

- 건강하고 안전한 생활습관 기르기
- 골고루 먹기, 바른 태도로 식사하기
- 몸과 주변 깨끗이 하기, 질병 예방하기 등

그림 7-14 유아 영양교육자료 : 숫자놀이를 이용한 건강교육

(2) 사회관계영역 : 놀이와 게임활동

퍼즐 맞추기, 빙고게임, 사다리타기 게임 등

그림 7-15 유아 영양교육자료 : 퍼즐 맞추기

(3) 의사소통영역(언어활동)

과일 · 채소 이름 맞추기, 동화 듣기, 이야기 나누기 등

그림 7-16 유아 영양교육자료 : 과일 · 채소 이름 맞추기

(4) 자연탐구영역

씨앗 싹 키우기, 과일 · 채소 구조 알기 등

그림 7-17 **유아 영양교육자료 : 과일 · 채소 구조 알기**

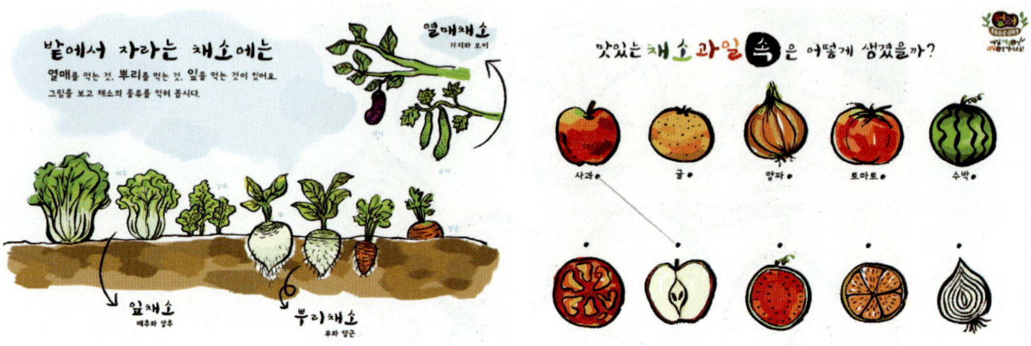

(5) 예술경험영역

- 창의적 활동 : 그림 그리기, 만들기, 오리기, 색깔 구분하기, 노래하기
- 수 · 조작놀이 : 숫자 세기, 시장놀이, 역할극 등
- 조형놀이 : 만들기, 종이 접기 등

그림 7-18 **유아 영양교육자료 : 채소 색깔 알기**

(6) 종합영역(견학, 실습활동) : 고구마 캐기, 요리활동, 밤 따기, 텃밭 가꾸기 등

또한 워크북을 활용한 유아교육용 학습지도안의 예도 표 7-11 에 제시하였다.

표 7-11 / 워크북을 활용한 유아교육용 학습지도안의 예

<table>
<tr><th colspan="2">대상</th><td colspan="2">만 4~5세</td><th>학습활동 유형</th><td>강의, 참여학습</td></tr>
<tr><th colspan="2">학습 주제</th><td colspan="4">채소와 과일 속은 어떻게 생겼을까?</td></tr>
<tr><th colspan="2">학습 목표</th><td colspan="4">• 채소와 과일의 속 모양을 알 수 있다.
• 채소와 과일의 외형과 속 모양을 비교해 볼 수 있다.
• 채소와 과일을 잘 먹겠다고 스스로 다짐하고 부모님께 편지를 쓸 수 있다.</td></tr>
<tr><th colspan="2">준비물</th><td colspan="4">채소 · 과일이야기 워크북, 색연필, 여러 가지 채소 · 과일(파프리카, 토마토, 키위 등), 빵칼, 스케치북 또는 흰 종이</td></tr>
<tr><th rowspan="2">학습 단계</th><th rowspan="2">시간 (분)</th><th colspan="3">학습활동</th><th rowspan="2">자료 및 유의점</th></tr>
<tr><th colspan="2">교사</th><th>아동</th></tr>
<tr><td>도입</td><td>5</td><td colspan="2">안녕하세요~
오늘은 선생님과 마지막 시간이에요.
지난 시간에 선생님과 채소 1가지씩 먹기로 약속했는데, 모두 지켰나요?
어떤 채소를 먹었나요?

우리 친구들이 잎채소인 상추와 배추, 깻잎도 먹었고,
뿌리를 먹는 당근, 양파, 무도 먹었어요.
열매를 먹는 오이와 가지, 호박도 먹었네요.
우리 친구들 중 바다에서 자라는 미역과 다시마, 김을 먹은 친구도 있나요?
그럼 숲 속에서 자라는 채소에는 어떤 것이 있었지요?

네, 버섯과 고사리를 먹은 친구도 있나요?
자, 그럼 지난 시간에 숙제로 내 준 색칠공부도 잘 해왔나요?
어디 한번 볼까요? 우와~ 우리 친구들 너무 예쁘게 잘 해왔네요.
우리 친구들이 약속도 너무나 잘 지키고, 숙제도 정말 잘 해와서 오늘도 우리 친구들과 함께 즐거운 이야기도 하고, 색칠공부하면서 채소와 과일에 대해 알아볼 수 있을 것 같아요.
모두 준비되었나요?</td><td>-네~
-오이, 당근, 상추 등

-네~
-버섯, 고사리요.
-네~
-네~

-네~</td><td></td></tr>
<tr><td>전개</td><td>20</td><td colspan="2">자~ 오늘은 선생님이 우리 친구들에게 채소와 과일을 보여 주려고 파프리카, 토마토, 키위, 양파, 감을 가져왔어요.

〈채소 · 과일 속모양 알기〉
먼저, 키위는 어떻게 생겼나요?
네, 키위는 금색에 털이 보슬보슬 나 있어요. 이 키위를 선생님이 한번 잘라볼 건데요, 그 전에 우리 친구들 모두 스케치북 받았지요? 그 스케치북에 키위를 잘랐을 때의 모양을 그려보도록 해요.
모두 그렸나요? 그럼 선생님이 키위를 잘라보도록 할게요. 쓱싹쓱싹~
키위를 잘랐더니, 이렇게 생겼네요.
키위의 속모양은 초록색이고, 검은색 작은 씨앗이 송송이 박혀 있어요.</td><td>-동그래요

-네~
-네~</td><td>유의점 :

자료 :
키위, 토마토, 파프리카, 감, 양파</td></tr>
</table>

학습 단계	시간 (분)	학습활동		자료 및 유의점
		교사	아동	
전개	20	우리 친구들이 그린 그림과 똑같나요? 자, 그럼 이번에는 선생님이 토마토를 잘라보도록 하겠어요. 그 전에 토마토의 잘린 면을 스케치북에 그려보도록 해요. 지금부터 선생님이 토마토를 잘라보도록 할거예요. 쓱싹쓱싹~ 토마토를 잘랐더니 이런 모양이 나왔네요. 우리 친구들이 그린 그림과 똑같나요? 자, 이제는 선생님이 파프리카를 잘라보도록 하겠어요. 파프리카는 빨간색, 노란색, 주황색 등 다양한 색을 가지고 있는데, 선생님이 오늘 준비한 파프리카는 ___색이에요. 파프리카를 잘랐을 때에는 어떤 모양이 되는지 한번 볼까요? 쓱싹쓱싹~ 파프리카를 잘랐더니 이런 모양이 되었네요. 파프리카의 속은 뻥 뚫려 있고, 윗부분에 씨앗들이 주렁주렁 붙어 있어요. 자, 이제는 선생님이 감을 자를 건데요. 이번에는 감의 씨앗을 스케치북에 그려보도록 해요. 모두 다 그렸나요? 그럼 이제 잘라볼게요. 선생님이 감을 잘랐더니, 자른 면은 이렇게 생겼고, 감의 씨앗은 이렇게 생겼네요. 감의 씨앗은 짙은 갈색을 나타내며, 동그랗고 납작한 모양을 가졌어요. 우리 친구들 모두 다 맞았나요? 자, 이제는 마지막 양파를 잘라보도록 할거예요. 모두 양파의 자른 면을 그려보도록 해요. 모두 다 그렸으면 선생님이 이제는 잘라볼게요. 양파를 잘랐더니 이런 모양이 나타났네요. 양파의 자른 면은 어떻게 생겼나요? 양파는 여러 겹이 겹쳐져 있어서 반으로 잘랐을 때, 동그란 모양이 겹쳐 있는 거예요. 이제 12쪽을 펴보면 5개의 채소와 과일이 있어요. 채소와 과일 속이 어떻게 생겼는지 선으로 이어볼까요? 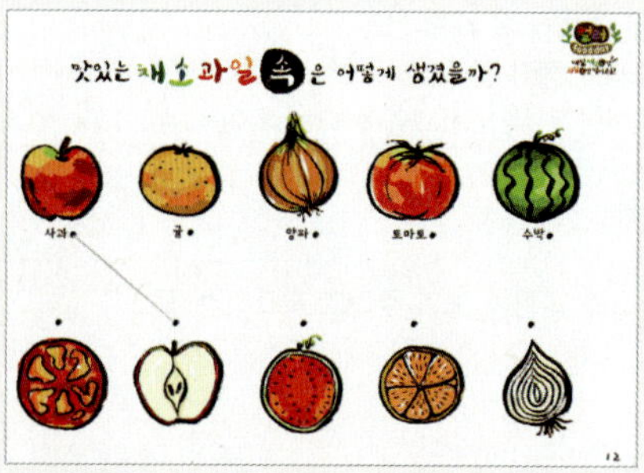 채소와 과일은 선생님이 보여 주고, 책에 나와 있는 것 말고도 너무나 많아요. 우리 친구들이 앞으로 채소와 과일을 먹을 때 항상 채소와 과일의 모양, 색깔, 냄새 등을 자세히 관찰해보면 채소와 과일의 특징들을 잘 익힐 수 있을 것 같아요. 우리 친구들 그렇게 할 수 있나요?	–네, 아니오~ –네~ –네~ –네~ –네~ –동그란 모양이 겹쳐 있어요. –네~ –네~	유의점 : • 활동시간 5~7분 • 실제 채소와 과일을 보여 주고, 아이들이 직접 상상해볼 수 있도록 흰 종이에 그려보도록 해요. 자료 : 컬러푸드 워크북 12쪽 유의점 : 활동시간 2~3분

학습 단계	시간 (분)	학습활동		자료 및 유의점
		교사	아동	
전개	20	**〈채소 · 과일이 우리 몸에서 하는 역할〉** 자, 그럼 다시 책을 넘겨서 모두 14쪽을 펴보도록 해요. 이런, 예원이 친구가 감기에 걸렸대요. 열이 나서 온도를 재었더니 38도라고 하네요. 온도계에 빨간색이 어디까지 올라갔는지 색칠해 볼까요?	-네~	자료 : 컬러푸드 워크북 14쪽 유의점 : 활동시간 3~5분
		모두 다 색칠했는데요, 예원이가 감기에서 빨리 나을 수 있도록 하려면 무엇을 먹어야 할까요? 네, 예원이는 우리 친구들처럼 채소와 과일을 잘 먹지 않아 감기에 걸렸대요. 우리 친구들이 예원이가 감기에서 빨리 나을 수 있도록 예원이에게 주고 싶은 3가지의 채소와 과일을 써보도록 해요.  	-사과, 딸기, 양파, 오이 당근 등	
		우리 친구들이 예원이가 감기에서 빨리 나을 수 있도록 여러 가지의 채소와 과일을 주어서 예원이가 감기에서 다 나았대요. 그래서 앞으로는 채소와 과일을 잘 먹겠다고 다짐하고 시장에 갔어요. 예원이는 채소가게에서는 버섯을, 과일가게에서는 딸기를 사기로 했답니다. 버섯과 딸기의 가격만큼 동전에 동그라미 표시를 해볼까요? 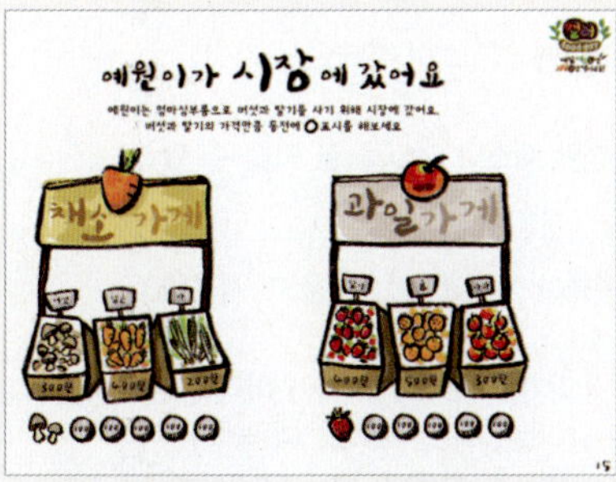 	-네~	자료 : 컬러푸드 워크북 15쪽 유의점 : 활동시간 1~2분
		자, 다음 장으로 넘겨보면 건강 바구니가 있어요. 우리 몸에 좋은 싱싱한 채소와 과일을 골라 건강 바구니에 담아보도록 할 건데요. 예쁘게 색칠을 해줘야 건강바구니에 들어갈 수 있대요. 그럼 싱싱한 채소와 과일만 모두 색칠해 볼까요?	-네~	

학습 단계	시간 (분)	학습활동		자료 및 유의점
		교사	아동	
전개	20	 우와~ 우리 친구들 너무나 잘했네요. 〈채소 · 과일 먹기 다짐하기〉 지금부터는 우리 친구들이 엄마, 아빠에게 편지를 써보는 시간을 갖도록 할 거예요. 앞으로 채소와 과일을 잘 먹겠다고 다짐도 하고, 사랑한다는 말까지 쓰면 엄마, 아빠께서 너무나 좋아하실 것 같아요. 그럼 지금부터 편지를 써보도록 해요.  편지를 다 쓴 친구들은 양 옆에 채소와 과일을 예쁘게 색칠하여 주세요. 우리 친구들 엄마, 아빠에게 약속한 것과 같이 정말 채소와 과일을 잘 먹을 수 있나요?	-네~	자료 : 컬러푸드 워크북 16쪽 유의점 : 활동시간 3~5분 자료 : 컬러푸드 워크북 17쪽 유의점 : 아동의 연령과 글씨 쓰는 능력에 따라 사용해 주세요
정리	5	지금까지 선생님과 4번 동안 만나면서 우리 친구들이 가지고 있는 책을 다 사용했어요. 재미있는 빙고게임도 하였고, 튼튼이와 허약이 이야기와 채소와 과일이 어디에서 자라는지, 그리고 속 모양이 어떻게 생겼는지도 알아보았어요. 그리고 예원이라는 친구의 감기를 낫게도 해주고, 응가도 잘 나올 수 있도록 했어요. 모두 다 기억나나요? 그리고, 채소와 과일을 하루에 얼마만큼 먹어야 하는지도 이야기했는데요, 하루에 얼만큼 먹어야 한다고 했죠? 네, 채소는 하루에 우리 친구들 주먹만큼씩 5번, 과일도 우리 친구들 주먹만큼씩 2번 먹어야 한다고 했어요. 일곱 색깔 무지개처럼 채소와 과일 7번 모두 잘 먹을 수 있나요?	-네~ -채소 5번, 과일 2번~ -네~	

학습 단계	시간 (분)	학습활동		자료 및 유의점
		교사	아동	
정리	5	우와, 우리 친구들 너무나 씩씩하게 잘 대답해서 앞으로 튼튼이처럼 건강하게 자랄 수 있을 것 같네요. 그럼 앞으로 먹고 싶은 것만 먹지 않고, 채소와 과일도 골고루 잘 먹겠다고 선생님과 약속해요~ 약속~~	-약속~~	
		※ 퍼즐 맞추기는 가위를 사용해야 하기 때문에 집에서 부모님과 함께 할 수 있도록 안내해 주세요.		

자료 : 명지대학교(2010), 서울특별시 과일채소 섭취 증대 사업.

Chapter 08

보육과정과 건강교육

어린이집에서 운영하는 보육과정은 국가수준의 보육목표와 영유아의 발달 및 개인차를 고려하여 이들이 경험하게 될 보편적인 보육 내용을 제시하고 있다.
이 장에서는 국가수준에서 제시되고 있는 제3차 어린이집 표준보육과정의 기본생활영역 및 3~5세 연령별 누리과정의 신체운동 · 건강영역에서 제시하고 있는 영유아 건강영양교육의 목표와 내용에 대해 살펴보고자 한다.

1. 제3차 어린이집 표준보육과정에 제시된 영아 건강영양교육
2. 3~5세 연령별 누리과정에 제시된 유아 건강영양교육

1. 제3차 어린이집 표준보육과정에 제시된 영아 건강영양교육

우리나라는 2004년 개정된 영유아보육법에 의거하여 표준보육과정 개발 및 보급을 위한 근거를 마련하였고, 2007년 표준보육과정이 고시됨에 따라 2세 미만 보육과정, 2세 보육과정, 3~5세 보육과정이 보육현장에 적용되어 왔다. 이후 2011년 어린이집과 유치원의 공통 보육 · 교육과정인 5세 누리과정이 제정 · 고시됨에 따라 2012년 제2차 표준보육과정이 고시되었다. 표준보육과정과 제2차 표준보육과정에서는 기본생활영역의 '건강한 생활'에서 영유아 건강영양교육에 대한 내용을 다루었다.

2012년 어린이집과 유치원의 공통 보육 · 교육과정인 누리과정이 3~4세까지 확대되어 3~5세 연령별 누리과정이 고시됨에 따라, 어린이집 0~5세 영유아의 연속적 경험과 발달적 연계를 위해서 제3차 어린이집 표준보육과정이 고시되었다. 제3차 어린이집 표준보육과정은 0~1세 보육과정, 2세 보육과정, 3~5세 보육과정(3~5세 연령별 누리과정)으로 구성되어 있다. 0~1세 보육과정과 2세 보육과정에서는 기본생활영역에서, 3~5세 보육과정(3~5세 연령별 누리과정)에서는 신체운동 · 건강영역에서 영유아 건강영양교육에 대한 내용을 다루고 있다.

제3차 어린이집 표준보육과정에서 0~1세 보육과정과 2세 보육과정의 기본생활영역의 성격, 목표, 내용은 다음과 같다.

1 0~1세 보육과정의 건강영양교육

(1) 기본생활영역의 성격

기본생활영역은 편안한 수면 및 휴식, 수유 및 건강한 식사 등 영아가 생활에 필요한 건강한 일상을 자연스럽게 경험하고, 주변의 안전한 상황에서 놀이하는 등 안전한 일상을 경험하도록 하는 영역이다. 기본생활영역은 '건강하게 생활하기'와 '안전하게 생활하기'의 두 가지 내용 범주로 구성되어 있다.

'건강하게 생활하기'에서는 출생 이후 여러 가지 청결과 위생 관련 경험을 조금씩 해나가고, 즐겁게 식사하는 경험을 가지도록 한다. 또한 편안한 수면과 휴식, 규칙적인 배변 경험 등을 통해 건강한 생애 첫 일상을 경험하도록 한다.

'안전하게 생활하기' 에서는 출생 후 24개월까지의 영아가 안전한 상황에서 놀이하며 위험하다고 알려주면 주의할 수 있는 안전한 생활을 위한 기초를 경험하도록 한다.

(2) 기본생활영역의 목표

기본생활영역의 목표는 청결, 식습관, 수면, 휴식, 배변 등의 기본생활을 통해서 건강하고 안전한 일상생활을 경험하는 것이다.

- 건강하고 편안한 일상생활을 경험한다.
- 안전한 생활을 경험한다.

(3) 기본생활영역의 내용

기본생활영역은 '건강하게 생활하기' 와 '안전하게 생활하기' 의 두 가지 내용범주로 구성되어 있다. '건강하게 생활하기' 는 몸을 깨끗이 하기, 즐겁게 먹기, 건강한 일상생활하기를 통해 건강하고 편안한 일상생활을 경험하는 내용으로 구성되어 있다. '안전하게 생활하기' 는 안전하게 지내기, 위험한 상황에 반응하기를 통해 영아들이 안전하게 놀이하고 생활하는 것을 경험하도록 하는 데 중점을 둔다. 0~1세 영아의 기본생활영역의 수준별 내용은 표 8-1 과 같다.

표 8-1 / 0~1세 영아의 기본생활영역 수준별 내용

<table>
<tr><th>내용 범주</th><th>내용</th><th>1수준</th><th>2수준</th><th>3수준</th><th>4수준</th></tr>
<tr><td rowspan="10">건강하게 생활하기</td><td rowspan="3">몸을 깨끗이 하기</td><td colspan="4">몸이 깨끗해졌을 때 기분이 좋음을 안다.</td></tr>
<tr><td colspan="4">도움을 받아 손을 씻는다.</td></tr>
<tr><td></td><td colspan="3">도움을 받아 이를 닦는다.</td></tr>
<tr><td rowspan="3">즐겁게 먹기</td><td>편안하게 안겨서 우유(모유)를 먹는다.</td><td>이유식에 적응한다.</td><td>고형식에 적응한다.</td><td>다양한 음식을 먹어본다.</td></tr>
<tr><td colspan="2"></td><td colspan="2">도구로 음식을 먹어 본다.</td></tr>
<tr><td colspan="4">즐겁게 먹는다.</td></tr>
<tr><td rowspan="4">건강한 일상생활하기</td><td colspan="4">수면을 충분히 취한다.</td></tr>
<tr><td colspan="4">편안하게 쉰다.</td></tr>
<tr><td colspan="4">하루 일과에 편안하게 참여한다.</td></tr>
<tr><td colspan="2"></td><td colspan="2">배변 의사를 표현한다.</td></tr>
<tr><td rowspan="4">안전하게 생활하기</td><td rowspan="3">안전하게 지내기</td><td colspan="3">안전한 상황에서 놀이한다.</td><td>놀잇감을 안전하게 사용한다.</td></tr>
<tr><td colspan="4">안전한 장소에서 놀이한다.</td></tr>
<tr><td colspan="4">차량 승하차 시 안전 장구를 착용한다.</td></tr>
<tr><td>위험한 상황에 반응하기</td><td></td><td>위험하다는 말에 반응을 보인다.</td><td colspan="2">위험하다고 알려주면 주의한다.</td></tr>
</table>

① 건강하게 생활하기

- 몸을 깨끗이 하기 : 몸을 깨끗이 하기는 위생과 청결에 대한 기본적인 감각을 기르기 위한 것으로, 영아가 몸이 깨끗할 때의 기분 좋음을 알고 도움을 받아 손을 씻고 이를 닦는 경험을 하게 하는 내용이다.

  '몸이 깨끗해졌을 때 기분이 좋음을 안다'는 영아가 청결한 생활을 습관화하기 위한 내용이다. 영아는 몸이 깨끗해졌을 때 기분이 좋음을 알게 되는데, 이는 청결을 유지하는 습관을 형성하는 데 도움이 된다. 교사는 영아를

표 8-2 / 몸을 깨끗이 하기 수준별 내용

<table>
<tr><th>1수준</th><th>2수준</th><th>3수준</th><th>4수준</th></tr>
<tr><td colspan="4">몸이 깨끗해졌을 때 기분이 좋음을 안다.</td></tr>
<tr><td colspan="4">도움을 받아 손을 씻는다.</td></tr>
<tr><td></td><td colspan="3">도움을 받아 이를 닦는다.</td></tr>
</table>

씻겨주고 닦아줄 때 영아가 청결하고 위생적인 생활습관을 형성할 수 있도록 지도한다.

'도움을 받아 손을 씻는다'는 영아가 스스로 손을 씻을 수 있도록 돕기 위한 내용이다. 교사는 수유, 식사 전후, 놀이가 끝났을 때, 배변 후에 영아의 손이나 몸을 씻겨 주거나 영아 스스로 씻도록 도와준다.

'도움을 받아 이를 닦는다'는 치아건강을 위해 식사 후에 영아가 도움을 받아 이를 닦도록 하는 내용이다. 영아는 치아가 완전히 나지 않아 구강위생에 소홀해질 수 있으며, 구강위생을 소홀히 하면 각종 호흡기 질환과 소화기 질환에 노출될 수 있다. 그러므로 영아가 이 닦는 것에 관심을 갖고 이를 닦는 습관을 기르도록 지도한다.

- 즐겁게 먹기 : 즐겁게 먹기는 영아가 먹는 것에 대한 즐거움을 알고 우유(모유)에서 시작하여 이유식, 고형식 등 다양한 음식을 섭취하는 과정을 원만하게 겪도록 도와주는 내용이다. 또한 도구를 사용하여 먹는 것을 연습해보도록 지도하는 내용이다.

'편안하게 안겨서 우유(모유)를 먹는다'는 영아가 편안한 상태로 우유(모유)를 먹으면서 정서적 안정감을 느끼는 것이 중요하다는 내용이다. 교사는 편안한 분위기에서 영아를 안고 미소를 짓거나 부드럽게 말을 거는 등 느긋한 기분으로 수유하고 영아의 먹는 속도에 맞추어 먹이도록 한다. 수유과정에서는 교사와 영아의 상호작용이 이루어져야 한다.

'이유식에 적응한다'는 영아가 6개월 정도 되면 이유식을 시작하므로 다양한 맛을 경험할 수 있도록 음식을 골고루 접하게 한다는 내용이다. 이를 위해서는 모유나 우유 이외의 음식 맛을 알고 숟가락으로 떠먹는 방식에 익숙해지도록 지도한다.

'고형식에 적응한다'는 영아가 이유식에 적응하면 점차 고형식으로 바

표 8-3 / 즐겁게 먹기 수준별 내용

1수준	2수준	3수준	4수준
편안하게 안겨서 우유(모유)를 먹는다.	이유식에 적응한다.	고형식에 적응한다.	다양한 음식을 먹어본다.
		도구로 음식을 먹어 본다.	
즐겁게 먹는다.			

꾸면서 다양한 음식에 적응하도록 한다는 내용이다. 영아가 15~18개월경이 되면 대부분 이유가 완료되고 식성도 뚜렷해진다. 이때 영아는 단단한 음식을 먹을 수 있으므로 점차 성인이 먹는 음식을 섭취할 수 있도록 지도한다.

'다양한 음식을 먹어본다'는 고형식에 적응한 영아가 다양한 성인 음식에 적응하도록 하는 내용이다. 여러 가지 음식을 한꺼번에 주기보다는 한 번에 한 가지 음식을 제공하고 음식에 익숙해지도록 자주 제공하며, 다양한 음식을 먹어봄으로써 편식하지 않고 음식을 골고루 먹을 수 있는 기회를 갖게 한다. 이때 영아에게 먹을 수 있는 것과 먹어서는 안 되는 것도 알려준다.

'도구로 음식을 먹어 본다'는 숟가락과 식기 등을 사용하여 음식을 먹도록 연습하는 내용이다. 1세 영아는 숟가락과 식기, 식탁을 사용하게 되고 여럿이 어울려 식사를 할 수 있다. 그러므로 이때부터 기본적인 식사예절을 지도하기 시작해야 한다.

'즐겁게 먹는다'는 먹는 일을 인생의 즐거운 경험 중의 한 부분으로 인식하도록 함으로써 영아가 올바른 식습관과 식사 예절을 몸에 익히도록 지도하는 내용이다. 영아가 식사시간을 즐거운 시간으로 인식할 수 있도록 통제는 되도록 적게 하되 다른 사람의 식사를 방해하지 않도록 지도한다.

- 건강한 일상생활하기 : 건강한 일상생활하기는 영아가 어린이집에서 수면, 휴식, 놀이, 배변 등의 일상생활을 건강하고 편안하게 하기 위한 내용이다.

'수면을 충분히 취한다'는 영아의 경우 수면이 일상생활 중 매우 중요하므로 충분하고 편안하게 수면을 취하도록 하는 내용이다. 밤에 수면을 충분히 취하게 하기 위해서는 낮 동안 규칙적으로 생활하는 것이 중요하다. 또한 영아가 숙면을 취하게 하기 위해서는 안락하고 조용한 수면장소를 제공해야 한다. 수면시간은 영아의 월령에 따라 차이가 있으므로 영아 개인차에 따라 적

표 8-4 / 건강한 일상생활하기 수준별 내용

1수준	2수준	3수준	4수준
수면을 충분히 취한다.			
편안하게 쉰다.			
하루 일과에 편안하게 참여한다.			
		배변 의사를 표현한다.	

절하게 맞추어야 한다.

'편안하게 쉰다'는 하루의 일과를 무리하게 진행하지 않고 수면시간 외에도 편안하게 쉬도록 하는 내용이다. 영아는 활동량이 많고 신진대사가 왕성하기 때문에 충분한 수면은 물론 일과 중에 쌓인 피로를 휴식으로 해소해야 한다. 영아들의 개별적인 특징과 상황을 존중해서 영아 각자가 안정적으로 휴식을 취할 수 있도록 환경을 제공하고 심리적으로 편안한 분위기를 만들어 주는 것이 중요하다.

'하루 일과에 편안하게 참여한다'는 어린이집의 하루 일과에 영아가 가정에서처럼 편안하게 참여하게 하는 내용이다. 보육실은 영아의 생활 장소이며, 동시에 놀이의 장이기도 하다. 교사는 영아에게 쾌적하고 편안한 환경을 마련해 주어야 하며 영아가 즐겁게 놀이에 참여하고 생활하고 있는지 늘 관찰해야 한다. 교사는 부드러운 말씨와 표정으로 영아를 대하며, 영아가 편안하고 즐겁게 놀이를 할 수 있는 분위기를 조성하여 어린이집의 하루 일과에 편안하게 참여하도록 한다.

'배변 의사를 표현한다'는 배변훈련을 하기 전 단계로 영아가 대소변의 마려움을 인식하고 배변 의사를 표현하게 하는 내용이다. 교사는 영아의 기저귀가 젖었는지 수시로 확인하고 영아 개개인의 배변 간격을 파악하며, 영아의 울음소리와 불편해 하는 표시, 배변하고자 하는 욕구 표현을 잘 관찰하도록 한다. 그리고 영아가 배변 의사를 보이면 이를 칭찬하고 격려하여 배변 의사를 편안하게 표현할 수 있도록 한다. 영아가 배변 의사를 표현할 수 있으면 배변훈련을 시작하도록 한다.

② 안전하게 생활하기

- 안전하게 지내기 : 안전하게 지내기는 영아가 안전한 상황과 장소에서 놀이하고 놀잇감을 안전하게 사용하며 차량 승차 시 안전 장구를 착용하여 안전하게 생활하도록 하기 위한 내용이다.

표 8-5 / 안전하게 지내기 수준별 내용

1수준	2수준	3수준	4수준
안전한 상황에서 놀이한다.			놀잇감을 안전하게 사용한다.
안전한 장소에서 놀이한다.			
차량 승하차 시 안전 장구를 착용한다.			

'안전한 상황에서 놀이한다'는 영아가 생활하는 환경을 안전하게 하고 안전한 상황에서 놀이하도록 하는 내용이다. 교사는 영아가 놀이하는 환경에 위험한 물건이 없는지 확인하고 안전한 상황과 장소에서 놀이하도록 늘 세심하게 주의를 기울여야 한다.

'놀잇감을 안전하게 사용한다'는 영아가 놀잇감을 올바르게 사용하게 하여 안전하게 놀이할 수 있도록 하는 내용이다. 2세 미만의 영아는 무엇이든 입에 넣는 본능이 있기 때문에 주위의 작은 물건을 삼키는 등 이물질 흡입에 의한 질식사고가 많다. 따라서 교사는 영아가 삼킬 수 없을 정도로 충분히 크고 모서리가 날카롭지 않은 독성이 없는 놀잇감을 제공하여 영아가 놀잇감을 안전하게 탐색하도록 해야 한다.

'안전한 장소에서 놀이한다'는 영아가 실내외 놀이 장소에서 안전하게 놀이할 수 있도록 하는 내용이다. 영아가 안전하게 놀이하도록 하기 위해서는 사고가 발생할 수 있는 위험요인들이 미리 제거된 안전한 놀이 공간과 시설을 제공하는 것이 중요하다. 교사는 영아가 놀이하는 환경에 위험한 물건이 없는지 확인하고 안전한 상황과 장소에서 놀이하도록 늘 세심하게 주의를 기울여야 한다.

'차량 승하차 시 안전 장구를 착용한다'는 어린이집 등하원 시 차량을 이용하는 경우에는 반드시 안전 장구를 착용하도록 하는 내용이다. 또한 영아가 가정에서도 차량을 이용할 때는 안전 장구를 착용하여 교통안전을 중시하는 습관을 들이도록 해야 한다.

- 위험한 상황에 반응하기 : 위험한 상황에 반응하기는 여러 가지 위험한 상황에서 영아가 위험하다는 것을 느끼고 이에 반응하도록 지도하는 내용이다.

표 8-6 / 위험한 상황에 반응하기 수준별 내용

1수준	2수준	3수준	4수준
	위험하다는 말에 반응을 보인다.	위험하다고 알려주면 주의한다.	

'위험하다는 말에 반응을 보인다'는 영아가 위험하다는 말을 알아듣고 이에 반응을 보이도록 하는 내용이다. 2세 미만 영아는 주변을 탐색하고자 하는 열의와 호기심이 많기 때문에 주변 환경이 안전하지 못하면 쉽게 안전사고가 발생할 수 있다. 영아가 위험한 상황에 처했을 때 교사가 위험하다고 말해주면 영아는 이를 알아듣고 행동을 멈추거나 조심하는 등 반응을 보이도록 지도한다.

'위험하다고 알려주면 주의한다'는 영아에게 위험하다는 것을 알려주면 영아가 이를 피하고 주의할 수 있도록 지도하는 내용이다. 교사는 영아에게 위험한 물건이나 장소를 인식하게 하여 안전사고를 예방해야 한다. 이를 교사는 위험한 것이 무엇이며 위험한 물건과 위험한 장소에 대해 알게 해서, 영아가 함부로 만지거나 가까이 가지 않고 주의하도록 지도한다.

2 2세 보육과정의 건강영양교육

(1) 기본생활영역의 성격

기본생활영역은 2세 영아가 조금씩 규칙적이 되어 가는 일과에서 수면과 식사, 배변 등 건강한 일상을 즐겁게 경험하고, 위험한 상황과 위험한 것을 조심하며 어른의 지시를 따라 안전한 생활 경험의 기초를 기르기 위한 영역이다. 기본생활영역은 '건강하게 생활하기'와 '안전하게 생활하기'의 두 가지 내용 범주로 구성되어 있다.

'건강하게 생활하기'에서는 건강 · 영양 · 위생적인 생활을 강조하며, 영아가 신체의 청결과 위생, 수면과 휴식, 바른 식생활 등 의식주에 대한 올바른 습관을 기르도록 하여 발달을 촉진하고 심신을 건강하게 하도록 한다.

'안전하게 생활하기'에서는 영아가 안전하게 놀이하는 방법과 위험한 상황을 알고, 위험한 상황에 처하게 되었을 때 어른의 지시에 따름으로써 안전생활을 습관화하도록 한다.

(2) 기본생활영역의 목표

기본생활영역의 목표는 청결, 식습관, 수면, 휴식, 배변, 놀이, 교통안전 등의 기본생활을 통해서 건강하고 안전한 생활습관의 기초를 마련하는 것이다.

- 건강한 생활습관의 기초를 경험한다.
- 안전한 생활습관의 기초를 경험한다.

(3) 기본생활영역의 내용

기본생활영역은 '건강하게 생활하기'와 '안전하게 생활하기'의 두 가지 내용범주로 구성되어 있다. '건강하게 생활하기'는 몸을 깨끗이 하기, 바르게 먹기, 건강한 일상생활하기, 질병에 대해 알기를 통해 건강한 생활습관과 태도를 형성

표 8-7 / 2세 영아의 기본생활영역 수준별 내용

<table>
<tr><th>내용범주</th><th>내용</th><th>1수준</th><th>2수준</th></tr>
<tr><td rowspan="10">건강하게 생활하기</td><td rowspan="2">몸을 깨끗이 하기</td><td colspan="2">스스로 손과 몸 씻기를 시도한다.</td></tr>
<tr><td colspan="2">스스로 이 닦기를 시도한다.</td></tr>
<tr><td rowspan="3">바르게 먹기</td><td colspan="2">음식을 골고루 먹는다.</td></tr>
<tr><td colspan="2">도구를 사용하여 스스로 먹는다.</td></tr>
<tr><td colspan="2">정해진 자리에서 먹는다.</td></tr>
<tr><td rowspan="4">건강한 일상생활하기</td><td colspan="2">일과에 따라 규칙적으로 잠을 잔다.</td></tr>
<tr><td colspan="2">정해진 시간에 알맞게 휴식한다.</td></tr>
<tr><td colspan="2">하루 일과에 즐겁게 참여한다.</td></tr>
<tr><td>정해진 곳에서 배변한다.</td><td>화장실에서 배변한다.</td></tr>
<tr><td>질병에 대해 알기</td><td colspan="2">질병의 위험을 안다.</td></tr>
<tr><td rowspan="5">안전하게 생활하기</td><td rowspan="2">안전하게 놀이하기</td><td colspan="2">놀이기구나 놀잇감을 안전하게 사용한다.</td></tr>
<tr><td colspan="2">안전한 장소에서 놀이한다.</td></tr>
<tr><td>교통안전 알기</td><td>교통수단의 위험을 안다.</td><td>교통수단의 위험을 알고 조심한다.</td></tr>
<tr><td rowspan="2">위험한 상황 알기</td><td>위험한 상황과 위험한 것을 안다.</td><td>위험한 상황과 위험한 것을 알고 조심한다.</td></tr>
<tr><td colspan="2">위험한 상황 시 어른의 지시에 따른다.</td></tr>
</table>

하고 질병의 위험을 알며 조심하는 내용으로 구성되어 있다. '안전하게 생활하기'는 일상생활에서 안전하게 놀이하기, 교통안전 알기, 위험한 상황 알기를 통해 영아들이 안전하게 놀이하고 생활하는 습관을 형성하는 데 중점을 둔다. 2세 영아의 기본생활영역의 수준별 내용은 표 8-7 과 같다.

① 건강하게 생활하기

- 몸을 깨끗이 하기 : 몸을 깨끗이 하기는 건강한 생활을 위한 기초로서, 영아가 스스로 손과 몸 씻기와 이 닦기를 시도하도록 하는 내용이다.

표 8-8 / 몸을 깨끗이 하기 수준별 내용

1수준	2수준
스스로 손과 몸 씻기를 시도한다.	
스스로 이 닦기를 시도한다.	

'스스로 손과 몸 씻기를 시도한다'는 영아가 청결을 유지하기 위해 스스로 손과 몸을 씻으려고 시도해 보게 하는 내용이다. 손 씻기는 질병의 감염을 막고 건강을 유지하기 위한 일차적인 활동이므로 일과 속에서 손 씻는 방법, 손을 씻어야 하는 때를 영아에게 알려주고 영아가 스스로 씻으려고 노력해 보도록 지도한다.

'스스로 이 닦기를 시도한다'는 충치를 예방하기 위하여 영아 스스로 이를 닦으려고 시도해 보게 하는 내용이다. 2세 영아는 칫솔을 입 안에 넣어서 겨우 닦는 동작을 할 수 있을 정도에 지나지 않지만 영아가 스스로 양치질을 하도록 격려하고 뒷마무리는 교사가 도와주도록 한다. 이러한 시도는 영아로 하여금 이 닦기에 대한 관심을 높이고 청결한 습관을 기르는 데 효과가 있다.

- 바르게 먹기 : 바르게 먹기는 영아가 건강을 유지하기 위해 음식을 골고루 먹고 도구를 사용하여 스스로 먹으며 정해진 자리에서 먹는 등 바른 식습관을 형성하게 하는 내용이다.

표 8-9 / 바르게 먹기 수준별 내용

1수준	2수준
음식을 골고루 먹는다.	
도구를 사용하여 스스로 먹는다.	
정해진 자리에서 먹는다.	

'음식을 골고루 먹는다'는 영아가 신체 건강을 유지하기 위해 편식하지 않고 음식을 골고루 먹게 하는 내용이다. 영아기는 음식에 대한 선호, 식사 예절, 위생적인 식습관 등 바른 습관의 기초를 형성하는 시기이다. 영아가 편식이 심하고 식욕도 고르지 않아 불규칙한 식습관을 갖게 되면 영양적으로 균형 있게 발달하지 못하고 건강을 해칠 수 있다. 따라서 어릴 때부터 건강하게 성장할 수 있도록 다양한 음식의 맛과 향, 질감을 경험하게 한다.

'도구를 사용하여 스스로 먹는다'는 영아가 숟가락과 식기를 바르게 사용할 수 있도록 지도하는 내용이다. 2세 영아는 소근육이 발달하여 완전하지는 않지만 숟가락을 사용할 수 있게 되므로 손으로 먹거나 교사가 먹여주지 말고 영아 스스로 먹을 수 있도록 지도한다.

'정해진 자리에서 먹는다'는 영아에게 바른 태도로 식사하는 습관을 길러주기 위한 기본적인 내용이다. 영아가 음식을 먹으면서 돌아다니지 않고 정해진 자리에서 바른 자세로 먹도록 지도한다.

- 건강한 일상생활하기 : 건강한 일상생활하기는 영아가 건강한 생활습관을 형성하는 데 필요한 규칙적인 수면과 휴식, 올바른 배변습관을 길러서 즐겁게 생활하는 태도를 형성하도록 하는 내용이다.

'일과에 따라 규칙적으로 잠을 잔다'는 2세 영아는 오후 1시 정도 낮잠을 자는데, 교사는 규칙적인 일과에 따라 영아가 수면을 취할 수 있도록 하되,

표 8-10 / 건강한 일상생활하기 수준별 내용

1수준	2수준
일과에 따라 규칙적으로 잠을 잔다.	
정해진 시간에 알맞게 휴식한다.	
하루 일과에 즐겁게 참여한다.	
정해진 곳에서 배변한다.	화장실에서 배변한다.

영아의 수면 시간에는 개인차가 있고 같은 영아라도 그날의 활동량에 따라 수면시간에 다소의 차이가 있음을 고려해야 한다. 교사는 보호자로부터 영아의 개별적 수면시간과 수면습관을 파악하여 되도록이면 가정에서와 비슷한 환경을 제공하여 영아가 편안한 수면을 취할 수 있도록 한다.

'정해진 시간에 알맞게 휴식한다'는 영아가 활동 후 적절하게 휴식을 취함으로써 생리적인 피곤을 회복하여 건강을 유지할 수 있도록 하는 내용이다. 피로가 쌓이면 생리적인 균형이 파괴되어 사고가 일어나거나 질병이 발생할 수 있다. 피로한 영아는 자발적인 활동이 줄고 칭얼거리거나 표정의 변화가 적어지는 등 행동에 이상이 생기게 된다. 그러므로 충분한 휴식을 통해 쌓인 피로를 해소하고 에너지를 충전하는 것은 건강하게 발달하기 위한 토대가 된다.

'하루 일과에 즐겁게 참여한다'는 영아가 건강을 유지하기 위해서 신체적 건강뿐만 아니라 정신적 건강을 유지할 수 있게 하는 내용이다. 이를 위해 교사는 영아가 활동에 적극적으로 참여하고 보육실의 편안한 분위기에서 즐겁게 생활하도록 지원한다. 이 시기의 영아는 다른 사람에 대한 관심이 높아지므로 영아가 교사나 또래와 즐겁게 놀이에 참여할 수 있도록 배려해 주어야 한다. 또한 교사는 영아의 관심과 흥미에 맞는 놀잇감과 환경을 제공해 주고 영아의 개별적인 놀이 및 또래와의 놀이에도 참여한다.

'정해진 곳에서 배변한다'는 처음부터 화장실에서 배변훈련을 하는 것이 아니라 어려운 경우에 보육실의 정해진 곳에서 변기를 사용하여 배변하도록 지도하는 내용이다. 영아 스스로가 배변을 조절할 수 있는 능력이 생겨야 하므로 영아를 변기에 5분 이상 앉혀두거나 무리하게 배변훈련을 시켜서는 안 된다. 또한 배변하는 장소는 늘 청결하게 해서 영아가 깨끗하고 즐거운 장소라 느낄 수 있도록 해주어야 한다.

'화장실에서 배변한다'는 정해진 곳에서의 배변훈련이 어느 정도 이루어지면 화장실로 장소를 옮겨 화장실에서 배변할 수 있도록 지도하는 내용이다. 영아가 배변 욕구를 느끼면 교사는 화장실로 데리고 가서, 화장실에서 용변을 보면서 편안함을 느낄 수 있도록 배려하고 격려해 준다.

- 질병에 대해 알기 : 질병에 대해 알기는 전염병에 대한 면역력이 약한 영아가 질병의 위험에 대해 알게 지도하는 내용이다.

'질병의 위험을 안다'는 영아가 건강을 유지하기 위한 기초적인 내용으로

표 8-11 / 질병에 대해 알기 수준별 내용

1수준	2수준
질병의 위험을 안다.	

질병의 위험을 알게 하는 것이다. 저항력이 약한 영아기에는 여러 가지 질병에 걸리기 쉬우므로 영아에게 질병의 위험성을 알려주어 영아가 이를 알도록 하고, 몸이 아플 때 어른에게 알려서 도움을 받을 수 있도록 지도한다.

② 안전하게 생활하기

- 안전하게 놀이하기 : 안전하게 놀이하기는 영아가 실내외 여러 가지 놀이기구나 놀잇감을 안전하게 사용하고 안전한 장소에서 놀이하는 태도를 형성하는 내용이다.

  '놀이기구나 놀잇감을 안전하게 사용한다'는 영아에게 실내외 놀이기구나 놀잇감의 올바른 사용법을 알려 주어 안전하게 놀이할 수 있도록 하는 내용이다. 2세 영아는 새로운 것을 시도해 보려고 하지만 위험에 대해서는 알지 못하므로 놀잇감을 원래의 목적과 다른 방법으로 다루거나 놀이기구를 안전하지 않은 방법으로 이용할 수 있다. 교사는 영아에게 놀이기구나 놀잇감을 사용하기 전에 안전에 필요한 사항을 미리 알려주고, 안전하게 사용할 수 있도록 지도한다.

  '안전한 장소에서 놀이한다'는 영아가 실내외 놀이 장소에서 안전하게 놀이할 수 있도록 하는 내용이다. 영아가 안전하게 놀이하도록 하기 위해서는 안전사고 위험요인들이 미리 제거된 안전한 놀이 공간과 시설을 제공하는 것이 중요하다. 또한 영아에게 찻길이나 도로변과 같은 위험한 장소를 알려주어 일상생활에서 위험에 노출되지 않도록 지도한다. 교사는 영아가 놀이하는 환경에 위험한 물건이 없는지 확인하고 안전한 상황과 장소에서 놀이

표 8-12 / 안전하게 놀이하기 수준별 내용

1수준	2수준
놀이기구나 놀잇감을 안전하게 사용한다.	
안전한 장소에서 놀이한다.	

하도록 늘 세심한 주의를 기울여야 한다.

- 교통안전 알기 : 교통안전 알기는 영아가 교통수단의 위험을 알고 사고의 위험으로부터 자신을 보호하기 위해 필요한 교통안전을 알도록 하는 내용이다.

표 8-13 / 교통안전 알기 수준별 내용

1수준	2수준
교통수단의 위험을 안다.	교통수단의 위험을 알고 조심한다.

'교통수단의 위험을 안다'는 영아가 접할 수 있는 기본적인 교통수단의 안전한 이용방법과 위험에 대해 알게 하는 내용이다. 어린이집 등하원 시 또는 가정에서 이용하는 차량이 유익한 교통수단인 반면 안전을 위협할 수도 있다는 것을 설명하여 영아가 교통수단의 위험을 알게 한다.

'교통수단의 위험을 알고 조심한다'는 2세 영아는 주차되어 있는 차도 움직일 수 있음을 이해하지 못하고 움직이는 차의 위험을 잘 인지하지 못하여 교통사고의 위험이 크다. 교사는 영아로 하여금 교통기관의 위험을 알고 조심하는 태도를 취하도록 지도하고, 도로에 혼자 나가지 않도록 지도해야 한다.

- 위험한 상황 알기 : 위험한 상황 알기는 영아가 처할 수 있는 여러 가지 위험한 상황과 위험한 것에 대해서 알고 조심하며, 위험한 상황이 발생했을 때 어른의 지시에 따를 수 있도록 지도하는 내용이다.

'위험한 상황과 위험한 것을 안다'는 영아에게 위험이 될 수 있는 여러 가지 상황과 위험요인에 대해 알게 하는 내용이다. 여러 가지 재난과 사고, 화재, 학대, 유괴 등의 비상상황에 대해 알고, 이러한 상황의 위험에 대해 알도록 지도한다.

'위험한 상황과 위험한 것을 알고 조심한다'는 영아가 위험한 상황을 인지

표 8-14 / 위험한 상황 알기 수준별 내용

1수준	2수준
위험한 상황과 위험한 것을 안다.	위험한 상황과 위험한 것을 알고 조심한다.
위험한 상황 시 어른의 지시에 따른다.	

할 뿐만 아니라 이를 조심할 수 있게 지도하는 내용이다. 2세 영아는 이동능력이 커지고 호기심이 왕성한 반면 위험을 잘 모르기 때문에 사고에 취약하다. 교사는 영아에게 주변 환경의 다양한 위험요인과 상황에 대해 지속적으로 알려줌으로써 위험을 인지하고 조심하도록 지도해야 한다.

'위험한 상황 시 어른의 지시에 따른다'는 영아가 위험한 상황에 처했을 때 적극적으로 대처하는 것이 어려우므로 어른의 지시에 따라 행동하여 위험에 대처할 수 있도록 교육하는 내용이다. 이 시기 영아는 위험으로부터 스스로를 보호할 수 있는 능력이 부족하다. 따라서 위험한 상황이 발생되면 어른의 지시에 따라 대피하거나 대처하도록 지도하는 것이 필요하다.

2. 3~5세 연령별 누리과정에 제시된 유아 건강영양교육

3~5세 연령별 누리과정에서 신체운동 · 건강영역의 성격, 목표, 내용은 다음과 같다.

(1) 신체운동 · 건강영역의 성격

신체운동 · 건강영역은 유아가 자신의 신체를 긍정적으로 인식하고 신체활동에 즐겁게 참여함으로써 유아기에 필요한 기본운동능력과 기초 체력을 기르고, 건강하고 안전한 생활을 실천하는 능력과 태도를 기르기 위한 영역이다. 신체운동 · 건강영역은 '신체 인식하기', '신체조절과 기본 운동하기', '신체활동에 참여하기', '건강하게 생활하기', '안전하게 생활하기'의 다섯 가지 내용 범주로 구성되어 있다. 앞의 세 내용 범주는 주로 기본운동능력과 신체활동과 관련된 내용이며, 나머지 내용 범주는 건강하고 안전한 일상생활습관에 관한 내용으로 신체운동 및 건강이라는 차원에서 통합된다.

(2) 신체운동 · 건강영역의 목표

신체운동 · 건강영역의 목표는 일상생활에서 자신의 신체를 긍정적으로 인식하고 즐겁게 신체활동에 참여함으로써 기초 체력과 기본운동능력을 기르며 건강하고 안전한 생활습관을 기르는 것이다.

- 감각능력을 기르고, 자신의 신체를 긍정적으로 인식한다.
- 신체를 조절하고 기본운동능력을 기른다.
- 신체활동에 즐겁게 참여한다.
- 건강한 생활습관을 기른다.
- 안전한 생활습관을 기른다.

(3) 신체운동 · 건강영역의 내용

신체운동 · 건강영역은 다섯 가지 내용 범주로 구성되어 있는데, 유아 건강영양교육과 관련된 내용으로 '건강하게 생활하기' 내용 범주와 '안전하게 생활하기' 내용 범주의 내용에 대해 구체적으로 살펴보고자 한다.

'건강하게 생활하기'는 몸과 주변을 깨끗이 하기, 바른 식생활하기, 건강한 일상생활하기, 질병 예방하기를 통해 건강한 생활습관 태도를 형성하고 질병을 예방할 수 있는 능력과 태도를 형성하는 내용으로 구성되어 있다.

'안전하게 생활하기'는 안전하게 놀이하기, 교통안전 규칙 지키기, 비상 시 적절히 대처하기를 통해 일상생활에서 안전하게 놀이하는 습관을 형성하고 교통규칙을 알고 지키며 재난이나 사고 등 비상사태에서 안전하게 대처하는 방법을 알고 실천하도록 하는 데 중점을 둔다. 신체운동 · 건강영역의 연령별 세부 내용은 표 8-15 와 같다.

표 8-15 / 3~5세 연령별 누리과정의 내용

<table>
<tr><th>내용 범주</th><th>내용</th><th>3세</th><th>4세</th><th>5세</th></tr>
<tr><td rowspan="10">건강하게 생활하기</td><td rowspan="2">몸과 주변을 깨끗이 하기</td><td colspan="2">손과 이를 깨끗이 하는 방법을 알고 실천한다.</td><td>스스로 몸을 깨끗이 하는 습관을 기른다.</td></tr>
<tr><td>주변을 깨끗이 한다.</td><td colspan="2">주변을 깨끗이 하는 습관을 기른다.</td></tr>
<tr><td rowspan="3">바른 식생활하기</td><td colspan="2">음식을 골고루 먹는다.</td><td>적당량의 음식을 골고루 먹는다.</td></tr>
<tr><td>몸에 좋은 음식에 관심을 갖는다.</td><td>몸에 좋은 음식을 알아본다.</td><td>몸에 좋은 음식을 선택할 수 있다.</td></tr>
<tr><td>바른 태도로 식사한다.</td><td colspan="2">음식을 소중히 여기고 식사예절을 지킨다.</td></tr>
<tr><td rowspan="3">건강한 일상생활하기</td><td colspan="3">규칙적으로 잠을 자고, 적당한 휴식을 취한다.</td></tr>
<tr><td colspan="3">하루 일과에 즐겁게 참여한다.</td></tr>
<tr><td>스스로 화장실에서 배변한다.</td><td>바른 배변습관을 가진다.</td><td>규칙적인 배변습관을 가진다.</td></tr>
<tr><td rowspan="2">질병 예방하기</td><td>질병의 위험을 알고 주의한다.</td><td colspan="2">질병을 예방하는 방법을 알고 실천한다.</td></tr>
<tr><td>날씨에 맞게 옷을 입는다.</td><td colspan="2">날씨와 상황에 알맞게 옷을 입는다.</td></tr>
<tr><td rowspan="7">안전하게 생활하기</td><td rowspan="3">안전하게 놀이하기</td><td colspan="2">놀이기구나 놀잇감, 도구를 안전하게 사용한다.</td><td>놀이기구나 놀잇감, 도구의 바른 사용법을 알고 안전하게 사용한다.</td></tr>
<tr><td>안전한 놀이장소를 안다.</td><td colspan="2">위험한 장소를 알고 안전하게 놀이한다.</td></tr>
<tr><td>TV, 인터넷, 통신기기 등을 바르게 사용한다.</td><td colspan="2">TV, 인터넷, 통신기기 등의 위해성을 알고, 바르게 사용한다.</td></tr>
<tr><td rowspan="2">교통안전 규칙 지키기</td><td>교통안전 규칙을 안다.</td><td colspan="2">교통안전 규칙을 알고 지킨다.</td></tr>
<tr><td colspan="3">교통수단을 안전하게 이용한다.</td></tr>
<tr><td rowspan="2">비상 시 적절히 대처하기</td><td>학대, 성폭력, 실종, 유괴상황을 알고 도움을 요청한다.</td><td colspan="2">학대, 성폭력, 실종, 유괴상황 시 도움을 요청하는 방법을 알고 행동한다.</td></tr>
<tr><td>재난 및 사고 등 비상 시 적절하게 대처하는 방법을 안다.</td><td colspan="2">재난 및 사고 등 비상 시 적절하게 대처하는 방법을 알고 행동한다.</td></tr>
</table>

① 건강하게 생활하기

- 몸과 주변을 깨끗이 하기 : 몸과 주변을 깨끗이 하기는 유아가 질병을 예방하기 위한 기초로서 자신의 손과 몸을 깨끗이 하는 방법을 알고 실천하며, 나아가 유아가 생활하는 주변을 깨끗이 하는 습관을 기르도록 하는 내용이다.

표 8-16 / 몸과 주변을 깨끗이 하기 연령별 내용

<table>
<tr><th>3세</th><th>4세</th><th>5세</th></tr>
<tr><td colspan="2">손과 이를 깨끗이 하는 방법을 알고 실천한다.</td><td>스스로 몸을 깨끗이 하는
습관을 기른다.</td></tr>
<tr><td>주변을 깨끗이 한다.</td><td colspan="2">주변을 깨끗이 하는 습관을 기른다.</td></tr>
</table>

'손과 이를 깨끗이 하는 방법을 알고 실천한다'는 유아가 손과 이를 항상 청결하게 유지하는 습관을 갖게 하는 내용이다. 만 3, 4세 유아의 청결한 생활습관은 자신의 신체를 항상 청결하게 유지하는 것부터 시작한다. 만 4세가 되면 이를 닦는다는 행위 자체보다는 올바르게 닦는 방법을 알고 실천할 수 있도록 지도한다.

'스스로 몸을 깨끗이 하는 습관을 기른다'는 생활 속에서 자발적으로 손과 이를 닦는 습관을 기르기 위한 내용이다. 만 5세 유아는 간식과 급식 전후는 물론이고 화장실 이용 후, 미술활동 이후, 바깥놀이 활동이나 산책을 다녀온 후 등 항상 손을 깨끗이 씻는 것이 습관화되도록 지도한다.

'주변을 깨끗이 한다'에서 주변이란 좁게는 유아의 개인장을 비롯한 활동실을 말하며, 넓게는 어린이집을 비롯하여 유아가 이용하는 공공시설이나 공간 등을 모두 일컫는다. 만 3세 유아가 주로 자신의 소지품과 생활공간을 깨끗이 유지하도록 지도한다.

'주변을 깨끗이 하는 습관을 기른다'는 생활 속에서 정리정돈의 경험을 반복 실천하게 함으로써 청결습관을 갖도록 하기 위한 내용이다. 만 4, 5세 유아에게 교구나 책걸상 정리, 놀잇감 정리 등을 통해 교실을 깨끗이 정돈하고 쓰레기 분리배출 등도 실천할 수 있는 기회를 주도록 한다.

- 바른 식생활하기 : 바른 식생활하기는 유아가 건강을 유지하기 위해 음식을 골고루 적당량 먹고 몸에 좋은 음식에 관심을 갖고 구별할 수 있게 하는 내용이다. 이와 함께 유아가 바른 식사예절과 태도를 알고 실천할 수 있게 돕는 내용이다.

표 8-17 / 바른 식생활하기 연령별 내용

3세	4세	5세
음식을 골고루 먹는다.		적당량의 음식을 골고루 먹는다.
몸에 좋은 음식에 관심을 갖는다.	몸에 좋은 음식을 알아본다.	몸에 좋은 음식을 선택할 수 있다.
바른 태도로 식사한다.	음식을 소중히 여기고 식사예절을 지킨다.	

'음식을 골고루 먹는다'는 유아가 신체건강을 유지하기 위해 편식하지 않고 음식을 골고루 먹게 하는 내용이다. 만 3, 4세 유아의 식품 선호도는 음식을 먹어본 경험에 의해 형성되므로, 유아가 거부하는 식품을 조리방법에 변화를 주어 제공하고 식사지도를 하도록 한다.

'적당량의 음식을 골고루 먹는다'는 유아가 편식하지 않고 골고루 먹을 수 있을 뿐만 아니라 자신이 먹을 수 있는 음식의 양을 적절히 조절하게 하는 내용이다. 만 5세 유아 중에는 지나치게 음식을 많이 먹는 경우도 있으나 반대로 먹지 않는 경우도 있다. 따라서 교사는 점심급식시간에 유아의 연령 및 개인차를 고려한 적정 급식량을 배식함으로써 적당량의 음식을 골고루 먹을 수 있게 관심을 가져야 한다.

'몸에 좋은 음식에 관심을 갖는다'는 유아가 건강과 영양과의 관계를 알고 건강을 유지하는 데 좋은 음식과 그렇지 못한 음식이 있음을 알고 관심을 갖게 하는 내용이다.

'몸에 좋은 음식을 알아본다'는 유아가 음식에 포함된 기본적인 영양분에 관심을 가지고 신체발달에 필요한 칼슘이나 비타민, 단백질 등이 풍부한 우유나 멸치, 생선, 채소, 과일 등을 선택할 수 있게 하는 것이다. 만 4세 유아는 음식물에 포함된 영양소의 개념을 이해할 수 있으므로 생활 속에서 유아가 신체건강을 유지하게 하기 위해 필요한 음식을 알 수 있도록 지도한다.

'몸에 좋은 음식을 선택할 수 있다'는 유아가 우리 몸의 건강과 영양 간의 관계를 알고 이를 스스로 실천할 수 있는 태도를 길러주기 위한 내용이다. 만 5세 유아는 채소나 생선, 고기, 과일, 유제품 등에 들어 있는 영양소가 우리 몸의 건강에 어떠한 영향을 미치는지 이해할 수 있다. 이와 함께 유아가 몸에 좋은 음식을 섭취했을 때와 그렇지 못했을 때 우리 몸에 어떤 일이 생길 수 있는지를 알아 몸에 좋은 음식을 스스로 선택할 수 있게 한다.

'바른 태도로 식사한다'는 유아가 바른 태도로 식사하는 습관을 길러주기 위한 내용이다. 바른 식습관 형성은 건강 유지를 위한 기본 요소이므로 만 3세 유아에게 올바른 수저 사용법은 물론 식사 도중에 돌아다니지 않기, 음식을 꼭꼭 씹고 입에 넣은 상태로 말하지 않기, 입술을 붙이고 소리나지 않게 씹기 등 식사 시 지켜야 하는 기본적인 예절을 익히도록 지도한다.

'음식을 소중히 여기고 식사예절을 지킨다'는 유아가 식품의 생산과 공급, 조리과정에 참여하는 많은 사람들의 노고를 이해함으로써 음식의 소중함을 알고 실천할 수 있는 내용이다. 만 4, 5세 유아에게 바른 식사태도는 물론 자신이 먹을 만큼의 음식을 가져와서 남기지 않고 먹는 습관을 갖도록 한다.

- 건강한 일상생활하기 : 건강한 일상생활하기는 유아가 건강한 생활습관을 형성하는 데 필요한 규칙적인 수면과 휴식, 배변습관을 가지고 즐겁게 생활하는 태도를 형성하도록 하는 내용이다.

'규칙적으로 잠을 자고, 적당한 휴식을 취한다'는 유아가 활동 후 휴식을 취함으로써 생리적인 피곤을 회복하여 건강을 유지할 수 있도록 하는 내용이다. 만 3, 4, 5세 유아는 잠자는 동안 낮에 경험했던 사건을 재구성하고 성장호르몬도 생성되므로 수면이 중요하다. 만 5세 유아는 생리적 특성이나 활동량, 밤잠 시간 등에 따라 피곤을 느끼는 정도에 차이가 있으므로 낮잠지도에서 개별적인 요구를 고려하도록 한다.

'하루 일과에 즐겁게 참여한다'는 유아가 건강을 유지하기 위해서 신체적 건강뿐만 아니라 정신건강을 유지할 수 있게 하는 내용이다. 이를 위해 교사는 만 3, 4, 5세 유아가 활동에 적극적으로 참여하고 활동과정에서 느끼는 다양한 감정과 느낌을 적절한 방법으로 표현할 수 있게 돕는다.

'스스로 화장실에서 배변한다'는 유아가 배변 욕구를 느낄 때 스스로 화장

표 8-18 / **건강한 일상생활하기 연령별 내용**

3세	4세	5세
규칙적으로 잠을 자고, 적당한 휴식을 취한다.		
하루 일과에 즐겁게 참여한다.		
스스로 화장실에서 배변한다.	바른 배변습관을 가진다.	규칙적인 배변습관을 가진다.

실에 가고자 하고, 화장실에 용변을 보면서 편안함을 느낄 수 있도록 하는 내용이다. 만 3세 유아는 어떤 활동에 몰입하다 보면 용변의 욕구를 느끼면서도 화장실에 가야 함을 인지하지 못할 수도 있으므로 교사가 유아의 행동을 관찰하고 수시로 화장실에 가야함을 지도한다.

'바른 배변습관을 가진다' 는 유아가 화장실 사용에 대한 올바른 절차와 방법을 알고 배설 후 스스로 뒤처리를 할 수 있도록 지도하는 내용이다. 만 4세 유아가 대소변을 지나치게 참거나 미루지 않고 배변의 욕구를 느낄 때 스스로 배변하는 습관을 갖도록 한다.

'규칙적인 배변습관을 가진다' 는 아침에 일어난 후 규칙적으로 배변하는 습관을 갖게 함으로써 개인 위생과 건강습관을 형성하게 하는 것이다. 만 5세 유아에게 규칙적인 배변습관은 건강의 기본이 됨을 이해하게 하고, 바른 식습관과 운동을 통해 규칙적인 배변습관을 갖도록 지도한다.

- 질병 예방하기 : 질병 예방하기는 전염병에 대한 면역력이 약한 유아가 질병의 위험을 알고 주의하며, 날씨와 상황에 맞게 옷을 조절하여 입게 함으로써 체온을 조절하고 건강을 유지할 수 있도록 하는 내용이다.

'질병의 위험을 알고 주의한다' 는 유아가 건강을 유지하기 위해 기초적으로 이해해야 할 내용으로 질병의 위험을 알고 예방할 수 있는 태도를 기르는 것이다. 만 3세 유아가 질병에 걸리지 않기 위해 규칙적인 생활습관을 형성하고 전염병에 걸리지 않도록 예방주사를 맞거나 모기에 물리지 않도록 몸을 청결히 하는 등의 내용을 알고 주의하도록 한다.

'질병을 예방하는 방법을 알고 실천한다' 는 유아가 질병을 예방하는 방법을 알아보고 지키게 하는 내용이다. 만 4, 5세 유아는 감기에 걸리지 않으려면 편식을 하지 않고 몸과 주변을 청결히 하며 정기적으로 건강검진을 하는 등 건강한 생활습관에 관심을 가지고 실천할 수 있게 한다.

'날씨에 맞게 옷을 입는다' 는 외부 날씨나 기온에 적절하게 옷을 입고 벗

표 8-19 / 질병 예방하기 연령별 내용

3세	4세	5세
질병의 위험을 알고 주의한다.	질병을 예방하는 방법을 알고 실천한다.	
날씨에 맞게 옷을 입는다.	날씨와 상황에 알맞게 옷을 입는다.	

을 수 있게 하는 내용이다. 날씨나 기온에 맞게 옷을 입고 벗는 일은 일정한 체온을 유지하게 하므로 매우 중요하다. 만 3세 유아는 스스로 외부 온도나 날씨에 알맞게 옷을 조절하지 못하는 경우가 많다. 따라서 교사가 적절히 도와줌으로써 유아가 날씨와 계절에 적절하게 옷을 입거나 벗어 체온을 조절할 수 있도록 지도한다.

'날씨와 상황에 맞게 옷을 입는다'는 날씨와 계절뿐만 아니라 바깥놀이나 미술활동을 할 때 특별한 상황에 맞게 옷을 입을 수 있게 하는 것이다. 만 4, 5세 유아에게는 태양열이 강한 여름철에는 직사광선을 피하기 위해 반드시 모자를 쓰게 하고 땀을 흘린 뒤에는 젖은 옷을 즉시 갈아입어 몸을 깨끗이 하도록 지도한다.

② 안전하게 생활하기

- 안전하게 놀이하기 : 안전하게 놀이하기는 실내외 놀이기구나 놀잇감, 도구를 안전하게 사용하고, 안전한 장소에서 놀이하며, 전자미디어를 안전하게 사용하는 데 필요한 지식, 기능, 태도를 형성하는 내용이다.

'놀이기구나 놀잇감, 도구를 안전하게 사용한다'는 유아에게 실내외 놀이기구나 놀잇감, 도구의 안전한 사용법 및 규칙 등을 알려주어 안전하게 놀이할 수 있도록 하는 내용이다. 실외놀이터에서 놀 경우 모자나 끈 달린 옷을 입지 않고 신발을 바로 신는 등 안전을 위해 갖추어야 할 복장도 포함한다.

'놀이기구나 놀잇감, 도구의 바른 사용법을 알고 안전하게 사용한다'는 유아에게 놀이기구나 놀잇감, 도구의 안전한 사용법을 알려주는 것뿐만 아니라 생활 속에서 실천할 수 있게 하는 것이다. 교사는 유아에게 놀이기구나 놀잇감, 도구의 바른 사용법을 알려줄 뿐만 아니라 유아가 스스로 안전한 사

표 8-20 / 안전하게 놀이하기 연령별 내용

<table>
<tr><th>3세</th><th>4세</th><th>5세</th></tr>
<tr><td colspan="2">놀이기구나 놀잇감, 도구를 안전하게 사용한다.</td><td>놀이기구나 놀잇감, 도구의 바른 사용법을 알고 안전하게 사용한다.</td></tr>
<tr><td>안전한 놀이장소를 안다.</td><td colspan="2">위험한 장소를 알고 안전하게 놀이한다.</td></tr>
<tr><td>TV, 인터넷, 통신기기 등을 바르게 사용한다.</td><td colspan="2">TV, 인터넷, 통신기기 등의 위해성을 알고, 바르게 사용한다.</td></tr>
</table>

용 규칙에 대해 의논하고 약속으로 정하며 이를 지켜서 놀이하도록 지도한다.

'안전한 놀이장소를 안다'는 유아가 실내외 놀이 장소에서 안전하게 놀이할 수 있도록 안전한 놀이 장소를 알고 안전하지 못한 곳과 구분할 수 있게 하는 내용이다. 안전사고 위험요인들이 미리 제거된 안전한 놀이 공간과 시설을 제공하는 것이 중요하다.

'위험한 장소를 알고 안전하게 놀이한다'는 유아에게 안전한 놀이 장소를 알려주고 놀이하도록 하는 것에서 발전하여 유아와 함께 실내외에서 안전하고 위험한 장소를 알고 구분하며, 질서를 지키는 등 안전하게 놀이할 수 있게 지도하는 내용이다.

'TV, 인터넷, 통신기기 등을 바르게 사용한다'는 유아에게 올바른 전자미디어의 사용법을 알려주고 사용하도록 하는 내용이다. 만 3세 유아에게는 정해진 시간에만 바른 자세로 앉아 사용하는 등 전자미디어의 바른 사용법을 알고 생활 속에서 지킬 수 있도록 한다.

'TV, 인터넷, 통신기기 등의 위해성을 알고, 바르게 사용한다'는 전자미디어의 순기능뿐만 아니라 역기능에 대해 인식하고 이를 바탕으로 자기 조절능력을 가지며 올바르게 전자미디어를 사용하도록 하는 내용이다.

- 교통안전 규칙 지키기 : 교통안전 규칙 지키기는 유아가 교통안전 규칙의 중요성과 자동차 사고의 위험을 알고 사고의 위험으로부터 자신을 보호하기 위해 필요한 지식, 기능, 태도를 형성하는 내용이다.

'교통안전 규칙을 안다'는 유아에게 안전보행이나 도로횡단 등의 각종 교통 안전 규칙을 알려주어 안전하게 생활할 수 있도록 하는 내용이다.

'교통안전 규칙을 알고 지킨다'는 교통 규칙을 알려주고 경험하도록 하는 것에서 나아가, 교통안전 규칙을 왜 지켜야 하는지, 지키지 않을 경우 어떤 일이 생기는지 등에 대해 알아보고 지키도록 하는 내용이다.

'교통수단을 안전하게 이용한다'는 유아가 기본적인 교통수단의 안전한

표 8-21 / 교통안전 규칙 지키기 연령별 내용

3세	4세	5세
교통안전 규칙을 안다.	교통안전 규칙을 알고 지킨다.	
교통수단을 안전하게 이용한다.		

이용방법에 대해 인식하고 실천하는 내용이다. 만 3, 4, 5세 유아가 승용차, 버스, 지하철 등 실생활에서 경험할 수 있는 교통수단을 승차해 보는 경험을 제공하고, 그에 따른 안전 수칙에 대해 알고 안전하게 이용하도록 한다.

- 비상 시 적절히 대처하기 : 비상 시 적절히 대처하기는 학대, 성폭력, 실종, 유괴상황과 재난 및 사고 등의 비상상황을 알고 적절하게 대처함으로써 자신을 보호하는 데 필요한 지식, 기능, 태도를 형성하는 내용이다.

'학대, 성폭력, 실종, 유괴상황을 알고 도움을 요청한다'는 유아에게 학대, 성폭력, 실종, 유괴상황의 가능성을 알려주고, 만약의 경우에 도움을 요청하도록 알려주는 내용이다. 이때 단순한 지식 전달이 되지 않도록 상황극 등을 통해 연습함으로써 유아가 실제 상황에서 도움을 요청할 수 있도록 지도한다.

'학대, 성폭력, 실종, 유괴상황 시 도움을 요청하는 방법을 알고 행동한다'는 유아가 학대, 성폭력, 실종, 유괴상황을 인식하고, 적절한 대처방법을 알아서 실천하도록 하는 내용이다.

'재난 및 사고 등 비상 시 적절하게 대처하는 방법을 안다'는 유아에게 태풍, 홍수, 지진(해일), 화재, 폭염, 폭설, 한파, 방사능 등에 대비한 재난 대피방법 및 사고가 발생할 수 있는 위험한 상황을 알려주어 자신을 보호하도록 하는 내용이다. 만 3세 유아에게는 대피방법을 구체적으로 알려주고 교사의 안내에 따라하도록 하며 비상 시를 대비하여 정기적으로 훈련을 실시한다.

'재난 및 사고 등 비상 시 적절하게 대처하는 방법을 알고 행동한다'는 유아가 지속적이고 반복적인 대피훈련을 통해 위급한 상황에 처했을 때 당황하지 않고 적절히 대처하도록 하는 내용이다.

표 8-22 / **비상 시 적절히 대처하기 연령별 내용**

3세	4세	5세
학대, 성폭력, 실종, 유괴상황을 알고 도움을 요청한다.	학대, 성폭력, 실종, 유괴상황 시 도움을 요청하는 방법을 알고 행동한다.	
재난 및 사고 등 비상 시 적절하게 대처하는 방법을 안다.	재난 및 사고 등 비상 시 적절하게 대처하는 방법을 알고 행동한다.	

Chapter 09

영유아 건강생활지도

영유아기는 환경적 변화에 대한 적응력과 질병에 대한 저항력이 성인에 비해 약하기 때문에 세심하게 보살펴야 하며 끊임없는 관심과 지도로 건강한 생활습관을 형성하도록 지원해야 한다. 건강한 생활습관과 태도는 영유아의 건강을 유지 · 향상시킬 뿐 아니라 건강에 대한 인식을 증진시키므로 매우 중요하다.

이 장에서는 영유아기에 중요하게 다루어야 할 건강생활습관으로 배변, 손 씻기, 이 닦기, 수면 및 휴식, 의생활에서 영유아의 발달 특성과 구체적 지도 내용에 대해 살펴본다.

1. 배변지도
2. 손 씻기 지도
3. 이 닦기 지도
4. 수면 및 휴식지도
5. 의생활지도

1. 배변지도

1 배변기능의 발달 특성

일반적으로 영유아는 태어나면서부터 36개월 정도까지 점차적으로 배변기능이 발달하게 된다. 구체적으로 18~24개월경 방광과 항문의 괄약근을 통제할 수 있는 생리적 능력을 갖게 되고, 24~30개월경 방광의 조절능력발달로 소변이 마려울 때 어느 정도 참을 수 있게 되어 스스로 화장실이나 변기에 가서 소변을 볼 수 있게 된다. 그리고 30~36개월경 밤에 소변을 보지 않을 정도로 조절능력이 향상된다.

표 9-1 / 연령에 따른 배변기능의 발달

연령	발달 특성
0~6개월	방광에 소변이 쌓이면 반사적으로 소변을 배설하지만, 소변 보는 간격은 점차 1~2시간 정도 길어진다.
6~10개월	영아의 방광은 점차 커져서 어느 정도 소변을 참을 수 있다.
10~18개월	• 신경 및 뇌가 발달하여 방광의 감각을 느낄 수 있다. • 한두 마디 말을 할 수 있고, 걸을 수 있어서 배변훈련을 준비할 수 있는 시기이다. • 젖은 기저귀나 옷을 가리키거나 만지며 불편함을 표현한다. • 변기에 배변하는 것을 싫어할 수 있다.
18~24개월	• 방광이 좀 더 커져서 보다 많은 양의 소변을 모을 수 있다. • 대변이 나오는 느낌을 지각할 수 있어서 배변훈련을 시작할 수 있는 적절한 시기로 배변과 관련된 간단한 용어를 이해하고 사용할 수 있다.
24~30개월	소변이 마려워도 어느 정도 참을 수 있을 만큼 방광의 조절능력이 발달하여 스스로 화장실 변기에 가서 소변을 볼 수 있다.
30~36개월	배변 의사를 표현하고 화장실에 가고 싶음을 말할 수 있으며, 밤에도 소변을 보지 않을 정도의 통제능력이 생긴다.

자료 : 조운주 · 최일선(2013), 유아교육기관에서의 유아생활지도(제3판), 창지사.

2 배변지도의 내용

(1) 기저귀 갈이

기저귀 가는 시간은 영아와 교사가 개별적으로 긴밀하게 상호작용할 수 있는 좋은 기회가 된다. 교사는 기저귀를 가는 동안 부드럽게 이야기해주고 청결하게 처리해 줌으로써 영아가 기분이 좋아지는 시간으로 인식할 수 있도록 해야 한다.

① 기저귀 가는 순서

- 필요한 물품이 모두 있는지 체크한다. 먼저 두루마리 화장지나 종이타월을 바닥에 깐다.
- 영아를 바닥에 깐 종이타월 위에 두고 손으로 영아를 붙잡는다.
- 더러운 기저귀와 옷을 벗긴다. 기저귀를 플라스틱 봉지에 넣고 옷은 집에 가져가도록 다른 플라스틱 봉지에 넣는다.
- 영아의 사타구니를 미리 적신 종이타월로 깨끗이 닦는다. 종이타월은 플라스틱 봉지나 플라스틱이 둘러진 통에 넣는다. 바닥에 깐 종이타월도 똑같이 처리한다.
- 손을 젖은 종이타월로 닦는다. 닦은 종이타월도 플라스틱 봉지나 플라스틱이 둘러진 통에 넣는다.
- 기저귀를 채우고 옷을 입힌다.
- 영아의 손을 물비누와 흐르는 물로 씻기고 일회용 종이타월로 닦는다. 이때 물휴지로 대신하는 것은 적절하지 않다.
- 기저귀 간 곳과 손댄 물품을 깨끗이 닦고 소독한다. 교사도 물비누와 흐르는 물로 손을 씻고 일회용 종이타월이나 건조기로 말린다.

② 기저귀 갈 때 고려할 점

- 설사하거나 영아의 옷에 대변, 소변, 피, 구토물이 있어 기저귀를 갈다가 손에 묻으면 즉각 멈추고 먼저 물에 적신 휴지로 손을 닦아 오염을 막는다.
- 상업용 물휴지를 사용해도 되지만 오염을 방지하기 위하여 아이마다 각각 물휴지통을 달리하고 이름을 명기해서 사용해야 한다.
- 손을 씻는 싱크대는 물을 먹거나 우유병을 씻거나 음식을 만들거나 수업활동에 사용해서는 안 된다.
- 가급적 일회용 장갑을 사용한다. 장갑을 사용한 경우 기저귀를 간 후 바로 벗어버려야 하며, 그 장갑을 끼고 다른 영아 기저귀를 채우거나 다른 활동을 해서는 안 된다.
- 지저귀 가는 곳은 싱크대가 옆에 있어야 하며, 물을 흘려 사용할 수 있어야

하고 물비누와 일회용 종이타월이 비치되어 있어야 한다.

- 기저귀 탁자는 재질이 강하고 표면이 매끈하며 방수처리가 되어야 한다. 표면에 금이 가거나 벗겨져서는 안 된다.
- 플라스틱 백으로 감싼 두 개의 휴지통이 있어야 한다. 한 개는 더러운 기저귀를 담고, 한 개는 더러운 옷을 담아 영아의 이름이 명기되어 집으로 보내져야 한다. 더러운 기저귀나 옷을 음식이나 우유병, 칫솔, 깨끗한 옷과 같이 담아서는 안 된다.
- 영아가 대변을 보았을 때, 특히 여아는 앞에서 뒤로 닦아야 한다. 반대로 닦으면 요도에 변이 들어갈 수 있기 때문이다.

③ 기저귀 발진 예방

- 소변은 산성이라서 영아의 약한 피부를 자극하여 피부 문제를 일으키거나 더 악화시키므로 기저귀를 갈아야 할 시기를 잘 맞춰 갈아준다.
- 기저귀를 갈 때 영아의 피부에 남아 있는 소변과 대변의 성분을 말끔히 제거하고 적당히 건조시킨 다음 적절한 보습제를 발라준다.
- 영아의 둔부와 외음부의 피부가 항상 청결하고 건조하며 적당한 유분이 있도록 유지해야 한다.
- 기저귀 발진이 생겼을 경우에는 발진 부위를 깨끗이 씻겨 건조시키고 처방된 연고제를 발라준다.
- 기저귀 발진 원인균은 호모균으로 습하고 유기물이 많으며 따뜻한 조건에서 잘 번식하므로 자주 통기시킨다. 이때 파우더는 사용하지 않는다.

(2) 배변훈련

출생 시 배변을 보는 것은 반사적으로 일어나지만 자라면서 신경계가 성숙함에 따라 배변을 수의적으로 조절하게 된다. 또한 점차 자기 의지를 가지고 장소 또는 시간에 따라서 조절하는 법을 배워나가게 되는데, 이러한 과정을 배변훈련이라고 한다. 배변을 가리기 위해서는 방광과 항문의 괄약근을 조절할 수 있는 생리적인 능력을 갖춰야 한다. 성공적인 배변습관 형성과정에서 영유아는 자신의 신체에 대한 자존감을 높이고 성취감을 느끼며 자율성을 향상시키게 된다. 배변을 가리는 것은 영유아의 행동에 가해지는 최초의 사회적 제재이기 때문에 대체로 약간의 불안과 좌절감을 경험하게 된다. 따라서 발달적으로 준비된 시기에 긍정적인 방법으로 배변훈련이 이루어져야 한다.

① 배변훈련 시기

배변 가리기에서 가장 중요한 점은 때가 되면 다 가린다는 것이다. 배변훈련은 나이보다는 영유아의 발달 정도를 고려하여 시작해야 한다. 너무 일찍 시작하면 영유아와 가족에게 스트레스와 불안을 주고 훈련 기간이 길어지기 때문에 영유아가 배변훈련을 시작할 준비가 되었는지를 알아채는 것이 매우 중요하다. 배변 가리기 시작 연령은 개인에 따라 다르며 영유아의 지능지수나 운동신경과는 전혀 상관이 없다.

일반적으로 걷는 근육이 충분히 발달하는 18~24개월에 주위의 도움 없이 혼자서 잘 걸을 수 있는 나이가 되면 신체적으로 배변훈련이 준비된 나이라고 생각할 수 있다. 그러나 시작 시기의 기준은 신체적 · 생리학적 발달 이외에도 의식과 언어발달, 감정과 사회적 발달 등의 조건을 고려하여 정할 수 있다. 대부분 소변보다는 대변을 더 빨리 가리게 되는데, 야간의 대변 가리기, 주간의 대변 가리기, 주간의 소변 가리기, 야간의 소변 가리기 순서로 진행된다. 낮에 배변 가리기가 완료되는 시기는 만 2세는 4%, 2.5세는 22%, 3세는 60%, 3.6세는 88%이며, 2%는 만 4세가 지나서도 가리지 못할 수도 있다. 즉, 대략 만 4세까지는 배변 가리기 과정이 이루어지는데, 야간의 소변 가리기는 낮 동안의 가리기가 끝난 후 수개월 뒤에 이루어지게 된다.

알아두기

배변훈련을 시작할 수 있는 성장단계

- 영유아용 변기의자의 사용이나 형, 누나의 내의를 입으려고 요구한다.
- 옷을 내리고 올릴 수 있다.
- 독립성을 나타내고, '아니오'라는 말을 한다.
- 부모의 행동을 모방한다.
- 간단한 지시에 따르고 앉고 걷기를 할 수 있다.
- 기저귀가 젖은 것을 표현하고 깨끗한 기저귀를 원한다.
- 소변을 보고 싶다는 것을 말하거나 얼굴 표정(얼굴과 뺨이 붉게 되는 등)을 짓거나 행동(발끝으로 춤을 추는 듯한 행동이나 웅크려서 한쪽 발꿈치로 항문 쪽을 누르는 자세 등)으로 나타낸다.

② 바람직한 배변훈련방법

- 영유아용 변기를 구입하여 눈에 잘 띄는 편리한 곳에 놓아둔 후, 영유아가 사용하는 용어인 응가, 쉬 등으로 '이것이 네가 사용하는 곳' 임을 말해준다.
- 처음에는 옷을 입은 상태에서 영유아용 변기에 앉혀 두어 영아가 변기에 익숙해지도록 한다. 하루에 한두 번씩 3~5분간 일주일 정도 시행한다. 가능하면 장운동이 가장 활발한 시간인 아침식사 직후에 시행하는 것이 좋다.
- 배변을 보는 시간을 규칙적으로 충분히 제공하여 배변에 대해 긍정적인 태도를 갖게 한다.
- 혼자서도 쉽게 입고 벗을 수 있는 간단한 옷을 입힌다.
- 영유아가 배설의사를 밝히면 즉시 배변을 볼 수 있도록 해준다.
- 부모, 형제자매, 보육교사가 화장실을 이용하는 것을 볼 수 있도록 한다. 남자아이라면 서서 소변을 보게 시도해 보아도 좋다.
- 기저귀를 차지 않은 상태에서 영유아용 변기에 앉혀 둔다. 강요하거나 처음부터 좋은 결과를 기대하지 않도록 한다. 그러나 우연하게라도 대소변을 본다면 영유아를 칭찬한다. 영유아용 변기를 점차 화장실 쪽으로 가깝게 놓아 두다가 마지막에는 화장실 안에 가져다 놓는다.
- 영유아와 함께 기저귀의 변을 영유아용 변기에 버리고 '여기가 대변이 가야 할 곳' 이라고 아이에게 이야기해 준다. 영유아용 변기의 변을 화장실에 가져가서 변기에 버리고 물을 내린다. 영유아가 변을 버리는 것을 지나치게 싫어하는 경우에는 하지 않아도 좋다.
- 배변 보기 직전의 표정, 몸짓 등의 신호를 관찰한다. 신호가 느껴지면 영유아에게 신체의 감각에 집중을 시켜 주기 위해 '쉬 할래? 응가 할래?' 라고 물어본다. 이때 옷을 내리고 화장실(영유아용 변기)로 가자고 말한다. 옷 벗고 변기에 앉는 것을 도와준다. 혼자 벗을 수 있다면 혼자 옷을 벗도록 놔둔다. 변기에 영유아가 원하는 동안 앉아 있게 해준다. 그러나 3~5분 이상 앉아 있는 것은 별 의미가 없다. 실패하더라도 아무렇지 않은 듯 다음에 하도록 격려해 준다.
- 배변이 이루어지는 동안 약속된 의사소통 기제를 적절하게 사용한다. 옆에서 '쉬' 라고 발음해 주거나, 함께 힘을 주는 흉내를 내며 '응가' 라고 말하는 것은 배변을 쉽게 보도록 하는 데 도움이 된다.
- 영유아에게 배변훈련의 긍정적인 측면을 강조하여 "다 컸네. 엄마/아빠/선

생님이랑 똑같이 하네. 혼자서도 잘할 수 있구나."라고 말해주고 성공하는 경우에는 칭찬해 준다.

- 영유아의 시도와 노력에 대해 항상 긍정적인 반응과 격려를 한다. 실수를 했을지라도 다음번에는 잘할 수 있을 거라며 격려를 해주어야 하며 벌을 주어서는 안 된다. 벌을 주게 되면 영유아에게 심리적 상처가 되어 이후 강박신경증의 원인이 될 수 있다.
- 변기에 대소변을 보는 것에 어느 정도 익숙해지면 낮 동안에 기저귀를 그만 차기를 원하는지 영유아에게 물어본 후 긍정적이면 영유아용 팬티를 입히기 시작한다.
- 보육실과 화장실 사이를 개방시켜 놓아서 영유아가 화장실에 있는 동안에 교실의 활동을 보고 들음으로써 안도감을 느낄 수 있도록 한다.

③ 배변훈련 시 고려할 점

- 만일 신체적으로 준비가 되었는데도 영아가 대소변 가리기를 거부하거나 배변훈련이 잘 되지 않는 경우 훈련방법, 환경적 변화 등을 살펴보고 하루나 이틀 정도 쉰 다음 격려하고 용기를 내어서 다시 할 수 있도록 한다.
- 배변을 잘 가렸다가 퇴행현상이 나타나는 경우에는 환경이나 심리적 변화 등을 관찰하고 신체적 질환 등의 여부를 확인한다. 배변 가리기 실패를 인식하지 말고 문제가 될 만한 것을 아이와 함께 공유하면서 수일 혹은 수주 정도 격려하며 기다리는 것이 필요하다.
- 배변훈련은 점진적으로 진행되는 과정이고 영유아가 하고자 하는 욕망과 흥미가 있어야 다음 단계로 진행될 수 있다. 이를 위해서는 이러한 과정을 이해하는 부모의 사전 준비도 반드시 필요하다. 따라서 부모에게 정확한 배변훈련의 의미와 중요성을 설명한 후 충분한 준비가 된 후 시작하며, 잘못된 배변훈련의 부작용에 대해 인지하도록 교육한다.
- 배변훈련에서 가장 중요한 것은 주어진 과제를 달성해서 얻어지는 아이의 자존심을 최대로 키워주는 것이므로 단기 목표(배변 가리기)의 달성을 위해 장기 목표(신체적 · 정신적으로 건강한 아이)를 희생시키지 않도록 세심하게 주의한다.

(3) 유아의 배변지도방법

유아의 경우 놀이에 몰입하여 스스로 배변시간을 놓칠 수 있으므로 교사는 유아의 표정이나 행동을 살피며, 하루 일과 동안(활동의 전이시간이나 실내에서 실외로 이동하기 전 등)에 화장실 가기를 규칙적으로 안내해야 한다. 유아가 배변 실수를 하는 경우에 수치심을 느낄 수 있으므로 독립된 공간에서 처리해 주고 정서적으로 위축되지 않도록 배려해 준다.

표 9-2 / 유아의 연령에 따른 배변지도방법

연령	지도방법
3세	변의를 느꼈을 때 스스로 화장실에 가서 배변하도록 하고 뒤처리는 교사가 도와준다.
4세	구체적인 화장실 사용 절차와 방법(예 : 배변 후 물 내리기, 휴지 사용법, 뒤처리 방법, 손 씻기 등)에 관한 게시 자료를 보고 스스로 실천하여 습관화하도록 격려한다.
5세	규칙적인 배변습관의 중요성에 대해 알아보고, 일상생활에서 일정한 시간에 규칙적인 배변을 하며 배변 후 스스로 바르게 처리하도록 격려한다.

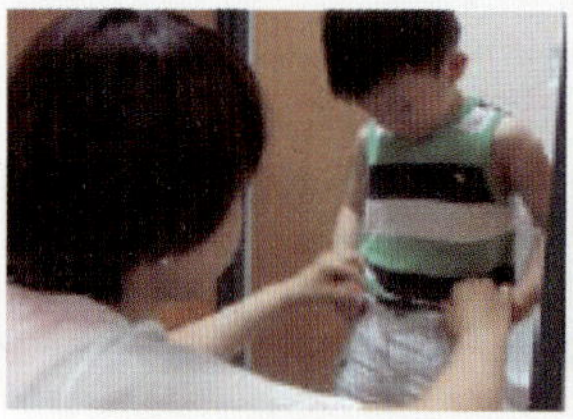
3세

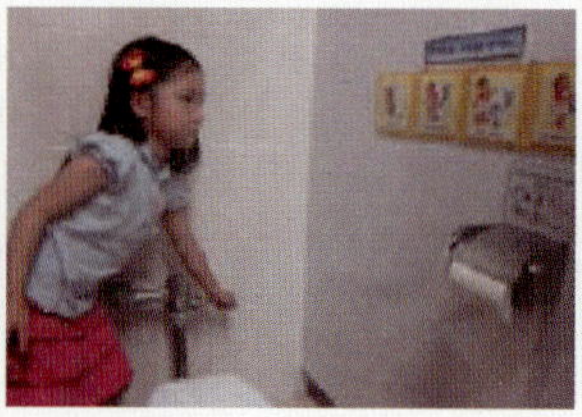
4세

5세

자료 : 교육과학기술부 · 보건복지부(2013), 3~5세 연령별 누리과정 교사용 지침서.

2. 손 씻기 지도

1 청결기능의 발달 특성

영유아는 다음과 같이 연령에 따라 청결능력이 발달한다.

표 9-3 / 연령에 따른 청결기능의 발달

연령	발달 특성
0~2세	돌이 되기까지는 더럽고 깨끗한 것을 구분할 줄 모르지만, 돌 이후에는 점차 언제 씻어야 하는지를 알게 된다.
3세	어느 정도 씻는 것에 익숙해지고, 서툴지만 혼자서 손을 닦을 수 있다.
4~5세	혼자서 손 씻기와 세수를 할 수 있다.

2 손 씻기 지도의 내용

대부분의 감염성 질환은 공기를 통해 코나 입으로 병균이 직접 침입하기보다는 바이러스가 묻은 손을 코나 입에 갖다 댐으로써 감염되는 경우가 더 많다. 이에 식중독, 유행 눈병, 세균 이질, 콜레라, 상기도 감염(감기), 폐렴, 독감, A형 간염, 기생충 감염, 피부 감염 등의 각종 감염 질환은 손을 잘 씻음으로써 줄일 수 있다. 감염성 설사는 손 씻기를 통해 30~50%, 호흡기 감염은 21~24% 빈도가 감소한다고 한다. 따라서 영유아와 보육교사는 자주 손을 청결하게 씻어야 한다.

(1) 손 씻기 지도방법

- 언제 손을 씻어야 하는지를 설명해 주어야 한다.
- 교사, 부모가 올바른 손 씻기 방법을 지도해야 한다 : 손에 물을 적시고 나서 20초간 비누를 사용하여 손의 구석구석을 문지르고 흐르는 물에 헹군 후 완전히 건조시킨다. 뜨거운 물은 피하는 것이 좋으며 아이가 충분한 시간 동안 손을 씻을 수 있도록 손 씻기 과정을 재미있게 유도하는 것이 바람직하다.
- 건조방법 : 여러 사람이 같은 타월을 사용하는 것은 바람직하지 않으며 일회용 종이타월과 건조기 사용방법 중에 어느 것이 더 좋은지에 대한 답은 아직까지 없다. 단, 건조기는 시간이 조금 더 걸리기 때문에 손 씻기 실천을 감소시키는 요인으로 작용할 가능성이 있으며 건조기의 위생적인 관리가 요구된다.

표 9-4 / 손 씻는 시기

영유아	보육교사	취사부
• 간식 및 식사 전 • 화장실 이용 후 • 미술활동, 탐구활동을 한 후 • 요리활동을 하기 전후 • 실외놀이 후 • 코를 풀거나 상처 부위를 만진 후 • 애완동물을 만지거나 먹이를 준 후 • 음식을 다루거나 먹기 전후	• 영유아에게 음식을 먹이기 전후 • 수유 전후 • 기저귀 갈이 전후 • 상처를 만지거나 처리하기 전후 • 투약 전후 • 요리활동 전후 • 영유아의 화장실 사용을 도와준 후 • 영유아의 신체 분비물을 만진 후 • 실외활동 후 • 애완동물을 만진 후 • 일회용 장갑이나 고무장갑을 벗은 후	• 화장실 사용 후 • 원재료의 식품 취급 후 • 머리카락, 몸을 만진 후 • 코를 풀거나 재채기 후 • 흡연, 식사, 음료 섭취 후 • 화학물질 사용 후 • 잔반 및 쓰레기 처리 후 • 유니폼, 앞치마를 만진 후 • 청결하지 않은 표면을 만진 후

그림 9-1 **올바른 손 씻기 방법**

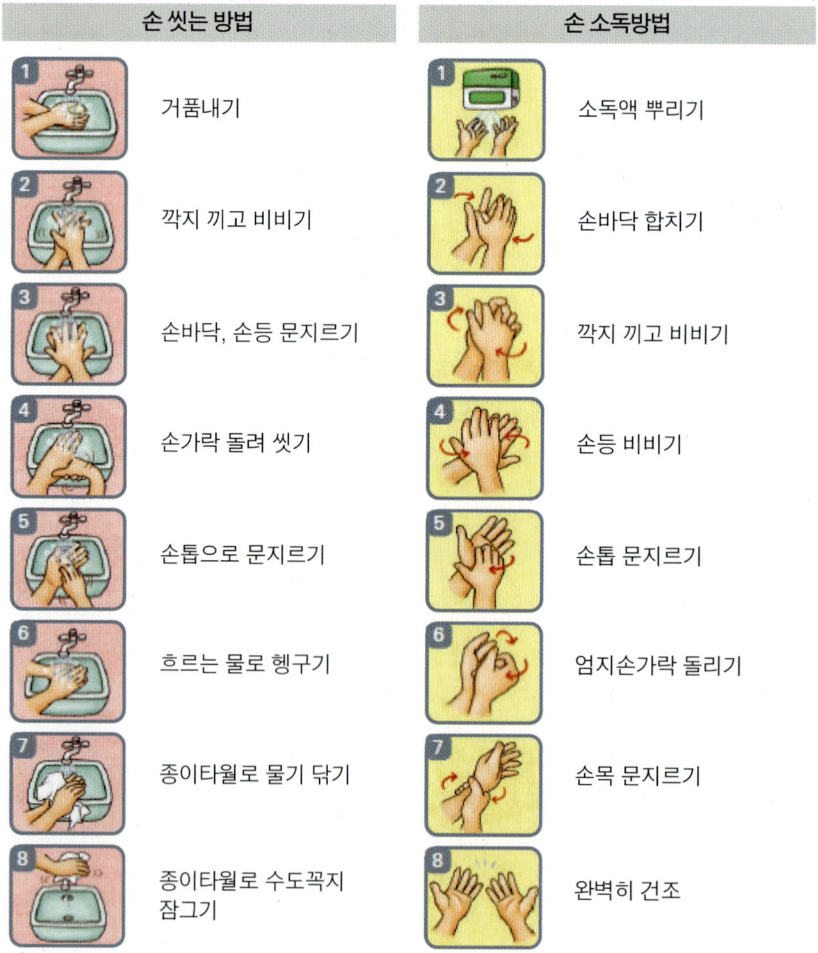

자료 : 보건복지부(2010), 보육시설 급식운영관리 매뉴얼.

(2) 연령에 따른 손 씻기 지도방법

영유아의 연령에 따른 손 씻기 지도방법은 표 9-5 와 같다.

표 9-5 / 연령에 따른 손 씻기 지도방법

연령	지도방법
0세	교사가 항상 손을 청결하게 하고, 교사가 영아를 직접 씻겨준다.
1세	교사가 항상 손을 청결하게 하고, 교사가 영아의 손을 씻겨 주면서 올바로 씻는 방법을 지속적으로 지도한다.
2세	교사가 항상 손을 청결하게 하고, 교사가 올바르게 씻는 방법을 행동으로 보여 주며 안내한다. 영아가 혼자서 스스로 씻을 수 있도록 지속적으로 반복하여 지도한다.
3세	손을 씻을 때마다 유아에게 손을 바르게 씻는 방법을 알려주고, 교사가 도와주며 손을 씻게 한다.
4세	바르게 손 씻는 방법에 관한 그림 자료를 게시해 주어 유아가 게시물을 보며 스스로 손을 씻도록 격려한다.
5세	유아 스스로 바른 방법으로 손을 씻도록 격려하며, 필요한 경우 어린 연령의 동생들에게 손 씻는 방법을 소개하는 활동으로 확장한다.

3세

4세

5세

자료 : 보건복지부(2013). 어린이집 표준보육과정에 기초한 영아보육 프로그램 운영의 이해 ; 교육과학기술부 · 보건복지부(2013), 3~5세 연령별 누리과정 교사용 지침서.

알아두기

물티슈의 사용에 대하여

대부분의 물티슈 제품은 항균작용을 하는 성분이 포함되어 있지 않다. 간혹 항균성분이 포함되어 있더라도 그 성분의 함유량이 의미 있는 항균작용을 할 만큼 포함되어 있는지에 대하여 현재 시판되는 제품들의 설명으로는 확인하기 어렵다. 따라서 물티슈 사용은 단지 더러운 물질이 묻었을 때 제거하는 용도로 사용해야 하며 물과 비누를 사용하는 손 씻기를 대신할 수 없다.

알코올을 함유한 손 세정제의 사용에 대하여

손 세정제는 에탄올, 이소프로판올, 엔프로판올 혹은 이 중 두 가지 이상의 조합으로 된 알코올 성분이 포함되어 있다. 에탄올은 60~80%에서 가장 항균작용이 뛰어나며 단백질의 변성과정에 물이 필요하기 때문에 그 이상의 농도에서는 효과가 감소한다. 알코올의 종류와 농도 및 사용된 양, 접촉시간 등에 의해 세정작용의 효율성이 영향을 받는다. 일반적으로 10~15

초 이내에 건조되었다면 세정제의 양이 적다고 판단할 수 있다. 알코올이 함유된 손 세정제의 사용이 감염 질환의 빈도를 줄인다는 연구 보고가 있다. 따라서 물과 비누를 사용한 손 씻기가 쉽지 않으면 알코올을 함유한 손 세정제의 사용을 권장한다.

자료 : 보건복지부(2011), 어린이집 건강관리 매뉴얼.

3. 이 닦기 지도

1 치아의 발달 특성

영유아의 젖니는 평균적으로 6개월경에 나오기 시작하며 2년 6개월이 되면 거의 다 나오게 되는데, 조금 일찍 나올 수도 있고 돌이 가까워져서 나오는 경우도 있다. 그러나 늦게 나오는 경우라 할지라도 유전적인 경향이 있으며 대부분 질병

그림 9-2 이 나는 순서

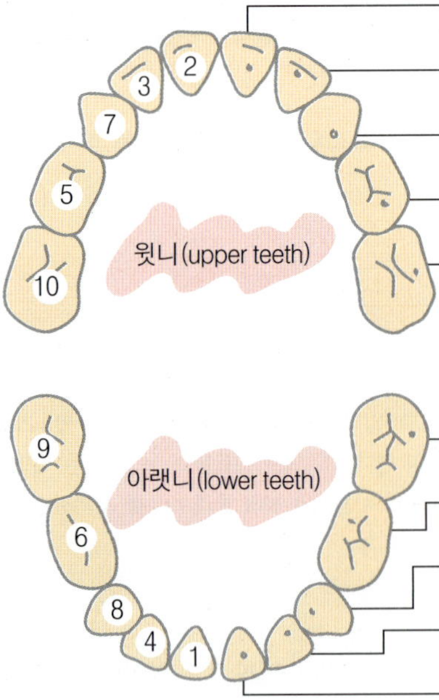

■ 1~10 치아 맹출순서	맹출(erupt) (개월)	사라짐(shed) (만_세)
앞니(central incisor)	8~12	6~7
앞니(lateral incisor)	9~13	7~8
송곳니(canine)	16~22	10~12
첫 번째 어금니(first molar)	13~19	9~11
두 번째 어금니(second molar)	25~33	10~12
두 번째 어금니	23~31	10~12
첫 번째 어금니	14~18	9~11
송곳니	17~23	9~12
앞니	10~26	7~8
앞니	6~10	6~7

자료 : 보건복지부(2010), 보육시설 급식운영관리 매뉴얼.

과 관련된 경우는 거의 없다. 처음에는 아랫니가 중간에서 2개가 나오게 되고 한 달 정도 지나면 윗니가 중간에서 4개가 나오며 한 달 후에는 아래의 송곳니가 나오게 되는데, 이러한 순서도 간혹 다양하게 나타날 수 있다. 젖니가 나오기 시작하면 잇몸 부분이 압박을 받아 붓고 통증이 있다. 이에 영유아가 보채고 울며, 침을 흘리고 젖을 몹시 빨거나 딱딱한 물건을 씹으려는 증상이 나타난다. 그러나 고열, 발진, 설사 같은 전신적인 증상이 나타나지는 않는다. 간혹 미열이 나타나기도 하지만 38℃ 이상의 열이 발생하지는 않는다.

2 이 닦기 지도의 내용

치아는 음식물을 잘게 부숴 주어 음식물을 통하여 충분한 영양을 섭취할 수 있도록 하는 중요한 역할을 하는 기관이므로 건강을 유지하기 위해서는 건강한 치아를 가지고 있어야 한다. 이에 평소에 이를 잘 닦는 습관을 갖게 하여 충치가 생기지 않도록 미리 예방하는 것이 가장 바람직하다. 유치가 손상되더라도 영구치가 나면 된다고 생각하여 유치 관리를 소홀히 하는 경우가 있다. 그러나 유치 관리를 잘못하면 영구치 손상과 치열의 비정상 같은 문제가 발생할 수 있으므로 유의한다.

(1) 바람직한 이 닦기 지도방법

① 생후 6개월부터 영아의 이를 닦아주어야 한다

이가 나오기 시작하는 생후 6개월 무렵부터 교사나 부모가 이를 닦아주기 시작한다. 자주 닦아줄수록 좋으며, 적어도 하루 한 번 꼭 닦아주도록 한다.

② 생후 12개월이 지나면 우유병을 물고 자는 습관을 중단시켜야 한다

자는 동안 입 안에 고여 있는 분유성분이나 이유식은 영아의 치아를 썩게 하는 주범이다. 우유병을 물고 자지 못하도록 한다. 우유병 떼는 것이 원활하지 않을 경우 우유병에 우유 대신 보리차를 넣어 먹이거나 잠이 드는 즉시 우유병을 입에서 빼고 거즈를 이용하여 입 안을 닦아주도록 한다.

③ 무분별한 간식 섭취를 줄인다

영유아의 손이 닿는 곳에 설탕이 든 과자를 방치하는 것은 치아우식증을 발생시키는 지름길이다. 간식은 정해진 시간에만 먹게 하고, 입 안에 설탕이나 과자를 물고 있지 않도록 해야 한다.

④ 만 12개월부터 만 3세까지의 영유아는 수시로 입 안을 들여다보아야 하며, 생후 12개월이 지나면 치과에서 구강검진을 받도록 하는 것이 좋다

치아우식증이 나타나는 시기는 만 3세 이전이다. 흔히 영유아가 치통을 호소하는 경우에 치과에 방문하게 되는데, 이때는 이미 치아가 상당히 손상된 후로서 진료기간도 길어지게 되므로 정기적인 구강검진을 받도록 한다.

⑤ 자기 전 이를 닦는 습관을 기른다

생후 24개월이 지나면 영유아로 하여금 칫솔을 손에 쥐게 하여 이 닦기와 친숙

그림 9-3 올바른 이 닦기와 잘못된 이 닦기 방법

올바른 이 닦기 방법 : 회전법

① 치아와 잇몸 : 잇몸 깊숙이 칫솔을 넣고, 잇몸 부위에서 치아의 씹는 면을 향해 손목을 돌리면서 쓸어준다.
② 앞니의 안쪽 : 앞니의 안쪽은 칫솔을 곧바로 넣고, 치아의 경사를 따라 입 안에서 밖으로 큰 원을 그리듯이 훑어낸다.
③ 어금니의 씹는 면: 어금니의 씹는 면은 칫솔을 앞뒤로 움직이며 닦아준다.

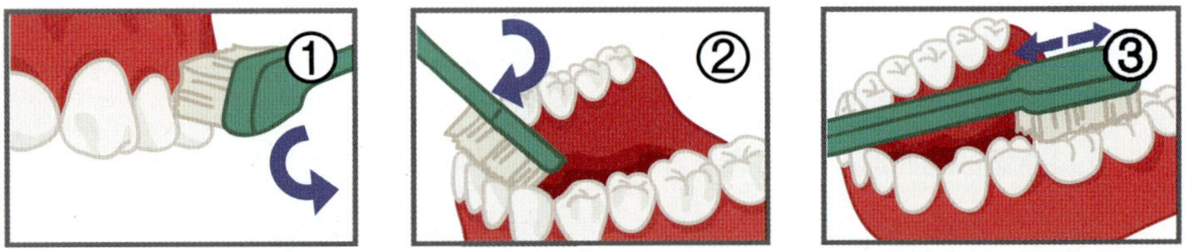

잘못된 이 닦기 방법 : 횡마법

오랜 기간 칫솔을 옆으로 움직이며 닦으면 치아와 잇몸 사이의 경계 부위의 치아 면이 닳아서 패이게 된다. 이렇게 치아가 패이면 찬물이나 찬바람에 치아가 매우 시리다. 칫솔을 옆으로 움직이며 하는 방법으로는 치면에 붙은 세균 덩어리의 막도 잘 제거하지 못할 뿐 아니라 잇몸에 상처를 주게 된다.

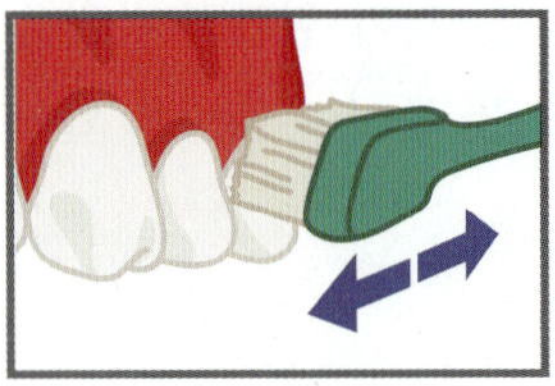

자료 : 대한예방치과학회.

해지도록 한다. 치아우식증을 예방하려면 자기 전 이 닦기가 매우 중요한데, 가능한 한 부모나 교사가 영유아와 함께 이를 닦음으로써 자연스럽게 이 닦기가 습관화될 수 있도록 해주어야 한다. 부모나 교사의 이 닦는 모습을 보면서 같이 이를 닦으면 영유아도 즐거워한다.

⑥ 올바른 칫솔 사용법을 익히게 한다

가장 올바른 칫솔방법인 회전법을 사용하여 식사 후와 잠자기 전에 칫솔질을 하는 습관을 키워준다.

(2) 연령별 이 닦기 지도방법

영유아들이 스스로 손 씻기나 양치를 하는 것도 중요하지만 바르게 실천할 수 있도록 교사가 관찰하고 지도하도록 한다. 영유아의 칫솔은 정기적으로 점검하여 교체가 필요한 영유아는 가정통신문을 통해 개별적으로 학부모에게 알려주어 교체하도록 한다. 칫솔질이 바르지 않은 영유아의 경우에는 관심을 가지고 지도한다. 칫솔을 깨끗이 씻어 살균소독기에 보관한다.

표 9-6 / 연령별 이 닦기 지도방법

연령	지도방법
0세	• 영아는 자기 자신이 칫솔질을 할 수 없으므로 성인이 해주어야 하는데, 영아의 몸을 안전하게 붙잡고 집게손가락에 젖은 천이나 거즈를 싸서 하루에 한 번 정도 이와 잇몸을 닦아준다. • 치아가 많이 돋으면 부드러운 소형 칫솔을 사용하여 닦아주도록 한다. • 뱉는 능력이 부족하여 치약을 삼킬 우려가 있고 칫솔질을 해줄 때 시야를 방해하므로 치약은 사용하지 않는 것이 좋다.
1세	• 영아용 칫솔을 쥐어주고 양치질 놀이를 할 수 있도록 한다. • 아직 영아가 제대로 닦을 수 없으므로 꼭 마무리 칫솔질은 성인이 해주어야 한다. • 매일 규칙적인 칫솔질 과정을 반복해 주는 것은 영아에게 좋은 구강습관을 키워준다. • 솔이 부드러운 칫솔을 사용하고 치약을 사용해도 된다.
2~3세	• 간단한 대화는 가능하므로 유아에게 칫솔질을 한 후 뱉도록 하며, 이것이 가능하면 치약을 사용하는 것이 좋다. • 칫솔질에 흥미를 보이고 참여하고자 하므로 이러한 행동을 격려해 주고 유아 스스로 칫솔질을 하도록 유도한다. • 유아 혼자서도 닦을 수 있게 되지만 깊은 안쪽까지는 손이 미치지 않으므로 마무리는 성인이 해주도록 한다.

연령	지도방법
3~6세	• 유아는 자신의 치아에 큰 흥미를 나타내고 자랑스러워하므로 유아 스스로 이를 닦을 수 있는 기회를 주도록 한다. • 말을 이해할 수 있으므로 알기 쉽게 칫솔질의 요령을 설명해 주고 매일 규칙적으로 이를 닦도록 지도한다. • 유아 자신의 칫솔을 보관할 장소를 마련하여 칫솔관리를 지도하고 식사 후나 취침 전에 반드시 양치질을 하도록 하며 하루 3회 이 닦는 습관을 길러주도록 한다. • 불소치약을 사용하기 시작하는 것이 좋지만 아직까지는 뱉는 능력이 어른보다 미숙하여 불소치약을 반복하여 삼키게 될 수 있기 때문에 소량 사용하도록 한다. • 유아 스스로 닦는 것을 독려하되 교사나 부모가 반드시 다시 한 번 꼼꼼하게 닦아주는 것이 중요하다.  

(3) 이 닦기 지도 시 고려할 점

이 닦기를 싫어하는 영유아를 지도할 때는 다음 사항들을 고려하면 좋다.

- 우선 이를 닦기 위해 거품이 나는 치약을 입 안에 물고 칫솔을 움직여야 하는 것 등이 모두 영유아에게 어렵고 괴로운 일일 수 있음을 이해해 주어야 한다.
- 이를 잘 닦지 않으면 세균막(플라크)이 형성되고, 이것을 닦아서 제거하지 않으면 충치가 발생되는 과정을 그림이나 사진자료를 활용하여 설명한다. 유아의 경우 치면착색제를 통한 플라크테스트를 통해 잘 닦지 않은 부분이 붉게 변하는 것을 경험하도록 하여 이를 닦아야 하는 이유를 과학적으로 설명해 주는 것도 가능하다.
- 지나치게 깨끗하게 닦는 것만을 강조하지 않고 이 닦기를 놀이나 재미있는 활동으로 연결하여 지도한다.
- 이를 닦는 과정과 닦은 후에 구체적으로 칭찬하고 격려한다.

- 영유아가 이 닦는 걸 아프다고 느끼면 입을 다물어버리거나 칫솔을 물어버리는 수가 있으므로 영유아가 이를 닦고 나서 교사가 마무리해 줄 때에는 영유아를 교사의 무릎에 뉘어놓고 재미있는 이야기를 하며 아프지 않게 천천히 닦아주는 것이 좋다.
- 영유아에게 이 닦는 것에 대한 기대감을 주고 거부감을 줄이기 위해서는 영유아에게 바람직한 칫솔과 치약 선택 기준 범위 내에서 영유아로 하여금 칫솔 디자인, 치약 맛 등을 선택하도록 하는 것도 좋다.

알아두기

젖니가 돋을 때부터 충치 예방해야… 영구치에도 영향 줄 수 있으니 신경 써야

아기의 이는 생후 6개월 이상이 되지 않으면 나지는 않지만, 실제로 잇몸 속에서는 임신 6주째부터 치아가 자라고 있다. 엄마가 섭취하는 영양소가 배 속 아기의 치아를 만드는 데 영향을 미치므로 칼슘을 충분히 섭취하고, 식사 때는 잘 씹어서 영양의 균형이 좋은 음식을 먹도록 한다. 스트레스에도 잘 대처해야 한다. 산모 본인도 미리 충치를 예방하고 충치균의 양을 치과에서 검사해서 감소시켜야 한다.

아기의 이는 미완성인 상태로 나오게 된다. 완성되기 전에 돋아나와 입 안에서 성숙해지는 데 시간이 걸리는 것이다. 특히, 젖니의 에나멜은 얇은데다 나온 지 얼마 되지 않은 상태에서는 매우 취약한 조직이다. 젖니는 영구치에 비해 에나멜 층이 얇고 반면 전체 치아 크기에 비해 속의 신경이 차지하는 부분이 매우 큰 편이므로 충치가 되기 어려운 튼튼한 치아가 되도록 초기부터 관리해 주어야 한다.

젖니(유치)는 타액에 포함된 미네랄을 갖고 와서 점점 더 튼튼해진다. 치아 표면에 얼룩이 있으면 이것을 방해하므로 양치질이 중요한 것이다. 이를 더 강화시키는 데 도움을 주는 것이 불소와 자일리톨이다. 불소는 법랑질을 강하게 하고 자일리톨은 충치균을 줄이는 데 효과적이다. 유치의 건강은 영구치의 건강에도 영향을 미친다. 젖니의 수는 20개인 데 비해 영구치의 수는 28개이다. 예쁜 치열을 위해서는 턱뼈가 충분히 발달해야 한다. 또 임신 4개월부터는 젖니, 생후 3개월부터는 영구치의 석회화가 시작되어 에나멜이 만들어진다. 임신 14주째가 되면 영구치의 싹도 나타나게 되어 젖니의 안쪽에서 같이 자라는 것이다. 후에 영구치가 날 때는 젖니의 뿌리를 이정표 삼아 나오게 된다.

나중에 영구치로 갈면 된다고 젖니의 충치를 내버려두면 안 된다. 젖니의 뿌리를 향해 영구치가 나오다가 젖니를 이물질로 인식해서 다르게 나오려 하거나, 주위의 영구치가 기울어져 치열이나 교합 같은 문제의 원인이 될 수 있다.

또 젖니에 충치가 많은 아이는 잘 씹을 수 없기 때문에 턱이 충분히 발달하지 않는다. 당연히 영구치의 치열도 나빠져서 양치하기도 좋지 않다. 결과적으로 영구치도 충치에 걸리기 쉬우므로 젖니 때부터 충치를 예방하는 것이 좋다.

완전히 이가 나지 않았을 때부터 양치질을 해야 한다. 하루에 한 번 아이가 양치에 익숙해지는 것을 목표로 해서 부드럽게 천천히 닦아 준다. 한밤중에 아기가 울어서 빈 젖병을 물려주어야 잠을 자고 할 때, 치아의 형성이 제대로 될지 걱정될 수도 있지만 무리하게 그만두지 않아도 서서히 아기가 그만두게 되므로 그대로 모습을 지켜보자.

자료 : 베이비뉴스(2013. 11. 25).

4. 수면 및 휴식지도

1 수면형태의 발달 특성

영유아의 건강한 발달을 위해 요구되는 수면 및 휴식시간은 연령에 따라 차이가 있으며 이 중 1~2시간은 낮잠으로 보충한다. 영유아 연령에 따른 수면형태는 다음과 같다.

(1) 신생아~3개월

대부분 신생아는 16~20시간을 자고 아직은 밤낮의 구별이 생기지 않은 시기라 밤낮을 가리지 않고 깨거나 잔다. 신생아의 수면주기는 50분 정도이고, 낮과 밤에 따라 자는 것과 깨어 있는 것을 조절할 능력이 없다. 다만, 배고프면 일어나고 배부르면 잔다. 모유 수유 영아는 더 자주 깨고 분유를 먹이면 높은 단백농도로 인해 더 길게 잔다. 이 시기에는 불규칙하고 자주 깨 엄마를 힘들게 한다. 3개월 동안 영아의 뇌는 빠르게 발달하여 미소와 같은 사회발달도 가능해지고 운동기술도 발달한다. 수면형태에서도 발달을 보여 3개월쯤 되면 뇌발달과 맞추어 밤낮의 구별이 되는 더 성숙한 수면형태가 된다. 어릴수록 렘수면(급성안구운동수면, Rapid Eye Movement Sleep)의 비율이 높다는 것은 두뇌발달에 렘수면이 중요한 역할을 차지한다는 것을 시사한다.

(2) 3~6개월 영아

2~3개월부터는 영아가 밤에 5시간 이상 푹 자기 시작한다. 수면 주기가 어른에 비해서는 짧아 자주 깨기는 하지만 영아가 좋은 수면습관을 갖도록 하려면 먹이는 것과 안고 흔들어 재우는 것을 조금씩 줄이면서 잠들게 해야 한다. 아침에 햇빛이 방에 들어오게 하고 밤에는 어둡게 하며 기저귀를 갈거나 먹일 때만 작은 전구를 켠다.

(3) 6~12개월 영아

낮에 활동량이 많아지고 분리불안이 생기기 시작하는 시기라 밤에 깨는 횟수가 부쩍 늘어난다. 이 시기 밤에 깰 때 엄마는 흔히 먹이거나 안아주거나 하여 재우는데, 가능하면 영아 혼자 스스로 자게 유도해야 아기도 엄마도 밤에 푹 잘 수 있는 좋은 습관이 들게 된다. 9개월에 70~80%의 영아는 한 번에 6시간 정도 밤 내내 잔다. 치아도 나오기 시작하므로 우유병이나 젖을 물고 자지 못하게 하고 이를 닦이는 습관을 들인다. 이 시기 영아는 보통 낮잠을 두 번 잔다.

(4) 만 1~3세 영아

이 시기에는 하루에 12시간 정도의 수면이 필요하다. 밤에 영아가 잠깐 깰 수도 있다. 영아는 6개월에야 밤에는 자야 한다는 것을 배우기 시작하고 확실히 자리 잡는 것은 2세경이다. 아직 1~2번의 낮잠이 필요하다.

그림 9-4 연령별 밤에 깨는 횟수

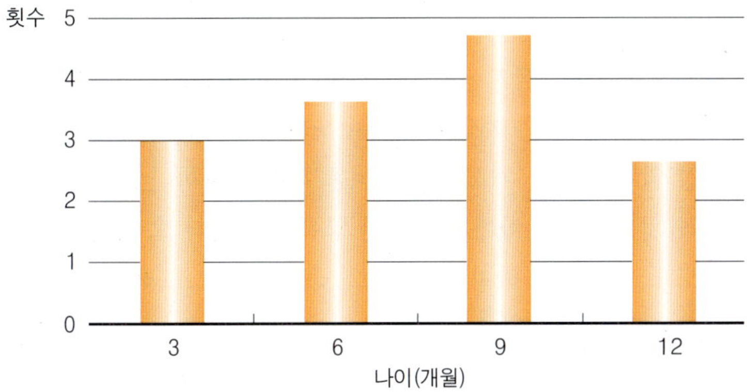

자료 : 보건복지부(2011), 어린이집 건강관리 매뉴얼.

표 9-7 / 연령에 따른 휴식시간

연령	전체 휴식시간	낮잠시간
2개월 이전	18~20시간	1시간 30분~2시간
2~6개월	16~18시간	
6~12개월	14~16시간	
1~2세	12~14시간	
3~4세	10~12시간	1시간~1시간 30분
5세	10시간	30분~1시간

(5) 만 3~5세 유아

이 시기에는 11~12시간 정도 잠이 필요하고 낮잠은 하루 한 번 정도로 줄어들며, 만 5살 정도가 되면 낮잠은 대부분 없어진다.

2 수면 및 휴식지도

(1) 수면 및 휴식지도방법

영유아의 경우에는 매일 충분한 낮잠을 자야 신체적으로 건강하게 매일의 생활을 할 수 있다. 하루 일과 중 영유아가 신체적인 피로감과 정서적인 긴장감을 해소할 수 있도록 낮잠이나 휴식을 계획하는 것이 필요하다. 개별적으로 침구, 친근한 인형 등을 준비하도록 하여 편안하게 휴식하도록 한다. 만 3~4세 유아의 경우 낮잠을 자도록 계획하고, 만 5세 유아는 낮잠을 자는 대신 휴식을 취하도록 한다.

- 잠에 빠져드는 시간, 잠자는 자세, 잘 때 필요한 요구, 잠자는 시간, 잠에서 깰 때의 기분상태 등은 개인차가 매우 크다. 교사는 개별 영유아의 이러한 습관을 잘 알고 최대한 개별적인 배려를 해주어야 한다. 따라서 충분한 낮잠 시간이 꼭 필요한 영유아에게는 다른 영유아보다 더 오랜 시간 낮잠 및 휴식을 취하도록 배려해야 하지만, 반대로 낮잠을 필요로 하지 않는 영유아에게 낮잠을 강요해서는 안 된다.
- 영유아가 휴식을 취할 때에는 안정감을 느끼고 편안하게 쉴 수 있도록 아늑한 환경(예 : 햇빛과 소음 차단, 적절한 온도, 장난감이나 인형 제공, 조용한 음악 들려주기, 동화책 읽어주기 등)을 마련해 준다.
- 개별 침구를 사용하도록 하고, 일주일에 한 번씩 가정에 보내 세탁하도록 하여 청결하게 관리한다.
- 교사는 영유아가 모두 잠이 들었어도 보육실을 비우지 않는다.
- 4~5세 유아의 경우 잠자기 싫어하는 유아를 강제로 재우기보다는 다른 유아에게 방해가 되지 않도록 조용히 책을 읽거나 그림을 그리면서 쉬도록 하는 것이 바람직하다. 이때 다른 유아의 잠을 방해하지 않도록 조용한 놀이를 하도록 한다.
- 영유아가 하루 일과 중 필요한 경우는 언제나 개별적으로 휴식을 취하도록

공간을 마련해 주고 쉴 수 있도록 따뜻한 배려를 해준다. 휴식은 영유아가 긴 하루 일과 중에서 중간중간 쌓인 피로를 풀어주고 활기차게 다음 활동에 참여할 수 있도록 하며 면역력을 높여준다.

- 매일 일정하게 휴식하는 시간을 정하되 개인차, 하루 일과의 특성, 견학, 날씨 등을 고려한다.

그림 9-5 어린이집에서의 낮잠시간 모습

(2) 수면 및 휴식지도 시 고려할 점

최근 영아들의 어린이집 이용이 증가함에 따라 매년 평균 6~7건 정도 영아돌연사가 발생하고 있어 영아가 수면을 취할 때 세심한 예방관리가 필요하다.

① 영아돌연사증후군이란

영아돌연사증후군Sudden Infant Death Syndrome : SIDS은 12개월 미만의 영아가 자는 동안에 갑자기 사망하는 현상으로, 사망 당시의 상황 및 현장조사, 또는 임상적 병력 분석, 사체부검 등 철저한 사후검사에서도 사망 원인을 찾을 수 없는 경우를 말한다.

② 영아돌연사 예방을 위한 지침

- 아기를 재울 때는 등을 바닥으로 하여 바로 눕힌다 : 아기를 엎어서 재우거나 옆으로 눕혀서 재우면 위험성이 높아진다.
- 아기의 요나 침구 바닥은 단단한 것을 사용한다 : 푹신한 이불이나 쿠션, 소파 위 등은 위험하다.

- 아기를 재울 때는 이불로 머리와 얼굴은 덮지 않는다.
- 아기가 자고 있는 주변에서 부드러운 물건, 놀잇감, 느슨한 이불 등을 치운다.
- 아기가 자고 있는 동안 실내가 너무 덥지 않도록 한다(실내온도 22~23℃ 권장)
- 아기 주변에서는 흡연을 금한다 : 밖에서 피우는 담배연기가 창문 틈으로 들어오는 것도 막아야 한다.
- 성인과 같은 침대를 사용하거나 바로 옆에서 자는 것을 금한다.
- 침대 사용 시 다음과 같은 안정성 확인이 필요하다.
  - 침대의 매트리스는 꼭 맞는 것으로 해서 아기가 침대와 매트리스 사이에 끼지 않도록 한다.
  - 아기의 머리와 목이 구조물 틈새에 끼지 않도록 나사못, 돌출구조 등이 없어야 한다.
  - 침대 창살의 간격으로 아기가 끼어들지 못하게 하며 헐겁거나 부서져 있지 않도록 한다.
- 낮잠 잘 때의 방은 어둡지 않게 하여 아이의 얼굴 표정을 살필 수 있어야 한다.
  - 주 보육자의 위치에 맞춰 천정에 거울을 달거나 칸막이 문에 투명 강화유리(투명 아크릴 등)를 설치할 수 있다.
  - 커튼 등은 수면 시 사용할 수 있지만 아이가 잠들면 얼굴 표정을 확인할 수 있도록 조치해야 한다.

알아두기

야경증에 대해 어떻게 대처해야 할까?

야경증은 밤에 자다가 갑자기 날카로운 비명소리와 함께 깨어나면서 운동 및 자율신경계의 항진, 공포발작을 보이는 상태를 말한다. 증상은 주로 NREM수면이 왕성한 수면의 첫 1/3에서 나타난다. 따라서 잠든지 1~3시간에 나타나는 것이 보통이다. 비명소리와 함께 깨어 일어나 앉아 눈을 크게 뜨고 놀란 표정으로 이불을 잡고 있거나 팔을 내젓거나 주먹질을 한다. 심한 자율신경 항진으로 빈맥, 빠른 호흡, 피부 홍보, 발한, 동공확대, 근육긴장도 증가 등의 증세를 보인다. 자다가 일어났을 때 의식은 흐려 있으며, 주위에서 자극을 주거나 제지를 해도 아무런 반응을 보이지 않는다. 이런 상태가 수초에서 수분간(15분을 넘는 경우는 드물다) 지속되다가 다시 잠이 든다. 다음날 아침에 일어나면 지난밤 증상에 대하여 전혀 기억하지 못하거나 어렴풋이만 기억할 뿐이다. 유병률은 소아의 1~6%이며, 보통 4~12세에서 시작되고 청소년기 동안 자연적으로 해소된다. 유전, 중추신경계 미숙, 스트레스, 공포증 및 불안 등이 문제가 되며 열, 수면박탈, 중추신경억제제 등에 의해 유발될 수도 있다. 만약 야경증이 12세 이후에 시작되었고, 빈도가 잦으며, 지속시간이 길고, 몽유병 또는 야경증의 가족력이 없으며, 낮에도 증상을 보이고, 생활 스트레스와 관련되어 있다면 숨어 있는 원인을 찾아야 한다.

5. 의생활지도

1 의생활발달 특성

영유아는 연령에 따라 의생활에서 표 9-8 과 같은 발달 특성을 보인다.

표 9-8 / 연령에 따른 의생활발달

연령	발달 특성
9개월	모자 쓰는 것을 싫어하고 자기 손으로 벗겨낸다.
11개월	• 옷을 입힐 때 시키지 않아도 소매에 팔을 끼우려 한다. • 옷에 달려 있는 단추에 호기심을 품고 만지거나 갖고 놀이를 한다. • 모자를 쓰면 외출할 예정이라는 것을 알게 되고 스스로 모자 벗는 것을 재미있어 하기도 한다. • 신발이나 신발 끈을 가지고 놀이를 하는 데 흥미를 나타낸다.
12~18개월	• 옷을 갈아입힐 때 놀잇감을 만지작거리거나 다른 데 관심을 갖느라 옷을 갈아입히는 데 시간이 많이 걸린다. • 옷, 모자, 팬티, 신발 등에 흥미를 가지고 잡아당겨 질질 끌거나 손에 쥔 채 걸어다니기도 한다.
18개월~2세	• 벙어리장갑이나 신발, 모자 등을 혼자서 벗을 수 있다. • 차츰 간단한 티셔츠 등을 혼자서 벗을 수 있으나 입을 때는 도움이 필요하다.
2세	• 단추를 채우고 지퍼 잠그는 것을 시도할 수 있다. • 손쉽게 입을 수 있는 옷을 입을 수 있다.
3세	• 신발을 신을 수 있다. • 단추를 풀 수 있다.
4~5세	옷 입고 벗기, 벨트 풀기, 단추 끼우기, 지퍼 올리고 내리기, 양말 신고 벗기를 할 수 있다.

자료 : 여성가족부(2000), 영아보육 모형 ; 육아정책개발센터(2008), 보육프로그램 총론.

2 의생활지도의 내용

의생활지도는 스스로 옷을 입고 벗는 자율성을 기르고 자신의 옷을 정리하며 신발, 모자, 장갑 등 자신의 소지품을 관리하는 요령을 배우고 상황에 맞게 옷을 착용하는 능력을 기르는 데 그 목적이 있다.

영유아는 신진대사활동이 왕성하여 땀이 많이 나고 외부의 기온이나 신체적 · 생리적 변화에 민감하므로 영유아에게 적합한 옷을 입히는 것은 매우 중요하다. 영유아의 옷을 선택할 때 고려할 점은 피부를 자극하지 않는 면제품의 옷, 활동하기 편안한 옷, 가벼우면서 내구성이 좋은 옷, 영유아 스스로 입고 벗을 수 있는 편한 디자인의 옷을 선택해야 하고, 지나친 장식으로 활동에 불편을 주는 옷은 피하는 것이 좋다. 연령에 따라 신생아 시기에는 입히고 벗기기가 쉬어야 하고 땀을 잘 흡수하며 보온성이 좋아야 한다. 이후 신체적 성장에 따라 영유아의 요구와 흥미에 맞고 좋아하는 옷이어야 한다.

영유아들의 바람직한 의생활지도 시에는 우선 영유아 스스로 옷을 입고 벗을 수 있도록 연습 기회를 주어야 한다. 또한 단추, 지퍼, 허리띠 등을 영유아 스스로 할 수 있도록 지원해 준다. 옷이나 신발 등을 착용한 후에는 항상 정리정돈할 수 있도록 습관화시키는 데 주안점을 두어야 한다. 더 나아가 유아의 경우에는 날씨, 장소, 상황에 맞게 옷을 입는 법을 지도한다.

표 9-9 / **연령에 따른 날씨에 맞게 옷 입기 지도방법**

연령	지도방법
3세	날씨와 계절에 맞게 주어진 옷을 입고 생활하며 덥거나 추울 때 자신의 의사를 표현하게 한다.
4세	날씨와 계절에 알맞은 옷을 입어야 하는 이유에 대해 알아보고, 여러 가지 옷 중에서 현재의 날씨와 계절에 적절한 옷을 직접 골라 입어보게 한다.
5세	날씨와 계절뿐 아니라 다양한 상황에 맞는 옷차림을 알아보고 적절히 입어보게 한다.

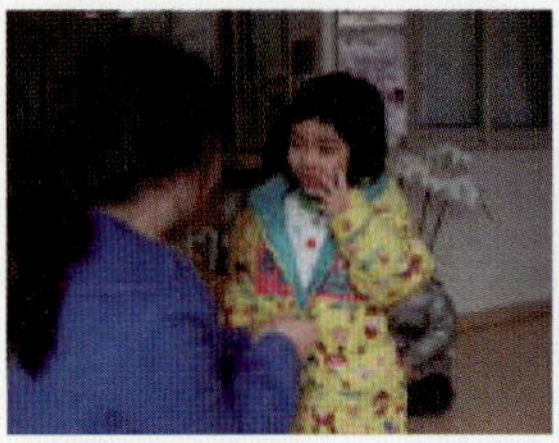
3세

4세

5세

자료 : 교육과학기술부 · 보건복지부(2013), 3~5세 연령별 누리과정 교사용 지침서.

Chapter 10

영유아 건강교육의 실제

영유아 건강교육활동은 영유아가 일상생활에서 자신의 신체적 · 심리적 · 사회적 건강에 필요한 지식, 기술, 태도 등을 이해시키고 길러주어 자신과 타인이 건강한 생활을 영위할 수 있는 생활습관을 길러주는 방향으로 계획되고 실행되어야 한다.
이 장에서는 국가수준에서 제시되고 있는 표준보육과정 및 누리과정에 기초한 보육 프로그램을 근거로 영유아 건강교육활동의 실제를 살펴보고자 한다.

1. 건강교육활동의 계획
2. 건강교육활동의 실제
3. 건강교육활동의 평가

1. 건강교육활동의 계획

영유아를 위한 건강교육활동을 계획할 때는 표준보육과정 및 누리과정에서 제시하고 있는 연령별 · 수준별 보육목표와 내용을 근거로 발달에 적합한 주제와 활동을 선정해야 한다. 교사는 표준보육과정 및 누리과정에 기초하여 연령별 또는 반별로 연간 보육계획을 세우고, 이에 따라 월간 또는 주간 보육계획을 세우며, 단위활동계획을 통해 구체적인 건강교육활동을 계획하게 된다.

1 건강교육활동계획안 작성

주간보육계획안 또는 월간보육계획안의 주제를 건강교육 관련 주제로 선정할 경우 기본생활, 자유선택활동, 대 · 소집단활동, 실외활동, 점심 및 낮잠, 가정과의 연계 등으로 구분하여 활동계획을 수립할 수 있다.

표 10-1 / 만 4세반 주간보육계획안 예시

- 주 제 : 건강과 안전
- 소 주 제 : 맛있는 음식과 영양
- 실시기간 : 7월 1주

구분		월	화	수	목	금	토
기본생활		내 물건 잃어버리지 않게 잘 정리하기					
등원		오늘 식단 알아보기					
오전 자유 선택 활동	쌓기 놀이 영역	음식 영양 탑 구성하기					
	역할놀이 영역	세계 요리사 대회			식탁에 앉아요		
	미술영역	나만의 앞치마	김밥 만들기	자연물로 건강 밥상 차리기			
	언어영역	우리 가족이 좋아하는 음식	음식이름 알아 맞히기		과일이 좋아, 채소가 좋아		
	수과학 · 조작영역	수 : 내가 차린 밥상	과학 : 우리 몸에 좋은 음료		과학 : 건강 삼색 주먹밥		
	음률영역	빵가게 아저씨		부엌악기			
대 · 소 집단활동		이야기 나누기 : 음식의 색과 친구 영양소	신체 : 달콤한 옥수수와 딱딱한 옥수수	동화 : 와, 맛있다 동극 : 와, 맛있다	음악 : 부엌합창 악기 연주	이야기 나누기 : 소중한 음식을 잘 먹어요	

구분	월	화	수	목	금	토
실외활동	고운 모래로 음식 만들기					
점심 및 낮잠	다른 사람 식사 방해하지 않기					
오후 자유 선택활동	도시락 싸기			우리 몸에 필요한 음식		
귀가 및 가정과의 연계	가족 식사시간에 상차림 돕기					
비고	〈동화〉 정말 다행이야 〈동화〉 개 목에 가시가 걸린 바이올렛					

자료 : 보건복지부 · 교육부(2014), 4세 누리과정 교사용 지도서.

또한 주제와 관련된 건강교육활동을 일생생활활동으로 진행하거나 주제와 상관없이 반복되어 계획하고 실행할 수 있도록 할 수 있다. 영유아들은 어린이집에서 장시간 동안 생활하기 때문에 일상생활을 통해 자연스럽게 건강교육활동을 경험하도록 하는 것이 좋으며, 특히 영아의 경우 개인차가 크고 개별적 상호작용이 주를 이루기 때문에 일상생활을 통한 건강교육활동이 보다 중점적으로 다루어져야 한다.

표 10-2 / 만 3~5세 월별 기본생활(건강, 안전, 공공규칙 및 예절)지도 내용 예시

월	3세	4세	5세
3	• 신발 벗어 제자리에 넣기 • 옷과 가방을 사물함에 넣기 • 실내에서 걸어 다니기 • 화장실 사용 후 물 내리고 옷 바르게 입기	• 신발 벗어 제자리에 넣기 • 내 소지품 바르게 사물함에 넣기 • 실내, 계단에서 걸어 다니기 • 화장실 깨끗이 사용하기, 화장실 사용 시 노크하기	• 소지품 사물함에 넣기 • 신발 벗어 제자리에 넣기 • 실내에서 걸어 다니기 • 놀잇감 사용 후 제자리에 두기
4	• 손을 자주 씻기 • 선생님께 바르게 인사하기 • 놀잇감을 친구와 나눠 쓰기 • 차례차례 줄을 서기	• 손을 바르게 자주 씻기 • 스스로 선생님과 어른께 인사하기 • 놀잇감을 친구와 함께 가지고 놀기 • 꽃과 곤충을 괴롭히지 않기	• 스스로 옷 입고 벗기 • 옷과 신발에 묻은 흙 털기 • 옷 제자리에 걸기 • 안전하게 계단 오르내리기
5	• 꽃을 꺾지 않기 • 웃어른께 존댓말 사용하기 • 놀잇감을 제자리에 정리하기 • 적당한 낮잠 자기와 휴식하기 • 부모님께 감사하기	• 줄을 서서 내 차례 기다리기 • 웃어른께 존댓말 사용하기 • 친구를 놀리거나 때리지 않기 • 하루 일과 즐겁게 참여하기 • 부모님께 감사하기	• 화장실 사용 잘 하기 • 양치 후 칫솔 깨끗이 닦기 • 낯선 사람 따라가지 않기 • 혼자서 등원하지 않기 • 일찍 자고 일찍 일어나기
6	• 아무 곳에나 낙서하지 않기 • 웃어른께 두 손으로 드리고 받기 • 계단에서 뛰거나 뛰어내리지 않기 • 양치질을 바르게 하기	• 배변 후 스스로 닦기 • 웃어른께 두 손으로 드리고 받기 • 놀잇감을 제자리에 정리하기 • 바른 양치 후 컵, 칫솔 깨끗이 씻어 정리하기	• 산책하고 와서 손 씻기 • 손톱, 발톱 깨끗이 하기 • 활동 후 적당히 휴식하기 • 큰 소리로 말하지 않기 • 머리 자주 감기

월	3세	4세	5세
7	• 쓰레기는 쓰레기통에 버리기 • 물 사용 후 수도꼭지 잠그기 • 물놀이 시 내 소지품 잘 챙기기 • 물놀이 시 뛰지 않기 • 차례 지켜 놀이하기	• 내 물건 잃어버리지 않게 잘 정리하기 • 물을 아껴 쓰기 • 물놀이 시 옷 스스로 벗고 입기 • 물놀이 시 규칙 지키기 • 내가 어지른 것 스스로 정리하기	• 에어컨 바람 적게 쐬기 • 땀날 때 잘 씻기 • 물놀이 전에 준비 운동하기 • 안전한 장소에서 물놀이하기
8	• 횡단보도에서 신호 지켜 길 건너기 • 차를 탈 때 안전벨트 매기 • 나의 몸을 만질 때 '싫어요' 라고 말하기 • 친구의 놀이를 방해하지 않기	• 필요한 물건만 사기 • 횡단보도에서 신호 지켜 길 거너기 • 차에서 안전벨트를 매고, 돌아다니지 않기 • 함께 정한 약속 잘 지키기	• 차에 타고 내릴 때 주변을 잘 살피기 • 보행 길과 찻길을 구별하기 • 차에서 안전벨트하기 • 교통규칙을 지키며 안전하게 걷기
9	• 다른 사람이 이야기할 때 기다리기 • 바른 자세로 앉기 • 미안해, 고마워라고 말하기 • 친구를 때리지 않고 이야기로 하기	• 다른 사람이 이야기할 때 경청하기 • 책상 의자에 바르게 앉기 • 고맙고 미안한 마음 말로 표현하기 • 손톱, 발톱 깨끗이 하기	• 규칙적으로 운동하기 • 오른쪽으로 걷기 • 약 함부로 먹지 않기 • 남의 몸 함부로 만지지 않기
10	• 길을 잃었을 때 제자리에 멈추고 기다리기 • 휴지를 사용할 만큼만 쓰기 • 실내에서 적당한 크기의 소리로 이야기하기 • 스스로 옷 벗고 입기 • 손톱, 발톱 깨끗이 하기	• 놀이할 때 차례를 지키기 • 규칙적인 생활하기 • 실내에서 적당한 크기의 소리로 이야기하기 • 낯선 사람을 따라가지 않기 • 길 잃었을 때 제자리에 멈추고 기다리기	• 변화하는 날씨에 알맞은 옷차림하기 • 하루 일과에 즐겁게 참여하기 • 추석 연휴에도 규칙적인 일과로 생활하기 • 소방훈련 시 코와 입을 막고 대피하기
11	• 불이 나면 지시에 따라 대피하기 • 배변 후 몸을 깨끗이 하기 • 친구 물건 빼앗지 않기 • 콧물이 나올 때 휴지로 닦기	• 쓰레기 분리수거하기 • 휴지를 사용할 만큼만 쓰기 • 놀이기구 안전하게 사용하기 • 나와 친구의 소중한 부분 함부로 만지지 않도록 하기	• 화장실 사용하는 친구 방해하지 않기 • 기분 나쁜 신체접촉에 "싫어요"라고 말하기 • 적절한 시기에 예방접종하기 • 일회용품 사용 줄이기
12	• 규칙적인 생활하기 • 즐겁게 놀이하기 • 입 가리고 기침하기 • 낮잠 후 이불정리 돕기	• 콧물이 나올 때 휴지로 닦고 손 씻기 • 불이 나면 지시에 따라 대피하기 • 입 가리고 기침하기 • 낮잠 후 이불 정리하기	• 입을 가리고 기침하기 • 코를 푼 후 손 씻기 • 빙판길 조심하기, 불장난하지 않기 • 비상 시 지시에 따라 행동하기 • 놀이기구 안전하게 사용하기
1	• 위험한 물건을 알고 만지지 않기 • 놀이기구 안전하게 사용하기 • 친구 놀이 방해하지 않기 • 필요한 물건만 사기 • 정해진 시간만큼 텔레비전 보기	• 위험한 물건을 알고 만지거나 먹지 않기 • 다른 사람의 물건을 사용하거나 가져가지 않기 • 전기 아껴 쓰기 • 공공기관에서 약속 지키기 • 정해진 시간만큼 컴퓨터 하기	• 사용한 물건 제자리에 정리하기 • 컴퓨터와 텔레비전 많이 보지 않기 • 게임 및 컴퓨터 하는 시간 지키기 • 규칙적으로 바깥에서 운동하기
2	• 친구에게 양보하기 • 내 물건 잃어버리지 않게 잘 정리하기 • 공공장소에서 큰 소리로 떠들지 않기 • 낯선 사람 따라가지 않기	• 혼자 있는 친구와 함께 놀이하기 • 사용한 풀과 사인펜 뚜껑 닫기 • 바르고 고운 말 사용하기 • 나의 몸 깨끗이 하기	• 소지품 스스로 챙기고 정리하기 • 책상 의자 바르게 사용하기, 바른 자세로 연필 잡고 글씨 쓰기 • 어른들께 예의 바르게 인사하기 • 집주소와 전화번호 알고 말하기

자료 : 보건복지부(2014), 3세 누리과정에 기초한 어린이집 프로그램.

2 건강교육활동계획 시 고려할 점

- 영유아의 신체적 · 인지적 발달수준에 적합한 내용을 선택하여 교육활동을 구성한다. 소근육이 충분히 발달한 상태에서 이 닦기 습관을 갖고, 영유아의 자기 조절능력이 어느 정도 성숙했을 때 배변훈련을 실시한다. 영유아가 준비되지 않은 상태에서 교육활동을 실시할 경우 잘못된 방식으로 습관을 익히게 되는데, 어린 시기에 형성된 습관은 이후에 교정이 어려우므로 교육활동에 주의를 기울여야 한다.
- 기본생활영역뿐만 아니라 신체운동, 사회관계, 의사소통, 자연탐구, 예술경험영역의 활동과 관련짓는 것이 바람직하다. 즉, 하나의 주제 아래 각 영역의 활동을 통합적으로 계획할 필요가 있다. 통합적인 활동은 그 주제에 관련된 여러 상황이나 활동을 연관시켜 궁극적으로 영유아의 건강습관을 형성하고 실제 생활에 적용하는 데 유리하다.
- 교수방법에 있어 영유아의 흥미를 유발하여 학습 참여 동기를 높이기 위해 쉽고 재미있는 방법으로 계획한다.
- 실제 경험을 통한 체험교육이 되어야 한다. 간식 및 점심시간, 실외활동, 대 · 소집단활동, 자유선택활동시간 등 하루 일과의 다양한 활동을 통해 건강과 관련된 지식, 기술, 태도를 통합적으로 학습하도록 한다.
- 어린이집과 가정에서의 교육이 일관성이 있어야 한다. 가정통신문 등을 통해 어린이집에서의 교육 내용을 가정과 공유하여 가정에서도 일관성 있게 지도할 수 있도록 한다.
- 연중 일관성을 가지고 지속적으로 실시하여 영유아가 반복된 경험을 통해 건강한 생활습관을 형성하도록 한다. 기본생활습관을 형성하는 것을 자칫 고정된 행동, 틀에 박힌 행동 양식을 갖도록 하는 것으로 오해하는 경우가 종종 있다. 일상생활에서 영유아가 스스로 주어진 상황을 의식하면서 행동이 계속적이고 반복적으로 변화되어 가도록 일관성 있게 지도한다.
- 교사는 시범을 보여 주고 행동하는 방법을 설명해 주어야 한다. 습관은 행동을 효율적으로 하는 방법이며 습관을 구성하는 기술적 요소는 사고, 관찰, 숙고하는 것이다. 따라서 영유아가 교사의 일상적인 행동을 보고 생각하고 행동을 따라하게 한다.
- 일상생활 중에서 건강과 관련된 특별한 상황이나 사건을 이용하여 교육한

다. 예를 들어, 정기 건강검진이 있을 경우, 영유아가 아파서 등원하지 못한 경우 등과 같은 상황을 적절히 활용하여 건강교육을 실시한다.

- 영유아의 흥미가 충분히 고려되어 동기유발이 되도록 한다. 기본생활 형성을 위한 지도는 영유아의 흥미가 충분히 고려되어 스스로 하고자 하는 동기가 있어야 한다. 교사는 영유아의 적극적인 행동에 칭찬과 격려를 하면서 동기부여를 한다.
- 영유아의 개별적인 욕구와 행동 특성을 민감하게 관찰하고 개인차를 충분히 고려해 주어야 한다. 영아는 개별적인 능력이나 발달 정도가 각각 다르므로 영아가 나타내는 관심이나 수행기술수준에 따라 개별적으로 지도한다.

2. 건강교육활동의 실제

단위활동계획 및 실행방법

단위활동계획안이란 목표를 가지고 도입, 전개, 마무리의 구조가 있는 하나의 활동을 말한다. 일과 중의 구조적인 성격을 가진 단위활동은 활동명, 활동목표, 활동자료, 활동방법, 유의사항 등을 중심으로 기술한다. 이때 활동목표는 표준보육과정 및 누리과정과 관련된 영역과 내용을 표시하여 통합적인 운영에 대한 의지를 갖도록 한다.

1 0~2세 영아 건강교육활동

0~2세 영아 건강교육활동은 청결, 수유 및 이유, 점심과 간식, 기저귀 갈이 및 배변활동, 낮잠 및 휴식 등의 일상생활활동을 통해 해당 영아의 월령과 발달수준에 따라 반복적이고 지속적으로 이루어진다. 1~2세의 경우 0세에 비해 놀이활동의 비중이 점점 커지면서 놀이활동을 통해 건강교육활동이 이루어질 수 있다.

표 10-3 / 0세 건강교육활동의 예 : 기저귀 갈이

	우리 아가 응가 했네
활동 목표	• 대변을 본 기저귀를 갈고 상쾌함을 느낀다. 기본생활 > 건강하게 생활하기 > 몸을 깨끗이 하기 > 몸이 깨끗해졌을 때 기분이 좋음을 안다. • 기저귀를 새것으로 갈아주는 교사의 손길과 말에 반응을 한다. 의사소통 > 말하기 > 표정, 몸짓, 소리로 말하기 > 표정, 몸짓, 소리로 의사표현을 한다.
활동 자료	기저귀 갈이 용품, 기저귀 갈이대
활동 방법	1. 영아에게 응가를 했는지 물어본다. • ○○가 응가를 했나보구나. 냄새가 나요. • 응가 했네. 응가 기저귀를 갈아야겠네. • 응가 해서 불편했겠구나. 2. 기저귀를 갈아주면서 기분에 대해 이야기한다. • ○○야 누워보자. 이쪽에 머리를 두고 누워보자. • 바지 벗자. 엉덩이를 들어보렴. • 기저귀 벗자. 시원하지. • 응가 닦자. 다리를 들어보자. • 엉덩이를 물로 씻자. 씻으니까 상쾌하지. • 엉덩이 물기를 톡톡톡. 톡톡톡 수건으로 닦았어요. • 이제 새 기저귀를 차자. • 누워보세요. 새 기저귀를 차니 기분이 좋지. • 바지 입자. • 우리 ○○가 응가를 하고 새 기저귀를 하니 기분이 좋은가 보구나. 3. 새 기저귀를 하여 좋은 기분을 표현해 보도록 한다. • 아이 좋아라. 상쾌하구나.
참고 사항	영아의 대변 보는 주기를 파악하여 적절하게 기저귀를 갈아주도록 한다.
주의점	1. 오물이 묻은 기저귀는 비닐봉지에 밀봉하여 냄새나지 않도록 뚜껑이 닫힌 기저귀 쓰레기통에 버리도록 한다. 2. 기저귀를 갈아 준 후에는 교사가 먼저 손을 씻고 영아의 손도 깨끗이 씻어준다.

자료 : 보건복지부(2013), 어린이집 표준보육과정에 기초한 영유아보육프로그램.

표 10-4 / 1세 건강교육활동의 예 : 낮잠

	선생님이 그려주는 손바닥 그림
활동 목표	• 선생님이 표현하는 친밀함을 느낀다. 사회관계 > 나와 다른 사람의 감정 알기 > 다른 사람에게 주의 기울이기 > 다른 사람이 나타내는 여러 가지 감정에 주의를 기울인다. • 편안하게 잠을 잔다. 기본생활 > 건강하게 생활하기 > 건강한 일상생활하기 > 수면을 충분히 취한다.

선생님이 그려주는 손바닥 그림	
활동 자료	교사의 따뜻한 손
활동 방법	1. 교사는 누워 있는 영아에게 가까이 가서 앉아 개별적인 상호작용을 한다. • (머리를 쓰다듬어주며 귓속말로) 아침에 우리 바깥에서 미끄럼틀 탈 때 정말 재미있었지요? • 코~ 자고 일어나서 간식 먹고 또 타러 가자. 2. 영아의 손에 그림을 그려줄 것이라고 알려주고 의사표현이 가능한 영아에게 원하는 그림을 말하도록 할 수 있다. • (영아의 손바닥에 손가락으로 그림을 그려주며) 선생님이 달팽이를 그리고 있어요. • (작은 소리로 노래를 부르며) 달팽이집을 지읍시다. 아름답게 지읍시다. 점점 크게 점점 크게… • (영아가 원하는 것을 손바닥에 그려주며) ○○는 토끼를 그려 달라구요? 눈을 감고 어떤 토끼가 그려지나 느껴보세요. 3. 말하고 있거나 자리에서 움직이는 영아가 있는 곳에 가서 자리에 눕도록 도와준 뒤 손바닥에 그림을 그려주는 것을 제안한다. • (영아를 눕혀주고 미소를 지으며) ○○가 잘 준비가 되었구나. • 손바닥에 선생님이 그림을 그려줄 거예요. 자동차를 그려줄까요?
참고 사항	1. 자리에 눕지 못하고 울거나 움직이는 영아를 우선 도와줄 수 있도록 한다. 2. 1세아에게 낮잠시간임을 강조하거나 또래에게 피해를 준다는 것을 알려주는 것보다 교사가 개별로 직접 가서 눕도록 도와주고 친밀감을 표현하며 재우는 것이 효과적이다. 3. 식사 후 낮잠을 잘 때까지의 시간을 최소 40분 이상은 간격을 두어 소화에 무리가 가지 않도록 유의한다.

자료 : 보건복지부(2013), 어린이집 표준보육과정에 기초한 영아보육프로그램.

표 10-5 / 2세 건강교육활동의 예 : 양치질

악어야 양치하자	
활동 목표	• 이 닦는 놀이를 통해 치아건강에 관심을 갖는다. 기본생활 > 건강하게 생활하기 > 몸을 깨끗이 하기 > 스스로 이 닦기를 시도한다. • 자신의 경험을 놀이로 표현해 본다. 예술 경험 > 예술적 표현하기 > 모방과 상상놀이하기 > 일상생활 경험을 상상놀이로 즐긴다.
활동 자료	• 이를 닦을 수 있도록 제작된 악어 인형, 칫솔, 컵, 이 닦는 순서 그림판 • 교구제작방법 : 악어인형 • 재료 : 헌 종이벽돌 2개, 펠트지, 달걀판(흰색), 솜, 바늘, 실, 글루건 • 만드는 방법 – 사용하지 않거나 헌 종이벽돌 두 개를 준비한다. – 종이벽돌 위에 펠트지를 붙인다. 시트지가 붙은 펠트지를 이용하거나 글루건을 이용하여 견고하게 붙인다. – 악어의 눈은 솜을 안에 넣어 부피감 있게 한 후 바느질로 꿰매어 부착한다. – 악어의 이빨은 달걀판(흰색)을 이용하여 글루건으로 부착한다. – 악어 이빨을 위아래로 부착하되, 입 안쪽에는 붙이지 않아야 악어 입이 벌어진 상태를 유지할 수 있다. – 펠트지를 붙인 종이벽돌(악어 입 윗부분과 아랫부분)은 바느질을 하여 서로 연결시킨다.

악어야 양치하자	
활동 방법	• 영아가 악어인형과 칫솔에 관심을 보이면 함께 이야기 나눈다. – 악어친구가 ○○반에 왔네. 사탕을 너무 많이 먹어서 이빨이 아픈가봐. ○○가 악어 이빨 속에 들어 있는 병균들이 사라지게 양치하는 걸 도와줄 수 있겠니? • 칫솔을 가지고 자유롭게 악어의 이빨을 닦아준다. – 악어가 입을 '아~' 하고 크게 벌리고 있네. – 아이고, 벌레가 열 마리나 보이네. – ○○이가 이를 닦아주니까 악어 이빨이 깨끗해지고 있네. – 악어 혓바닥도 닦아줄 수 있겠니? • 영아가 일상에서 이를 닦을 때 경험할 수 있는 행동들을 떠올려 놀이로 표현해볼 수 있도록 돕는다. – 악어 입에서 뽀글뽀글 거품이 나네. 이젠 어떻게 해야 하지? – ○○가 물로 입 안을 헹궈주고 있구나. – 악어가 물을 삼키려고 하네. – ○○가 '오골오골 퉤' 하고 뱉는 걸 알려주었구나.
참고 사항	• 악어뿐만 아니라 영아들이 좋아하는 동물이나 인물을 제작할 수 있으며 입을 벌릴 수 있도록 제작하는 것이 효과적이다. • 이 닦기를 싫어하는 영아에게 이 닦기에 대한 즐거운 접근을 유도하는 것이 활동의 목표이므로 순서에 맞는 이 닦기를 강요하기보다는 악어인형을 탐색해 보고 이 닦기 활동을 놀이처럼 흥미를 느끼며 지속할 수 있도록 계획하는 것이 적절하다.
확장 활동	• 이 닦기 순서판을 제공하여 이 닦는 순서에 대해 함께 이야기 나누며 활동한다. • 언어영역에 '이 닦기'에 관련한 동화를 첨가해준다(예 : 악어도 깜짝 치과의사도 깜짝).

자료 : 보건복지부(2013), 어린이집 표준보육과정에 기초한 영아보육프로그램.

2 3~5세 유아 건강교육활동

3~5세 유아 건강교육활동은 식사습관, 청결, 예절, 안전과 규칙, 정리정돈의 측면에서 다루어지는데, 일상생활활동과 대·소집단활동, 자유선택활동을 통해 건강교육활동이 이루어질 수 있다.

(1) 3세 건강교육활동의 예

감기에 걸리면	
목표	**3세 누리과정 관련 요소**
• 감기를 예방하기 위해 몸을 깨끗이 해야 함을 안다. • 동화의 내용을 이해한다.	• 신체운동 · 건강 : 건강하게 생활하기 – 질병 예방하기 • 의사소통 : 듣기 – 동요, 동시, 동화 듣고 이해하기
(창의 · 인성 관련) • 창의성 : 인지적 요소 – 사고의 확장	

자료 : 보건복지부 · 교육부(2014), 3세 누리과정 지도서.

① 활동자료

플래시 동화 《감기에 걸리면》(최순영, 여원미디어, 2009), 손인형

② 활동방법

- 손인형을 이용하여 감기에 걸렸던 경험에 대해 이야기를 나눈다.
  - 에취! 내가 그만 감기에 걸려버렸어. 감기에 걸려 바깥놀이도 못하고……. 어떻게 해야 감기가 빨리 나을까? 감기에 걸리면 어떻게 해야 하는지 너희들은 알고 있니?
  - 친구가 감기에 걸렸나봐, 너희도 감기에 걸렸던 적이 있니?
  - 친구들은 감기에 걸렸을 때 어땠니? 어떤 점이 힘들었니?
- 《감기에 걸리면》 동화를 들려준다.

감기에 걸리면

최순영

"으, 코가 막혔어." 감기에 걸렸을 때 원숭이는 손가락을 넣어서 코를 마구마구 후벼. 하지만 난 휴지에 대고 팽 코를 푼 다음, 휴지통에 얌전히 넣어.

"에에에취." 하마가 입을 벌리고 재채기를 해. 침이 이리저리 날아가. 하지만 난 손수건으로 입을 막고 에취 재채기를 하지.

"귀찮아, 귀찮아." 돼지는 밖에 나갔다 와서 손도 안 씻어. 하지만 난 비누로 손을 씻어. 치카치카 양치질도 하지.

"병원은 무서워." 거북은 머리를 쑥 집어넣고 병원 문 앞에서 꼼짝도 하지 않아. 하지만 난 씩씩하게 들어가서 용감하게 치료를 받아.

"약은 너무 써." 악어는 입을 꼭 다물어 약을 먹지도 않아. 하지만 난 한 입에 꿀꺽 약을 삼키지.

깨끗이 씻고, 골고루 잘 먹고, 푹 자고 나면 감기가 금방 나을 거야.

- 동화책을 듣고 난 후, 동화 내용에 대한 생각을 이야기 나눈다.
  - 감기에 걸린 동물들은 어떤 행동을 했니?
  - 감기에 걸려 병원에 간 동물들은 어떤 행동을 했니?
  - 동화 속 친구는 어떻게 했니?
  - 감기에 걸린 친구는 어떻게 하면 감기가 빨리 나을 거라고 했니?
- 감기에 걸리지 않으려면 어떻게 해야 하는지 이야기 나눈다.
  - 감기에 걸리지 않으려면 어떻게 해야 할까?
  - 몸을 깨끗이 하고, 규칙적으로 생활하면 우리 몸은 어떻게 될까?
  - 감기에 걸렸을 때 빨리 나으려면 어떻게 하면 좋을까?
- 동화 속의 동물들에게 해주고 싶은 말을 표현해 본다.
  - 감기에 걸린 원숭이에게 어떤 말을 해주면 좋을까?
  - 감기에 걸린 돼지와 거북이에게 어떤 말을 해주면 좋을까?

③ 활동의 유의점

- 감기와 더불어 질병에 대한 예방을 위해 스스로 몸을 청결히 하는 습관을 가질 수 있도록 지도한다.
- 감기에 걸렸을 때의 생활 규칙에 대해 지도한다(예 : 재채기, 기침이 나올 때는 손으로 가리고 한 후 손을 꼭 씻도록 한다).

④ 활동평가

- 감기를 예방하기 위해 몸을 깨끗이 해야 함을 아는지 평가한다.
- 동화의 내용을 이해하는지 평가한다.

⑤ 확장활동

- 우리 몸을 깨끗하게 하는 방법에 대해 알고 실천할 수 있다.
- 감기로 인해 신변 처리하는 모습을 교실 내에 게시하여 기본생활지도와 연계할 수 있다(예 : 코를 푼 휴지는 어디에 버릴까요?).
- 역할놀이영역에서 병원놀이를 할 수 있다.

(2) 4세 건강교육활동의 예

나는 채소가 좋더라

목표	4세 누리과정 관련 요소
• 채소의 이로움을 노래로 표현한다. • 즐겁게 노래를 부른다.	• 신체운동 · 건강 : 건강하게 생활하기 – 바른 식생활하기 • 예술 경험 : 예술적 표현하기 – 음악으로 표현하기
(창의 · 인성 관련) • 창의성 : 인지적 요소 – 사고의 확장 • 인성 : 질서 – 긍정적인 상호의존성	

자료 : 보건복지부 · 교육부(2014), 4세 누리과정 교사용 지도서.

① 활동자료

그림자료('나는 누구일까요?' 수수께끼판), 악보, '나는 채소가 좋더라' (어린이집에서 개사, 작곡 김진영) PPT 자료

② 활동방법

- '나는 누구일까요?' 그림 자료를 보여 주며 채소 수수께끼를 낸다.
  - 이 채소는 주황색 옷을 입었고 토끼가 좋아하는 채소야. 이 채소의 이름은 무엇일까? (당근)
  - 이 채소는 초록색이고, 모양이 아주 길쭉해. 먹었을 때 맛이 상큼해. 이 채소의 이름은 무엇일까? (오이)
  - 이 채소는 모양이 둥글둥글하고, 맛은 달콤해. 죽으로 만들어 먹기도 하고, 샐러드로 만들어 먹기도 해. 이 채소의 이름은 무엇일까? (호박)
- 채소에 관한 노래를 부를 것이라고 이야기한다.
- 먼저, 멜로디를 들어본다.
  - 이 노래를 들어본 적이 있니?
  - 어떤 노래인지 기억하니?
  - '어린이집에서' 들었던 멜로디지?(원곡의 노래를 한 번 불러볼 수 있다)
- '나는 채소가 좋더라'로 개사한 노래를 교사가 불러준다.
- 유아들이 좋아하는 다른 채소 이름을 넣고, 유아가 생각한 노랫말로 내용을 바꾸어 불러본다.

③ 활동의 유의점

- 유치원/어린이집에서 유아들이 재배하여 직접 수확한 채소를 이용하거나, 채소를 이용한 요리활동 후에 노래를 부르면 효과적이다.
- 점심식사 시 먹은 채소를 이용하여 노랫말을 바꾸어 불러본다.

④ 활동평가

- 채소의 이로움을 노랫말로 표현하는지 평가한다.
  - 노랫말을 바꾸어 노래 부르기에 적극적으로 참여하는가?
- 즐겁게 노래를 부르는지 관찰하여 평가한다.
  - 즐겁게 노래를 부르는가?

⑤ 확장활동

- 제시된 채소 이외의 다양한 채소의 특징을 알아본다.
- 채소와 친해질 수 있도록 채소를 이용한 다양한 활동을 진행한다(채소 도장

찍기, 채소 샐러드 만들기).

- '나는 누구일까요?' 자료를 이용하여 수 · 조작영역에서 채소 모양 사람 만들기를 한다.

자료 : 교육인적자원부(2006), 유치원 지도서 5 동식물과 자연.

(3) 5세 건강교육활동의 예

여름철 건강 캠페인 문구 적어보기

자료 : 보건복지부 · 교육부(2014), 5세 누리과정 교사용 지도서.

① 활동 목표

- 여름을 건강하게 보내는 방법을 안다(신체운동 · 건강 > 건강하게 생활하기 > 질병 예방하기 > 건강의 중요성을 알고 실천한다).
- 여름철 건강 캠페인 문구를 글이나 그림으로 표현할 수 있다(의사소통 > 쓰기 > 쓰기에 관심 가지기 > 자신의 느낌, 생각, 경험을 글자와 비슷한 형태나 글자로 표현한다).

② 활동자료

올바른 손 씻기에 관한 PPT 자료(동영상 포함), 손 씻기 관련 리플릿 자료(올바른

손 씻기에 관한 PPT 자료를 활용), 색상지 또는 마분지, 다양한 만들기 및 그리기 도구 등

③ 활동방법

- 지치기 쉬운 여름을 건강하게 보내는 방법에 대해 생각해 본다.
  - 날씨가 덥다고 밤에 이불을 덮지 않고 자면 어떻게 될까요?
  - 덥다고 아이스크림을 많이 먹어서 배가 아파본 적 있나요?
  - 땀이 많이 났는데, 몸을 잘 씻지 않거나 손을 씻지 않으면 어떻게 될까요?
- 친구들과 함께 언어영역에 있는 손 씻기 관련 리플릿 자료를 들여다보며 여름철 건강 캠페인 문구에 대해 의논한다.
  - 여름철 건강을 위해 우리 반 친구들이 지켜야 할 규칙에는 어떤 것이 있을까요?
  - 캠페인 문구를 어떻게 만들어야 사람들이 알아듣기 쉬울까요?
- 색상지 또는 마분지에 캠페인 문구를 적거나 그림으로 표현한다.
  - 여름철 건강에 유의하려면 어떻게 해야 할까요?
  - 글자를 잘 모르는 동생들이 알 수 있게 하려면 어떻게 그림으로 표현해야 할까요?

④ 참고사항

- 사전에 여름철 건강 캠페인에 대한 유아들의 이해를 돕기 위해 올바른 손 씻기에 관한 PPT 자료(손 씻기 동영상 포함)를 함께 보거나, 관련 리플릿 자료들을 언어영역에 배치해 둔다.
- 여름철 건강 캠페인 문구를 글자로 쓰기 어려워하는 유아들에게는 그림으로 표현해 보도록 한다.

⑤ 확장활동

- 오전 자유선택활동으로 언어영역에서 여름철 건강 캠페인 문구를 적은 후 대·소집단활동시간에 소집단으로 모여 여름철 건강 캠페인 피켓을 만드는 미술활동으로 연계, 확장할 수 있다.
- 다음날 오후 자유선택활동시간에는 완성된 여름철 건강 캠페인 피켓을 들고 동생반을 돌며 캠페인을 해본다.

3. 건강교육활동의 평가

건강교육활동의 평가는 영유아가 교육과정을 경험함으로써 기본적인 생활습관을 형성하고 내면화해서 어떻게 변화하고 발달하는지를 알아보기 위한 과정이다. 이는 추후 건강교육활동계획에 반영되고 다양한 의사결정을 위한 기초가 된다. 건강교육활동의 평가는 영유아의 지식 습득 여부에만 초점을 두는 것이 아니라 일상생활에서 건강한 행동양식과 기술, 태도가 얼마나 형성되고 습관화되었는가 하는 관점에서 이루어져야 한다. 건강교육활동의 평가는 프로그램 평가, 영유아 평가, 어린이집 평가로 구분하여 실시될 수 있다.

1 프로그램평가

건강교육 프로그램의 평가는 활동계획 측면, 활동방법 측면, 활동실행 측면을 중심으로 다음과 같이 이루어질 수 있다(이순형 · 김지현, 2010).

(1) 활동계획 측면

- 건강교육활동이 연간, 월간, 주간 보육계획안에 균형 있게 배분되어 있는가?
- 영유아의 발달 특성을 고려하여 건강교육활동을 계획하였는가?
- 표준보육과정과 누리과정의 연령별 목표와 내용을 반영하였는가?
- 표준보육과정과 누리과정의 기본생활, 신체운동(누리과정의 경우 신체운동 · 건강), 사회관계, 의사소통, 자연탐구, 예술경험영역의 활동을 통합적으로 계획하였는가?
- 일상생활지도, 대 · 소집단활동, 자유선택활동 등 다양한 활동으로 계획하였는가?
- 영유아의 경험과 일상생활을 반영하여 활동을 계획하였는가?
- 영유아가 구체적이고 직접적인 경험을 할 수 있도록 계획하였는가?
- 다양한 건강영역에 대한 건강교육활동을 계획하였는가?
- 지속적이고 반복적으로 다루어지도록 계획하였는가?

(2) 활동방법 측면

- 영유아의 발달 특성에 맞게 활동이 구성되었는가?
- 영유아의 흥미를 고려하여 활동을 진행하였는가?
- 활동의 내용과 종류에 따라 적합한 교구교재를 사용하였는가?
- 연령 및 활동에 적합한 교수방법을 사용하였는가?
- 지식 습득 위주의 방식보다 실제 생활에 바로 적용할 수 있는 실천 위주의 방식을 사용하였는가?
- 어린이집에서의 활동 내용을 가정에 알려서 가정과 어린이집에서 일관된 방식으로 지도가 될 수 있도록 하였는가?

(3) 활동실행 측면

- 영유아의 발달수준에 맞게 전개되었는가?
- 영유아의 흥미와 관심에 따라 융통성 있게 재조정되었는가?
- 영유아에게 직접적이고 적극적인 탐색과 선택의 기회를 제공하였는가?
- 영유아 간 활발한 상호작용 기회를 허용하였는가?
- 장기간에 걸쳐 지속적이고 반복적으로 실시하였는가?
- 장기간에 걸쳐 일관되게 교육하였는가?
- 영유아가 자신의 경험과 건강교육활동을 관련지을 수 있도록 문제해결을 하는 데 생각할 시간을 충분히 제공하였는가?
- 개방적 질문을 하여 문제해결을 위한 대안적 사고를 이끌어 냈는가?

2 영유아평가

건강교육활동의 효과를 평가하기 위한 영유아평가는 어린이집 일과 속에서 이루어지도록 하며 영유아의 생활습관 형성 및 태도 변화 등을 알아보기 위해 다양한 평가방법을 사용한다. 이때 관찰 기록, 체크리스트, 포트폴리오, 부모면담 등의 방법으로 영유아에 대한 광범위한 자료를 수집할 수 있다. 다음의 체크리스트는 어린이집에서 교사가 영유아의 행동을 관찰하여 행동의 출현 여부를 관찰함으로써 영유아의 행동 변화를 파악할 수 있다.

표 10-6 / 만 1세 미만 영아의 신체적 건강교육활동 효과평가를 위한 행동관찰표

영역	문항	전혀 그렇지 않다	다소 그렇지 않다	보통 이다	다소 그렇다	매우 그렇다
신체 청결	1. 몸을 깨끗이 했을 때 기분이 좋음을 안다.					
	2. 도움을 받아 손을 씻는다.					
	3. 스스로 손 씻기를 시도한다.					
	4. 도움을 받아 이를 닦는다.					
수면 휴식	1. 수면습관에 따라 충분히 수면을 취한다.					
	2. 편안하게 쉰다.					
배변 습관	1. 배변 의사를 표현한다.					
	2. 정해진 곳에서 배변한다.					
생활	1. 익숙한 곳에서 안정한 마음을 갖는다.					
	2. 하루 일과에 즐겁게 참여한다.					
종합 평가						

자료 : 서울특별시 육아종합지원센터(http://seoul.childcare.go.kr).

표 10-7 / 만 2세 영아의 신체적 건강교육활동 효과평가를 위한 행동관찰표

영역	문항	전혀 그렇지 않다	다소 그렇지 않다	보통 이다	다소 그렇다	매우 그렇다
신체 청결	1. 이를 닦는다.					
	2. 손과 얼굴을 씻는다.					
수면 휴식	1. 일과에 따라 규칙적으로 잠을 잔다.					
	2. 정해진 시간에 적당하게 휴식한다.					
배변 습관	1. 정해진 곳에서 배변한다.					
	2. 배변 후에 손을 씻는다.					
의복	1. 스스로 옷 입고 벗기를 시도한다.					
생활	1. 또래와의 놀이에 즐겁게 참여한다.					
	2. 하루 일과에 즐겁게 참여한다.					
건강	1. 건강검진과 예방접종 등의 참여를 통해 건강에 관심을 갖는다.					
종합 평가						

자료 : 서울특별시 육아종합지원센터(http://seoul.childcare.go.kr).

표 10-8 / 만 3~5세 유아의 신체적 건강교육활동 효과평가를 위한 행동관찰표

영역	문항	전혀 그렇지 않다	다소 그렇지 않다	보통이다	다소 그렇다	매우 그렇다
신체 청결	1. 이 닦기를 시도하거나 스스로 이를 깨끗이 닦는다.					
	2. 스스로 손을 씻는다.					
	3. 몸을 씻는 습관을 가지고 있다.					
	4. 더러워진 옷을 갈아입는다.					
	5. 깨끗하게 옷을 입는다.					
	6. 주변을 깨끗이 한다.					
	7. 주변을 깨끗이 하는 습관을 가지고 있다.					
수면 휴식	1. 규칙적으로 잠을 잔다.					
	2. 적당한 휴식이 필요함을 안다.					
	3. 스스로 적당한 휴식을 취한다.					
배변 습관	1. 스스로 화장실에서 배변한다.					
	2. 배변 후 적절한 뒤처리를 한다.					
	3. 화장실을 깨끗하게 사용한다.					
	4. 배변 후에 손을 씻는다.					
의복	1. 놀이에 적당한 옷을 입는다.					
	2. 날씨에 맞는 옷을 입는다.					
	3. 때와 장소에 맞는 옷을 선택하여 입는다.					
생활	1. 여러 놀이에 적극적으로 참여한다.					
	2. 하루 일과에 즐겁게 참여한다.					
건강	1. 건강에 관심을 갖는다.					
	2. 건강의 중요성을 안다.					
	3. 건강검진과 예방접종의 중요성을 안다.					
	4. 건강검진과 예방접종의 중요성을 알고 적극적으로 참여한다.					
종합 평가						

자료 : 서울특별시 육아종합지원센터(http://seoul.childcare.go.kr).

3 어린이집평가

어린이집의 건강, 영양, 안전관리에 대한 평가는 2005년 시범운영으로 시작된 어린이집 평가인증제를 통해 이루어지고 있는데, 평가인증의 6개 영역 중 건강과

영양영역, 안전영역에서 집중적으로 다루어지고 있다. 또한 일상생활과 교육활동에서 교사와 영유아 간의 상호작용을 통해 이루어지는 건강교육 관련 평가는 보육과정영역과 상호작용, 교수법영역에서 다루어지고 있다.

표 10-9 / 건강교육과 관련된 어린이집 평가인증지표

<table>
<tr><th colspan="2">영역</th><th>39인 이상 어린이집</th></tr>
<tr><td>영역 3.
보육과정(14항목)</td><td>보육활동</td><td>대3-10. 기본생활 관련 활동</td></tr>
<tr><td rowspan="3">영역 4.
상호작용과 교수법(11항목)</td><td rowspan="3">일상적 양육</td><td>대4-1. 즐거운 식사(수유)와 간식</td></tr>
<tr><td>대4-2. 편안한 분위기와 낮잠</td></tr>
<tr><td>대4-3. 자연스러운 배변 경험</td></tr>
<tr><td rowspan="12">영역 5.
건강과 영양(12항목)</td><td rowspan="8">청결과 위생</td><td>대5-1. 실내 공간의 청결</td></tr>
<tr><td>대5-2. 보육실의 환기, 채광, 조명, 온도관리</td></tr>
<tr><td>대5-3. 놀잇감의 청결</td></tr>
<tr><td>대5-4. 화장실과 세면장의 청결</td></tr>
<tr><td>대5-5. 조리실의 공간과 설비의 위생적 관리</td></tr>
<tr><td>대5-6. 조리실의 공간과 설비의 위생적 관리</td></tr>
<tr><td>대5-7. 영유아와 보육교사의 청결유지</td></tr>
<tr><td>대5-8. 개별침구의 사용과 관리</td></tr>
<tr><td rowspan="2">질병관리</td><td>대5-9. 아프거나 다친 영유아의 보호</td></tr>
<tr><td>대5-10. 영유아와 보육교직원의 건강관리</td></tr>
<tr><td rowspan="2">급식과 간식</td><td>대5-11. 영유아를 위한 급식</td></tr>
<tr><td>대5-12. 영유아를 위한 간식</td></tr>
<tr><td rowspan="10">영역 6.
안전(10항목)</td><td rowspan="5">실내외 시설의 안전</td><td>대6-1. 보육실의 안전관리</td></tr>
<tr><td>대6-2. 실내시설의 안전관리</td></tr>
<tr><td>대6-3. 실외시설의 안전관리</td></tr>
<tr><td>대6-4. 실내외 놀잇감의 안전관리</td></tr>
<tr><td>대6-5. 실내외 위험한 물건의 보관</td></tr>
<tr><td rowspan="5">영유아의 안전 보호</td><td>대6-6. 영유아에 대한 성인의 보호</td></tr>
<tr><td>대6-7. 영유아의 안전한 인계과정</td></tr>
<tr><td>대6-8. 어린이집의 안전한 차량 운행</td></tr>
<tr><td>대6-9. 비상사태를 대비한 시설 및 설비와 대처방안</td></tr>
<tr><td>대6-10. 안전교육과 정기적인 소방훈련</td></tr>
</table>

(1) 보육과정(대3-10) : 기본생활 관련 활동

기본생활 관련 활동이란 영유아가 혼자서 옷을 입고 벗으며, 주변을 정리정돈하거나 자신의 물건을 간수하는 등의 자조능력을 습득하는 것을 말한다. 영유아기에 기본생활습관을 형성하는 것은 영유아기 이후의 삶에 큰 영향을 미치므로 매우 중요한 의미를 갖는다. 이 항목에서 '우수한' 수준은 기본생활 관련 활동을 보육과정이나 일과에서 자연스럽게 경험하는 경우이다. 정리정돈, 옷 입고 벗기 등 자조능력 키우기, 예절과 질서 지키기 등의 기본생활 관련 활동을 영유아발달 수준에 맞게 반복적으로 즐겁게 경험하도록 하는 경우이다.

(2) 상호작용과 교수법(대4-1) : 즐거운 식사(수유)와 간식

영유아의 수유나 식사, 간식시간은 단순히 음식을 먹는 시간이 아니다. 이 시간에 영유아는 개별적인 음식 선호를 발달시키고 음식의 냄새를 맡으며 즐거움을 느끼고 배고픔을 채우면서 정서적으로 편안해지며 안정감을 느끼고 또래들과 이야기를 나누며 긍정적인 관계 형성을 하기도 한다. 이 항목에서 '우수한' 수준은 보육교사가 영유아에게 바람직한 식습관과 자율성을 격려하고 편안한 대화를 나누어 즐겁게 식사하는 분위기를 조성하는 경우이다. 또한 영아에게 수유를 할 때 영아를 팔에 안고 우유병을 잡아주며 눈을 맞추면서 이야기를 하는 경우가 이에 해당한다.

(3) 상호작용과 교수법(대4-2) : 편안한 분위기의 낮잠

영유아의 발달 특성상 낮잠을 자거나 편안히 쉬면서 새롭게 에너지를 충전하는 휴식의 시간이 필요하다. 영유아는 피곤해지면 짜증을 내거나 다투기 쉽고 활동에 집중하기 어렵다. 또한 영유아는 졸음이 올 때 넘어지는 등의 안전사고가 나기 쉬우므로 연령에 따라 하루에 한 번 이상 낮잠을 잘 필요가 있다. 이 항목에서 '우수한' 수준은 만 4세 이하의 영유아에게 낮잠시간을 매일 마련하여 잠들 수 있는 분위기를 마련해 주고 그들의 개별적인 낮잠습관을 수용하는 경우이다.

(4) 상호작용과 교수법(대4-3) : 자연스러운 배변 경험

영유아에게 기저귀 갈이 시간이나 화장실 가기와 같은 배변 경험은 중요한 일과 중 하나이며 사적이고 개별적으로 이루어지는 활동이다. 따라서 보육교사는 영유아의 연령과 준비 정도에 따라 융통성 있고 개별적으로 지도하는 것이 필요하며 영아의 기저귀를 갈아줄 때나 영유아가 화장실을 사용할 때 청결습관뿐 아니라 스스로 할 수 있다는 자신감을 키워주는 것이 바람직하다. 이 항목에서 '우수한' 수준은 보육교사가 기저귀 갈이, 화장실 사용 시 영유아가 긍정적인 경험을 갖도록 개별적 상호작용을 하는 경우이다. 즉, 보육교사는 영유아의 개별적인 준비상태를 반영하여 배변 경험이 자연스럽게 이루어지도록 이끌고, 영유아가 스스로 할 수 있도록 격려하며 개별적인 상호작용을 하는 경우이다.

Chapter 11

영유아 정신건강

영유아의 건강한 성장과 발달을 도모하기 위해서는 신체적 측면뿐만 아니라 정신적 측면에서의 건강을 유지하는 것이 매우 중요하다. 영유아의 정신건강은 일생 동안의 건강의 토대가 되며 이후 청소년기 및 성인기 정신건강의 기초가 된다. 하지만 가족제도의 변화 및 조기교육과 경쟁을 조장하는 환경으로 인해 영유아의 정신건강문제가 급속하게 증가하고 있어 영유아의 정신건강문제 조기 발견과 지원에 대한 관심이 높아지고 있다.

이 장에서는 정신건강의 개념 및 중요성, 정신건강의 기준, 정신건강에 영향을 미치는 요인, 발달단계별 발달과업과 정신건강, 영유아 및 아동기의 주요 정신건강문제에 대해 살펴보고자 한다.

1. 정신건강의 개념 및 중요성

1 영유아 정신건강의 개념

신체적으로 건강하지 못하면 정신건강을 기대할 수 없고, 정신건강이 유지되지 않고는 신체적인 건강도 생각할 수 없듯이 인간의 신체 건강과 정신건강은 밀접한 관계를 갖고 서로의 건강에 영향을 미친다. 로크는 《교육에 관한 단상들》이란 그의 저서에서 '건강한 신체 속에서 건강한 정신이 깃든다'는 표현을 통해 신체적 건강과 정신적 건강과의 관계 및 그 중요성을 강조하고 있다. 또한 세계보건기구WHO에서는 건강이란 신체적, 정신적, 사회적으로 완전한 안녕의 상태이며, 단지 질병이 없다거나 허약하지 않은 상태를 말하는 것은 아니라고 정의하고 있다. 따라서 정신건강이란 한 인간이 사회생활을 독립적으로 영위해 나가기 위해 생각하고 판단하는 능력에 병적 증세나 정신병리가 없고, 환경에 대한 적응력이 있으며 성숙한 인격을 갖추고 있는 상태를 의미한다. 이에 정신이 건강한 영유아란 연령에 따라 정상적인 신체발달이 이루어지고 치료를 요하는 질병이 없으며 신체적으로 건강하고 능동적으로 활발하게 활동을 함으로써 정신발달이 순조롭게 일어나고 또래, 부모, 교사, 이웃 등 주변사람들과 바람직한 사회생활을 하는 영유아를 말한다.

2 영유아 정신건강의 중요성

영유아가 태어나 5년까지는 폭발적으로 성장하는 시기다. 아이는 하루가 다르게 쑥쑥 자라는데, 이때 두뇌도 급격한 성장·발달을 보인다. 생후 3년이면 뉴런이나 혈관을 모두 갖추고, 5년이면 이미 두뇌의 90%가 완성된다. 그 이후 두뇌는 성장 대신 유지하는 쪽으로 바뀐다. 만약 영유아 시기에 외부로부터 부적절한 자극이나 학대, 스트레스가 가해지면 한창 성장 중인 뇌에 큰 문제를 초래하게 된다. 특히, 정서와 감정에 관여하는 우뇌의 구조와 기능에 손상을 입는다. 영유아 시기에 적절하게 발달하지 못한 우뇌는 성인이 된 후에는 더욱 심각한 정신장애의(자살 포함) 발병률을 높이게 된다. 이와 같이 영유아 정신건강문제는 사회경제적 영향과 복합적으로 작용하여 영유아의 건강한 성장을 저해하고, 결국 영유아의 정신건강이 성인이 된 이후의 삶까지 영향을 미치게 되므로 더욱 중요하게 다루어져야 한다.

3 영유아 정신건강의 기준

정신건강에서 정상과 비정상을 구별하기란 쉬운 일이 아니다. 정신건강의 기준은 개인의 가치에 따라 달라질 수 있으며 사회문화적 양식에 따라 다르게 판단될 수 있기 때문이다. 예를 들어, 같은 영유아라도 어떤 사람은 정상아로 보고 어떤 사람은 장애가 있는 영유아로 볼 수가 있다. 따라서 어느 한 기준만으로 정상 여부를 속단하기보다는 다음과 같은 다양한 기준들을 고려하여 종합적 관점에서 판단해야 한다.

(1) 통계적 기준

지능, 신장, 체중 등과 같이 인간의 특성을 양적으로 측정해서 분포를 내보면 많은 경우가 정상분포곡선을 그린다. 정상분포란 평균치를 중심으로 좌우가 대칭이며 평균치에 가장 많은 빈도를 그리고 양쪽 극단으로 갈수록 그 빈도가 줄어드는 분포를 말한다. 통계적 기준이란 이러한 정상분포상에서 평균±표준편차 사이

그림 11-1 정상분포곡선

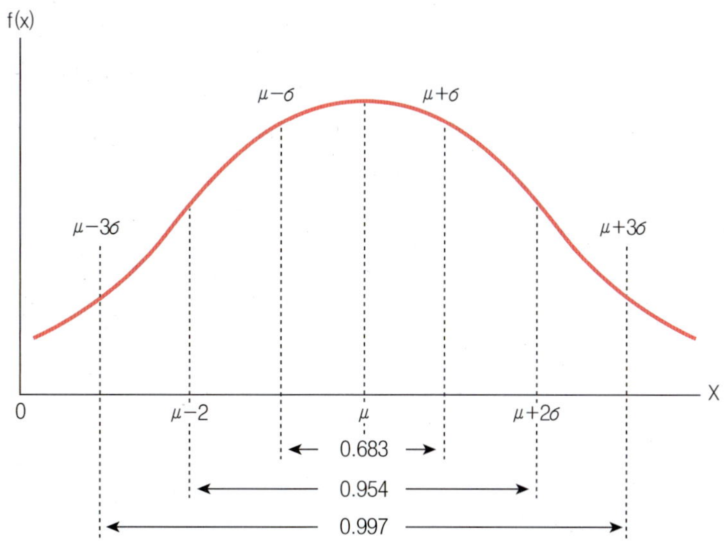

의 약 68%를 정상으로 판단하되 평균치에 가까울수록 더욱 정상적이라고 간주하는 것이고, 그 범위를 벗어나는 양쪽을 비정상으로 판단하되 평균치로부터 멀어질수록 더욱 비정상으로 간주한다. 명백한 요인의 측정이 가능할 때에는 신뢰성이 있고 유용한 방법이 되지만 정신에 관해서는 너무 복잡해서 적당한 측정 척도가 부족할 뿐 아니라 단순한 수치만을 따져 정상과 비정상을 판단하게 되면 큰 오류를 범할 수 있다.

(2) 병리적(임상적) 기준

병리적 기준은 마치 바이러스에 감염되면 감기의 증상이 나타나고 세균에 감염되면 곪는 증상이 나타나듯이 정신적인 문제도 신체적 질병과 같이 어떤 분명한 원인이 내재되어 있고 그에 따라 증상이 나타난다고 보는 것이다. 대부분의 신체적 질환은 임상적으로 인지할 수 있는 증상들이 나타나고 그 원인 또한 거의 분명하다. 그러나 정신적인 문제는 원인이 불명확한 경우도 흔하고 동일한 원인이라 하더라도 증상이 다르게 나타날 때도 많다. 또한 병리적으로 이상이 없는데도 기능적으로 증상이 나타나는 경우가 있는가 하면, 기능적으로 증상이 나타나지 않는데도 병리적으로 이상이 발견되는 경우도 있다. 따라서 통계적 기준과 마찬가지로 병리적 기준으로 정상과 비정상을 섣불리 규정하기보다는 다양한 관점을 통해 종합적으로 판단할 필요가 있다.

(3) 사회 · 문화적 기준

사회 · 문화적 기준은 사회적으로 수용될 수 있는 행동양식이거나 문화가치에 적합하면 정상으로 간주하고, 그렇지 못할 때에는 비정상으로 간주하는 것이다. 오늘날의 사회적 혹은 문화적 양식은 중첩되거나 혼합되어 있기도 할 뿐만 아니라 시간적으로나 공간적으로 다양하게 변화하고 있어서 그 구분이나 기준이 모호할 때가 있다. 따라서 어떤 사회나 문화에서는 아주 정상적이고 건강하다고 보더라도 다른 사회나 문화권에서는 정반대로 볼 수 있으며, 같은 사회나 문화권에서도 시대 변화에 따라 차이가 있다는 것을 이해해야 한다.

(4) 발달적 기준

발달의 과정을 보면 영아기, 유아기, 아동기, 청소년기 등의 발달단계에 따라 혹은 연령에 따라 보편적으로 나타나는 발달의 양상이나 특징이 있다. 발달적 기준이란 이러한 연령 또는 발달단계에 따른 발달 특성을 기준으로 해서 판단하는 것이다. 즉, 보편적인 발달 특징에 접근해 있으면 정상으로 간주하고, 이탈되어 있으면 비정상으로 간주하는 것이다. 이때 주의해야 할 점은 발달속도에 개인차가 있고, 특히 아동기까지는 개인차가 크다는 점이다. 따라서 어떤 영유아가 평균적 발달 기준에서 이탈되었다고 한다면 성급하게 비정상으로 결정을 내리기보다는 장기적인 관찰을 통해서 발달을 추적해보는 것이 바람직하다.

4 영유아 정신건강에 영향을 미치는 요인

영유아 정신건강에 영향을 미치는 요인은 유전적 요인, 기질적 요인, 심리적 원인, 사회적 원인으로 나눌 수 있다.

(1) 유전적 요인

유전적 성향, 체질, 나이, 성, 인종 등이 정신건강문제에 직접적 원인이 될 수도 있고, 특정 유전적 요인이 정신건강문제에 보다 취약할 수도 있다.

(2) 기질적 요인

산모나 신생아가 의약품, 약물, 알코올 중독 등 뇌에 영향을 미치는 위해요인, 자동차 사고나 산업재해 등의 외상, 인체에 축적되어 장애를 일으키는 화학적 중금속 및 독성물질을 접하게 되면 기질성 정신건강문제를 일으킬 수 있다.

(3) 심리적 요인

미움, 분노, 공포, 불안, 우울, 슬픔, 시기와 질투, 고독, 수치심 등의 부정적인 감정은 적응에 문제를 일으키고 병적인 행동과 정신장애의 원인이 된다. 그리고 사랑, 죽음, 이별, 의존대상의 상실 등에 따른 절망, 분노, 억압 등이 정신건강문제를 일으킬 수 있다. 신체장애나 만성질병도 상실감을 초래하여 열등감, 분노, 공격성, 방어, 보상 등 심리적 반응을 일으킨다.

(4) 사회문화적 요인

사회문화적 요인 중 가족, 특히 부모의 역할은 절대적이다. 부부갈등이 잦을 때, 크고 작은 환경 변화(예를 들어, 부모의 외출로 할머니집에 맡겨졌을 때, 엄마가 아플 때, 아빠가 출장을 떠났을 때, 집이 이사를 했을 때 등), 부모의 지나친 간섭과 부적절한 양육태도 등이 영유아의 정신건강에 영향을 미친다. 또한 사회적 요인으로 영유아의 발달수준과 기질 및 흥미를 고려하지 않은 지나친 조기교육, 새로운 어린이집이나 유치원, 학교 입학 또는 전학, 게임기나 스마트폰 등의 영향에 의해 정신건강문제가 발생할 수 있다.

건강 뉴스

영유아의 정신건강문제

〈앵커〉

학교폭력 같은 청소년문제, 근원을 따지다 보면 어릴 때 정서적인 문제가 원인인 경우가 많습니다. 정부가 처음으로 수도권의 한 도시를 골라서 영유아들의 정신건강을 조사했더니 충격적인 결과가 나왔습니다. 5명 가운데 1명꼴로 정신건강에 문제가 있는 것으로 나타났습니다. 최호원 기자가 단독 취재했습니다.

〈기자〉

이름을 불러도 별 반응이 없고 또래에 비해 말수도 적습니다.

[치료교사 : ○○아, ○○아.]

'자폐증세'가 있다는 의사의 말에 부모는 하늘이 무너지는 듯했습니다.

[아이 엄마 : 상담을 받고 나오는데 눈물이 나더라고요. 온몸이 후들후들 떨리면서… (치료센터에) 아이들이 많더라고요. 많이 놀랐어요.]

보건복지부가 생후 78개월 이하 영유아를 대상으로 정신건강에 문제 있는 아이가 얼마나 되는지 조사했습니다. 조사대상 534명 가운데 국내 검진방식으로는 8%, 보다 정밀한 선진국 방식으로는 무려 20%에서 문제가 나타났습니다.

[이경숙/한신대 재활학과 교수 : 선진국에 비해 1.5~2배까지 높은 수치였습니다. 과도한 불안 공격성 또는 언어발달 지연, 더 심하게는 자폐적 증상까지 포함할 수 있습니다.]

전문가들은 부모의 스트레스가 아이에게 그대로 전달됐거나, 뭔가를 빨리 가르치려는 한국적 육아환경이 악영향을 미친 것으로 보고 있습니다. 만 12개월까지 좋아하는 물건을 손으로 가리키지 못할 경우, 만 24개월까지 짧은 문장도 말하지 못할 경우, 만 36개월까지 또래와 대화를 하지 않을 경우 검진을 받아봐야 합니다. 보건복지부는 첫 실태조사에서 심각한 결과가 나온 만큼 추가 조사와 함께 대책 마련에 나섰습니다.

자료 : SBS 최호원 기자(2013. 3. 24).

2. 영유아 및 아동기의 발달과업과 정신건강

영유아의 정상발달은 연령별로 그 시기가 나뉘어 있고 해당 시기에 수행해야 하는 발달과제가 있다. 발달은 서로 겹치거나 연속적이고 앞 단계의 발달은 다음 단계의 발달에 필수적이다. 발달 시기나 과제가 상당한 폭을 가지고 있는 것은 사실이지만 그 순서나 내용은 반드시 거쳐야 할 절대적인 것이다. 앞 단계의 문제는 다음 단계에 반드시 부정적 영향을 미친다. 특정 시기나 특정 내용에 지나치게 탐닉하는 것, 더 나아가지 않고 특정 단계에 머무는 것, 미약하게 이행되는 것, 빠뜨리고 이행되지 못하는 것들은 모두 영유아의 정신건강문제에 해당된다.

1 영아기의 발달과업과 정신건강

영아기의 중요한 발달과업은 양육자와의 안정적인 애착을 형성하는 것이다. 영아는 스스로 할 수 있는 일들이 적고 전적으로 양육자에게 의존해야 하는 시기이기 때문에 양육자와의 관계는 영아가 세상에 살아남을 수 있는지의 문제와 직결된다. 영아기에 애착관계에 어려움을 겪은 아이는 성인이 되어서도 낮은 자존감과 사회성, 스트레스에 약한 정신건강 등을 겪으며 악순환을 반복하게 되기 때문에 안정적 애착 형성의 중요성은 강조해도 지나침이 없다.

2 걸음마기의 발달과업과 정신건강

걸음마기의 중요한 발달과업은 분리개별화와 배변훈련, 자율성이다. 걸음마기 영유아가 정서적으로 양육자와 친밀한 유대감이 형성되었다고 하더라도 각자 개별적인 개체이므로 분리개별화를 통해 양육자로부터 독립하여 자신의 고유한 정신세계를 가져야 한다. 걸음마기 영유아는 배변훈련을 통해 배변을 조절할 수 있게 되는데, 이 과제를 수행하는 과정에서 많은 갈등과 성취감을 갖게 된다. 또한 걸음마기는 자율성이 형성되는 시기로 모든 일을 자기 힘으로 해내려는 욕구가 강하며 의사소통능력을 갖추게 됨에 따라서 자신을 하나의 독립된 자아로 인식하고 자기주장을 하는 시기이다. 스스로 문제를 해결하려는 시도를 해보지만 이전에 경험해보지 못한 새로운 문제를 만나 스스로의 힘으로 해결할 수 없을 때는 주변 사람에게 도움을 요청하기도 한다. 문제를 해결해 나가는 방법, 주위에 도움을 구하는 방법, 문제상황을 직면하는 태도 등이 아이의 발달에 중요한 요소로 작용한다.

3 유아기의 발달과업과 정신건강

유아기의 중요한 발달과업은 사회화와 성역할 학습, 주도성이다. 유아기에는 어린이집이나 유치원에서 부모 외 다른 성인 및 또래 친구들과 함께하는 기회가 많아지면서 사회화와 역할학습을 하게 된다. 이러한 다양한 경험은 긍정적인 요인으로 작용할 수도 있지만 새로운 불안을 촉발시키는 요인이 되기도 한다. 유아기에 자아발달의 중요한 부분으로 양심발달이 나타난다. 유아기에는 자신의 존재나 능력을 타인에게 알리고 싶은 욕구를 보이며 성인으로부터 행동의 제한을 받으면 고집을 부리며 반항하는 특성이 나타난다. 유아기에는 명확한 이유 없이 불안을 느끼거나 자극에 비해 지나친 불안을 보이는 불안장애, 특정 동물이나 상황을 두려워하는 공포장애, 소변을 가리지 못하는 야뇨증, 자다가 벌떡 일어나 소리를 지르며 울고 긴장하는 야경증 등의 정신적인 문제를 경험할 수 있다.

4 아동기의 발달과업과 정신건강

아동기의 중요한 발달과업은 학교생활을 통한 성취감, 자아존중감, 또래관계 등이 있다. 아동기에는 학교생활을 통해 일생 동안 이용할 지식과 기술을 습득하면서 성취감을 느끼게 된다. 또래와의 관계를 통해 대인관계를 배우고 우정과 적대감을 나타내며 처리하는 기술을 익히게 된다. 아동기에 학교생활에서 좌절을

표 11-1 / 발달단계별 발달과업과 정신건강문제

구분 \ 단계	영아기(0~12개월)	걸음마기(1~3세)	유아기(4~6세)	아동기(7~12세)
발달과업	• 애착 형성 • 기본적 신뢰감 • 정서적 안정감 • 신체, 신경계 성숙	• 자아분리, 개별화 • 공격성과 충동통제 • 자율성, 자아통제	• 사회화 • 성역할 학습 • 주도성	• 우정, 또래관계 • 생산성, 근면성 • 기초학습능력 • 자기효능감 • 자아존중감
정신건강 문제	• 감각 박탈 • 수유장애 • 수면장애 • 발육부진 • 반응성 애착장애 • 자폐장애 • 지적장애	• 공격성 • 반항장애 • 자폐장애 • 언어지체	• 분리불안 • 공포증, 야경증 • 유뇨증, 유분증 • 사회적 역할 • 언어장애 • 행동장애	• 학습장애 • 틱장애 • 품행장애 • ADHD • 반항장애 • 등교 거부 • 소아우울증

자료 : 홍강의(2006).

경험하게 되는 경우 자존감이 낮아지게 되고, 학교 등교 거부를 할 수도 있다. 또한 또래관계에서 어려움을 경험하게 되면 대인관계에서 자신감이 결여되고 주변 사람과 친구들에 대한 신뢰감 형성이 어렵게 된다.

3. 영유아 및 아동기의 정신건강문제

일반적으로 정신건강 분야에서 주요 지표로 사용되는 미국정신의학회의 정신장애 진단 및 통계편람Diagnostic and statistical manual of mental disorder : DSM-IV에서는 유·아동기와 청소년기에 처음 진단되는 장애를 정신지체, 학습장애, 운동기술장애, 의사소통장애, 전반적 발달장애, 주의력결핍 및 파괴적 행동장애, 급식 및 섭식장애, 틱장애, 배설장애, 기타 장애로 나누어 설명하고 있다. 한편, 우리나라의 장애인 등에 대한 특수교육법(2013. 12. 30 시행)에서는 특수교육의 대상자를 시각장애, 청각장애, 정신지체, 지체장애, 정서·행동장애, 자폐성장애, 의사소통장애, 학습장애, 건강장애, 발달지체, 그 밖에 대통령령으로 정하는 장애로 구분하고 있다.

표 11-2 / DSM-Ⅳ에 따른 소아정신질환의 일반적 범주

장애	유형	
정신지체	• 가벼운 정도 • 심한 정도	• 중간 정도 • 아주 심한 정도
학습장애	• 읽기 장애 • 쓰기 장애	• 산술장애
운동기술장애	• 발달성운동장애	
의사소통장애	• 표현성 언어장애 • 음성학적(발성) 장애	• 혼합형 언어장애 • 말더듬
전반적 발달장애	• 자폐성 장애 • 소아기 와해장애	• 레트장애 • 아스퍼거장애
주의력결핍 및 파괴적 행동장애	• 주의력결핍 및 과잉행동장애 • 반항성장애	• 품행장애
급식 및 섭식장애	• 이식증 • 섭식장애	• 반추장애
틱장애	• 뚜렛장애 • 일과성틱장애	• 만성틱장애
배설장애	• 유분증	• 유뇨증
기타 장애	• 분리불안장애 • 반응성애착장애	• 선택적 함구증 • 상동증적 운동장애

본 서에서는 유·아동기의 대표적인 정신건강문제로 자폐증, 주의력결핍 과잉행동장애, 분리불안장애, 배설장애, 틱장애에 대해 다루었다.

I 자폐증

영유아 정신건강문제 중 일반인들에게 가장 많이 알려져 있는 것이 자폐증일 것이다. 하지만 아직까지 명확하게 알려진 원인이나 완치법이 없어 부모들이 가장 힘들어하는 정신건강문제 또한 바로 자폐증이다. 자폐증autism이란 영유아의 발달수준에 비하여 언어 및 비언어적 표현능력이 비정상적으로 발달하여 대인관계를 형성하는 상호작용능력이 현저하게 저하되며, 제한된 범위의 관심영역에만 강박적으로 집착하는 특이한 행동이 함께 나타나는 발달장애 중 하나이다. 자폐증의 어원은 1943년 소아정신과 의사인 레오 칸너Leo Kanner가 기이하고 특이한 행동양상을 보이는 11명의 아동사례를 자폐증이라고 기술한 이후 현재까지 이 용

> 5세의 어스틴을 만났을 때부터 나는 그가 매우 영리하다는 것을 알 수 있었다. 그러나 그가 할 수 있는 일은 몇 가지 밖에 없었다. 그는 매일의 일과를 이해하는 데 그림으로 된 시간표를 필요로 하였다. 시간표에 변화가 있으면 어스틴은 생떼를 부렸다. 그는 변화에 잘 대처하지 못했으므로 나는 무엇인가 변화할 때면 어스틴이 미리 확실히 알게 하였다.
>
> 어스틴은 언제나 똑같은 것을 먹으려고 하였다. 내가 다른 것을 먹이려고 하면 매우 거부하였다. 학문적 활동을 할 때 어스틴은 또래보다 읽기를 먼저 하였다. 그리고 쓰기도 틀리지 않고 하였다. 어스틴이 특별한 학문적 활동에 우수하였지만 말과 언어기술은 지체되었다. 주로 3~4어문의 구를 사용할 뿐이었다. 어스틴은 사회적으로 지체되었다. 그는 병행놀이를 주로 하며 다른 또래들과 매우 적은 상호작용을 하였다. 어스틴은 그의 행동에 대하여 다른 친구들이 어떻게 생각하는가에 대해 관심이 없는 것 같았다. 예를 들어, 그는 대집단시간에 자신의 코를 잡아 당기거나 바지를 벗기도 하였다. 어스틴은 무늬에 매료되곤 하였다.
>
> 자료 : Winter, M. S.(2007), Inclusive Early Childhood Education, Pearson Education, NJ: Upper Saddle River.

어가 사용되고 있다.

(1) 원인

자폐증의 원인은 분명하지 않은데, 자폐증의 90%는 유전자 돌연변이 때문에, 나머지 10%는 환경적 요인 때문인 것으로 추정된다. 유전자가 100% 동일한 일란성 쌍생아의 경우 어느 한쪽이 자폐 증세를 보일 때 다른 한쪽도 함께 증세를 보일 확률이 90%가 넘는다. 이란성 쌍생아이거나 형제자매일 경우에도 확률이 10%가 넘는다. 이는 특정 유전자에 돌연변이가 생기면 자폐로 이어질 수 있다는 의미이다. 환경적 요인으로는 산모의 스트레스, 영양실조, 약물 부작용, 박테리아와 바이러스 감염도 자폐증을 일으킬 수 있다. 약물 부작용으로는 입덧 완화제와 진정제로 쓰였던 탈리도마이드, 간질 치료제로 쓰는 밸프로산 등이 있다. 자폐증 위험률을 높이는 바이러스로는 풍진을 일으키는 루벨라 바이러스 등이 있다.

자폐증은 대체로 부적절한 양육과는 관련이 없는 것으로 보고되고 있다. 여러 연구에서 자폐아와 일반아의 부모 간에 성격의 특성과 양육상의 차이가 없음이 밝혀졌다. 엄마와 아이의 정서적 관계 결핍에 의해 발생하는 반응성 애착장애는 자폐와 유사한 양상을 보일 수는 있으나 전혀 다른 질병이다. 자폐증은 생물학적 혹은 기질적인 뇌의 결함 때문에 발생하며 뇌의 기능 이상이 증상으로 표현되는 것으로 알려져 있다. 다만, 자폐아는 가족 및 환경의 변화에 매우 민감하여 가정

불화나 이사, 전학 등을 통한 환경의 변화와 재적응 압박, 동생의 출생으로 인한 긴장감 고조 등은 자폐아를 더욱 취약하게 만들어 부정적 행동을 더 많이 하도록 할 수 있다.

(2) 특징

자폐증은 사회성발달, 언어발달, 인지발달 등에 심각한 장애로 정상적인 발달을 이루지 못하여 일상생활에 적응하지 못하는 질환이다. 자폐아는 영유아 시기에 눈 맞춤을 피하고 사람 말소리에 거의 관심을 보이지 않는 게 대표 증상이다. 대부분 3세 이전에 아이의 이상을 알게 되지만 증상의 심한 정도나 보호자의 인식 정도에 따라 다르다. 자폐아의 40% 정도가 지능지수가 50 이하이고, 30% 정도가 70 혹은 그 이상의 지능지수를 가진다. 자폐아는 지적 기능에서 편차가 매우 큰데, 언어기능은 거의 검사가 불가능하고 가능하더라도 상징적이며 추상적, 논리적 순서 등의 기능은 매우 낮다. 조립 등의 동작성, 시각과 공간에 대한 기능, 순간적인 기억 등은 매우 좋을 수 있다. 자폐아 6명 중 1명은 성인이 되어서 적절한 사회적응과 고정적인 직업생활이 가능한 반면, 2/3는 심한 장애와 더불어 독립적인 생활이 불가능한 것으로 알려져 있다. 자폐증은 인구 1만 명당 4~5명으로 남아가 여아보다 3~4배 많으며 전형적인 자폐장애는 아니지만 자폐적 성격장애까지 합하면 인구 1만 명당 약 20여 명이나 된다고 한다.

자폐증은 다음 5가지 영역에서의 증상이 생후 30개월 이전에 발현된다.

첫째, 대인관계를 형성하는 데 장애가 있고 또한 자신의 생각과 행동반경을 자신의 관심사 이상으로 확장하는 데 어려움이 있다. 출생 후 수 개월부터 어머니와의 눈 맞춤과 신체접촉을 피하는 등 어머니와 애착이 형성되지 않고 정상적으로 6~8개월에 보이는 분리불안seperation anxiety이나 외인불안증stranger anxiety도 보이지 않는다. 의사표시를 위해 말보다는 손으로 잡아끌며, 불러도 대답이 없고 다른 사람의 존재를 인식하지 않는 듯한 행동을 한다.

둘째, 의사소통에 있어 장애를 보인다. 언어가 전혀 발달되지 않거나 괴성을 지르는 등 언어 이전 단계인 옹알이, 혹은 모방 행위도 보이지 않는다. 언어가 시작되어도 무의미하게 되풀이 하거나, 앵무새처럼 그대로 따라하며(반향음echolalia) 발음과 음의 고저도 특이하고 비정상적인 경우가 많다. 일부 아동의 경우 언어 소통이 되지만 계속적인 대화유지능력이 부족하거나 대화를 하더라도 자신의 이익과 관심사에만 한정된다. 대체로 이런 경우에는 문법에 있어 실수가 자주 관찰되거나 같은 단어를 반복하여 사용하는 경우가 많다.

셋째, 의미 없고 상투적이며 반복적인 행동을 보인다. 주변 환경에 대한 이해 못할 반응들이 매우 다양하게 나타나는데, 조그마한 변화도 싫어하고 이에 저항하거나 극렬한 반응을 보일 때도 있다. 식탁에서 자신의 자리가 바뀌었는데, 기절할 듯이 고함을 지르는 경우 등이 한 예이다. 자극행동, 자해행동과 같은 부적절 행동이 흔하게 나타난다.

넷째, 외부로부터 오는 감각 자극에 대해 적절히 반응하는 데 장애를 보인다. 시각과 청각은 정상이지만 감각이 없고, 소리에 매우 민감하지만 못들은 척하며 피부접촉을 싫어한다. 돌아가는 선풍기를 계속 응시한다거나 돌아가는 물체에 대해 강한 호기심을 보인다. 음악, 단추, 신체의 특정 부위, 물장난, 날짜별 열차시각표, 역사적 사실에 비상한 관심을 보이거나 수년 전에 들었던 말이나 사실을 정확하게 기억해 내기도 한다. 또한 경사진 내리막을 내려오는 데 어려움이 있거나 두려움을 보인다.

다섯째, 조기에 관찰된다. 3세 이전의 영유아기부터 외부인과의 접촉을 피하거나 일에 강한 집착을 보이며 놀잇감을 가지고 놀 때에도 또래와 사뭇 다른 형태를 보인다.

(3) 치료 및 지원방안

자폐증의 원인이 다양하고 분명하지 않기 때문에 치료법 역시 특정한 치료방법이 있는 것은 아니다. 약물치료의 경우 과잉운동이나 격렬한 정서반응을 조절하기 위해 소량의 진정제haloperidol를 사용하면 효과적일 수도 있고, 기타 경련을 보이면 항경련제를 쓰는 등의 보존적 요법을 시행하기도 한다. 하지만 자폐증은 상호성, 언어기능, 인지기능, 모방기능, 행동조절능력 등에 있어서 전반적인 발달지연을 보이고 평생 계속되는 장애이기 때문에 전체적으로 발달하도록 도와주는 것이 중요하다. 또래 아이들은 자연스럽게 배우게 되는 것을 자폐아동들은 따로 도와주어야만 조금씩 배워갈 수 있기 때문에 치료대상 및 증상의 정도에 따른 특수교육 및 치료 프로그램이 필요하다.

건강 뉴스

국내연구진, 자폐증 치료 가능성 열어 : Shank2 단백질 변이가 자폐증 원인

자폐증 원인 규명과 치료 가능성이 제시돼 세계 의·과학계가 주목하고 있다. 교육과학기술부는 서울대 뇌인지과학과 강봉균 교수·연세대 약리학교실 이민구 교수·KAIST 생명과학과 김은준 교수 등이 공동연구를 통해 자폐증의 유전적 요인과 발병 기전을 규명하고 치료법을 제시했다고 14일 밝혔다.

자폐증은 사회성 결핍, 의사소통장애, 정신지체, 특정행동 반복, 정서 불안정, 과잉행동 등을 보이는 뇌발달장애이다. 인구의 1~2%에서 발병하지만 증상을 줄일 수 있을 뿐 아직 유용한 치료제가 개발되지 않고 있다.

이 가운데 'Shank(쉥크)'라는 유전자 단백질에 변이가 생기면 사회성 결핍과 같은 자폐증이 나타난다는 사실이 밝혀졌다. 사람에게서는 Shank1, Shank2, Shank3 등 3가지가 알려져 있다. Shank 단백질은 뇌신경세포(뉴런)를 연결하는 부위인 시냅스의 내부구조를 형성하는 데 중요한 역할을 한다. 특히, 후(後) 시냅스에 존재하는 여러 단백질이 Shank 단백질과 상호작용을 한다. 국내 공동 연구팀은 Shank2 단백질이 자폐증과 연관이 있다고 보고, 쥐에서 이 단백질의 일부를 제거해 기능하지 못하도록 만들었다. 그 결과 Shank2가 결손된 생쥐에서 새끼를 잘 돌보지 않거나, 코털을 반복적으로 다듬는 등 자폐증과 유사한 행동이 나타났다. 이 단백질과 자폐증이 관련이 있다는 직접적인 증거인 셈이다. 연구팀은 쥐의 행동실험에 이어 뇌 해마 부위의 전압·전류를 측정했다. 추가 실험으로 Shank2가 결손되면 해마에서 시냅스 가소성(可塑性)에 문제가 생기고, 뇌에서 학습과 기억을 담당하는 NMDA 수용체에 의한 신경전달이 감소하는 것을 확인했다.

NMDA 수용체는 그러나 뇌 기능 자체에 관여하기 때문에 직접적으로 영향을 미치면 부작용이 심한 것으로 알려져 있다. 이에 연구팀은 NMDA 수용체와 연관성이 높은 mGluR5라는 수용체를 간접적으로 자극해 NMDA 수용체의 기능을 회복시켰다. 그 결과 Shank2 결손이 있는 쥐의 해마에서 시냅스 가소성 손상이 회복되고 NMDA 수용체에 의한 신경전달이 정상화됐다.

김은준 교수는 "약물 치료를 통해 자폐증의 주요 증상인 사회성이 개선됐다"며 "앞으로 자폐증 치료의 새로운 가능성을 제시한 셈"이라고 연구의의를 밝혔다.

자료 : 연합뉴스 이주연 기자(2012. 6. 14).

2 주의력결핍 과잉행동장애

주의력결핍 과잉행동장애Attention Deficit/Hyperactivity Disorder : ADHD는 지속적으로 주의력이 부족하여 산만하고 과다활동, 충동성을 보이는 상태를 말한다. 이러한 증상들을 치료하지 않고 방치할 경우 영유아기 및 아동기 내내 여러 방면에서 어려움이 지속되고, 일부의 경우 청소년기와 성인기가 되어서도 증상이 남게 된다. 따라서 부모를 포함한 가족, 어린이집(유치원), 학교의 선생님이 교육을 통해 치료적인 환경을 조성하는 데 노력해야 한다.

그림 11-2 주의력결핍 과잉행동장애 증상

자료 : 국가건강정보포털(http://health.mw.go.kr).

(1) 원인

정확한 원인은 현재까지 알려진 바가 없다. 유전적 요인(쌍생아에서의 높은 일치율), 뇌손상, 신경해부학적 요인(뇌 혈류 저하 등), 신경생화학적 요인의 이상(신경전달물질계의 이상 등), 뇌 성숙의 지연(뇌파의 이상), 심리사회적 요인 등의 복합적인 원인들에 의한 일종의 증후군으로서 연구되고 있다.

(2) 특징

주의력결핍 과잉행동장애는 집중을 유지하는 데 있어서의 어려움, 충동조절의 어려움과 과잉행동성을 특징으로 하는 질환이다. 자극에 선택적으로 주의 집중하기 어렵고, 지적을 해도 잘 고쳐지지 않는다. 따라서 선생님의 말을 듣고 있다가도 다른 소리가 나면 금방 그곳으로 시선이 옮겨가고, 시험을 보더라도 문제를 끝까지 읽지 않고 문제를 풀다 틀리는 등 한곳에 오래 집중하는 것을 어려워한다. 주의력결핍 과잉행동장애 아동들은 허락 없이 자리에서 일어나고, 뛰어다니며, 팔과 다리를 끊임없이 움직이는 등 활동수준이 높다. 생각하기 전에 행동하는 경향이 있으며 말이나 행동이 많고, 규율을 이해하고 알고 있는 경우에도 급하게 행동하려는 욕구를 자제하지 못하기도 한다.

영유아기에는 증상으로 표현되기보다는 일상적인 행동이나 습관으로 나타날 수 있다. 젖을 잘 빨지 못하거나 먹는 동안 칭얼거리고 소량씩 여러 번 나누어서 먹는다. 잠을 아주 적게 자거나 자더라도 자주 깨며, 떼를 많이 쓰고 투정을 부리며 안절부절 못하는 경향이 있다. 또한 과도하게 손가락을 빨거나 머리를 박고 몸을 앞뒤로 흔드는 행동을 하기도 한다. 기어 다니기 시작하면 끊임없이 이리저리 헤집고 다니기도 하고 수면 및 수유 등 일과가 매우 불규칙한 모습을 보이기도 한다. 학교 갈 나이가 되었을 때 주의력결핍 과잉행동증상이 의심되는 경우, 과거 영유아기의 행동이나 습관을 참고해 봐야 한다.

주의력결핍 과잉행동장애 아동들은 충동적이고 산만한 행동 때문에 야단이나 꾸중과 같은 부정적인 얘기를 자주 듣게 된다. 따라서 주변에서 말 안 듣는 아이나 문제아로 평가되고, 스스로도 자신을 나쁜 아이, 뭐든지 잘 못하는 아이로 생각하게 된다. 이런 일이 반복되면 아이는 더욱 자신감이 없어진다. 주의집중 결함이나 충동성 때문에 또래 관계가 힘들게 되고 또래에게 따돌림을 당하기도 한다.

미국 소아정신과학회의 통계에 따르면 평균 학령기 아동의 주의력결핍 과잉행동장애 유병률은 약 3~8% 정도이다. 남아가 여아보다 약 3배 정도 더 높고, 서울시와 서울대학교병원에서 시행한 국내 역학조사 결과에 따르면 유병률이 6~8%로 나타났다. 심각하지 않은 경우까지 포함하면 13%가 조금 넘는데, 이런 유병률은 소아정신과 관련 질환 가운데 가장 높은 것에 속한다. 영유아기 때부터 행동상의 특징이 있을 수 있으나, 어린이집(유치원) 또는 초등학교에 입학해서 단체생활을 하면서 그 문제행동들이 뚜렷해지는 경우가 많다. 청소년기 이후 성인기까지 지속되는 경우도 30%에서 많게는 70%에 이르는 것으로 밝혀졌다.

(3) 치료 및 지원방안

대부분의 주의력결핍 과잉행동장애 아동들은 사회적 어려움을 겪게 된다. 적절한 시기에 잘 치료되지 않으면 이차적으로 우울증이나 불안증, 품행장애, 학습장애를 동반하는 경우가 많다. 주의력결핍 과잉행동장애는 약물치료를 비롯한 치료에 매우 잘 반응을 하는 질병이므로 적절한 치료와 도움으로 아이들이 자신이 가진 능력을 잘 발휘하고 적절한 사회화 과정을 거칠 수 있도록 도와주어야 한다.

우선 약물치료로 증상이 호전될 수 있는데, 보통 약물치료 유지는 1~2년 정도 꾸준히 복용한 후에 아이의 증상 정도를 재평가하여 치료 지속 여부를 결정하는 것이 좋다. 약물의 부작용으로는 일부 아이들에서는 틱 증상을 발현시키거나 악화시키는 경우가 있으며, 입맛이 줄어들어서 식사 섭취량이 줄어들거나 수면의 어려움을 호소하는 경우도 일부 있다.

약물치료 외에도 가족 내의 양육자 및 어린이집, 학교 선생님 등 아이를 직접 돌보는 사람들이 주의력결핍 과잉행동장애에 대한 정확한 지식을 가지고 아이에게 적절한 양육과 지도를 제공하는 것이 필요하다. 또한 사회성이 부족하거나 또래 관계에 어려움이 있을 때는 사회성 훈련 프로그램을, 정서적인 어려움을 나타낼 때는 놀이치료 프로그램이나 면담치료, 가족치료 등으로 도움을 주는 것이 좋다.

3 분리불안장애

분리불안장애separation anxiety disorder는 애착을 갖고 있는 대상과 떨어지는 것을 심하게 불안해하는 증상을 말한다. 엄마와 같이 애착되어 있는 대상자로부터 떨어져야 할 때 나타나는 불안은 본능적이고 생존에 필수적인 지극히 정상적인 불안반응으로, 9~18개월 사이에 최고로 나타나며 만 2세반까지 점차 줄어든다. 이후에도 어느 정도의 분리불안은 정상적이지만, 주요 애착대상과 이별하는 것에 관련되어 부적절하고 과도한 불안이 발생하는 경우 분리불안장애로 진단될 수 있다. 어린이집이나 초등학교에 입학한 아동들에게 일시적으로 나타나는 경우가 대부분이지만 정상적인 생활이 어려울 정도로 심각한 경우도 종종 있다. 분리불안장애는 성인이 되어도 애착관계에 있는 상대(연인 등)와 떨어지는 과정을 쉽게 받아들이지 못해 더 큰 마음의 병을 가질 수 있어 부모의 각별한 관심과 지도가 필요하다.

> 4살 홍주는 온종일 엄마에게 딱 붙어 떨어지지 않는다. 눈 뜨는 순간부터 잠드는 순간까지 엄마를 그림자처럼 따라다니며 엄마가 잠시 화장실만 가도 울음을 터뜨리고 엄마가 집안일만 해도 업어 달라, 안아 달라, 매달리며 짜증을 내고 떼를 쓰며 엄마 품에 안겨 있어야 직성이 풀리는 아이이다. 그런데 온종일 엄마와 함께 있어도 편안해보이지 않는다. 엄마와 떨어져 있을 때나 엄마와 함께 있을 때나 늘 불안하기만 한 홍주는 왜 그러는 걸까?
>
> 자료 : SBS 우리 아이가 달라졌어요, 328회(2012. 5. 8).

(1) 원인

분리불안장애의 원인으로는 유전적 요인, 기질적 요인, 심리적 요인, 환경적 요인 등이 있을 수 있다. 우선 유전적 요인으로는 직계가족에 공황장애가 있는 어머니의 자녀에게서 빈번하게 발생한다. 기질적 요인으로는 아동이 예민하고 까다로운 기질을 가지고 있는 경우 애착대상과의 분리를 더 어려워할 수 있다. 심리적 요인으로는 아동이 양육자와 분리되어 심한 두려움을 경험한 경우 분리불안을 나타낼 수 있다. 예를 들어, 아동이 준비되지 않은 상태에서 독립심을 키우기 위해 어두운 방에서 혼자 자게 한다든지, 아이가 자고 있는 사이에 부모가 잠깐 외출했을 때 아이가 깨어 주위에 아무도 없는 것을 경험한다면 아이는 불안을 경험하여 부모로부터 분리되기를 두려워한다. 그 밖에도 영유아 훈육을 목적으로 협박적인 어휘를 사용하는 경우(예 : 엄마가 너 버리고 갈 거야, 귀신이나 두려움의 대상이 되는 사물이 와서 잡아갈 거야 등) 심리적인 공포감으로 인해 분리불안을 경험하게 된다. 환경적 요인으로는 부모의 성격이나 양육태도로 인해서 아이의 독립심이 부족하게 되어 분리불안이 나타날 수 있다. 즉, 자녀가 또래와 놀이하며 스스로 생활할 수 있는 능력이 있음에도 불구하고 모든 것을 대신해 주는 경우나 아이의 작은 실수에도 지나친 반응을 보이며 과잉반응을 보이는 경우, 부모가 불안해하는 경우 등이 분리불안을 야기할 수 있다. 또한 잦은 부부 싸움이나 이혼, 별거 등 영유아가 불안을 일으킬 수 있는 가정환경에 의해 영유아는 자신이 버려질 것을 불안해하여 부모로부터 분리되는 것에 민감한 반응을 보이게 된다. 최근에는 대중매체에서 나오는 사건이나 사고들도 분리불안장애를 유발할 수 있다고 한다.

(2) 특징

분리불안장애 증상은 학교 등교를 거부하거나 분리상황에 대한 공포와 고통, 신체 증상의 반복적 호소, 악몽 등의 형태로 나타날 수 있고 분리불안장애가 진단되려면 시작이 18세 이전이어야 하며, 적어도 4주간 지속되어야 한다. 분리불안장애 아동은 자신 혹은 애착대상(지속적으로 아동을 돌봐 주는 엄마, 할머니 등)에게 불행한 일이 닥쳐 다시는 서로 못보지 않을까 하는 걱정에 휩싸여 애착대상이 옆에 있어야 안심을 하고 잠시라도 없으면 애착대상의 존재를 확인하려고 한다. 애착대상을 떠나 혼자 학교를 가거나 캠프에 참가하거나 친구 집에 놀러가지 않으려 하고 이 같은 상황이 예상될 때 심한 불안을 느낀다. 설령 혼자 떨어져 있게 되더라도 애착대상에 혹시 무슨 일이 생기지나 않을까 하는 걱정 때문에 그가 속한 환경에 적응하기 어렵다. 특히, 잠잘 때 옆에 애착대상이 있어야 하며 꿈 내용은 아이의 이별불안 주제를 반영하는 악몽인 경우가 많다. 이별이 예상될 때 반복적인 신체 증상(예 : 두통, 복통, 오심, 구토)을 호소함으로써 부모의 관심을 유발하기도 한다.

분리불안은 아동의 성장과정에서 흔히 나타나는 현상으로 단순히 학교가기를 싫어하는 정도는 갓 입학한 아동에게서 어렵지않게 목격할 수 있다. 하지만 아동의 분리불안을 방치하는 경우 아예 학교생활에 적응하지 못하거나 학습능력이 떨어지는 등 심각한 불안장애로 진행할 가능성이 있다. 아동이 학교를 기피하는 것은 학교생활에서 정서적 장애를 일으키기 때문인데, 이런 아동들은 공부는 물론 모든 학교생활에 흥미를 잃어 집단에서 소외되거나 학습능력이 떨어질 수 있다. 유병률은 소아청소년에서 4% 정도이고 7~8세경에 가장 흔히 발생하며 남녀 모두에게서 나타난다.

(3) 치료 및 지원방안

분리불안장애 아동을 돕기 위해서는 부모교육을 통해 분리불안을 줄일 수 있는 양육태도나 방법을 알려주는 것이 효과적이다. 우선 어린이집과 유치원에 입학하여 부모와 처음으로 떨어져 지내게 되었을 때 부모와 억지로 떼어놓으면 불안감이 증가할 수 있다. 이때 갑작스러운 분리가 되지 않도록 적응 프로그램을 통해 분리시간을 단계적으로 늘림으로써 아동의 심리적 적응을 도와야 한다. 분리 후 아동을 다시 만났을 때 스킨십을 나눌 수 있는 특별한 시간을 가지도록 한다. 또한 부모가 아동과 분리되었다가 만나기로 한 시간이 있다면 약속한 시간을 정확히 지키도록 함으로써 아동이 분리에 대해 편안하고 안정적으로 받아들이도록 한다. 아이의 증상이 가벼운 경우에는 과잉보호 혹은 친밀하지 않은 부모-자녀관계를 수정하고, 강도를 서서히 높여가며 분리를 시도하는 계획을 세우는 행동치료가 도움이 된다. 예를 들어, 엄마가 학교에 바래다주는 거리를 차츰 줄여가거나 심부름 보내기, 따로 자기 등과 같이 분리 연습이 필요하다. 이것으로 해결이 안 될 시에는 항우울제 계열의 약물이나 그 외 임상적으로 쓰이는 약물을 통해 도움을 받을 수 있다.

4 배설장애

보통 생후 3년이 되면 영유아들 대부분은 대소변을 가릴 수 있게 되지만, 그 이후에도 실수하는 경우가 있으므로 4~5세까지는 가끔 실수를 한다고 해서 꼭 병적인 것은 아니다. 배설장애는 유뇨증enuresis과 유분증encopresis으로 구분된다. 생후부터 만 5세가 될 때까지 지속적으로 소변을 가리지 못하는 경우에만 유뇨증이라고 하고, 4세 이전의 것은 유뇨증이라고 하지 않는다. 만 4세가 될 때까지 지속적으로 대변을 가리지 못하는 경우를 유분증이라고 한다. 배설장애가 있는 경우 증상으로 인하여 또래들에게 놀림을 받거나 가정에서 체벌이나 스트레스를 받게 되어 낮은 자존감, 위축, 행동장애, 가족 갈등을 동반하는 경우가 많다.

알아두기

배설장애의 유형

- 유뇨증 : 5세 이후에도 계속해서 밤과 낮에 소변을 가리지 못하는 경우
- 유분증 : 4세가 지나 대변을 가릴 나이임에도 불구하고 가리지 못하는 경우

(1) 원인

출생 이후 계속적으로 대소변을 가리지 못하는 일차성 유뇨증과 유분증의 경우 유전적 요인, 신경근육계 및 비뇨기계의 미성숙, 바람직하지 못한 배변훈련이 원인이 될 수 있다. 구체적으로 가족력이 있을 때 배설문제가 더 많이 나타나게 되는데, 가족 중에 늦게까지 배변 실수를 한 사람이 있다면 아동도 비슷한 경우일 확률이 높다. 즉, 유전적으로 방광통제능력이 천천히 발달되는 경우가 있는데, 남아들이 여아에 비해 2대 1 수준으로 발생률이 더 높다고 보고되고 있다. 방광이나 항문, 대장의 신체적 문제가 있는 경우 배변을 가리지 못할 수 있다. 특히, 유분증의 경우 전반적 신경발달의 지연 때문일 수도 있는데, 이는 유분증을 보이는 아동들이 주의산만하고 집중력이 낮으며 언어발달이나 사회성발달이 늦는 경향이 있기 때문이다. 유분증의 경우 만성변비가 그 원인인 경우가 많다. 부적절한 배변 가리기 훈련(강압적, 너무 이른 시기에 시작, 일관성 없음) 또한 주요 원인이 된다. 영유아가 아직 생리적으로 대소변을 가릴 만큼 성숙하지 못했는데, 너무 성급하게

일찍 배변훈련을 시작한 경우 처음에는 배변훈련에 성공해서 배변을 잘 가리다가 어느 정도 자랐을 때 다시 실패하는 경우가 많다. 지나치고 엄격하게 배변 가리기를 강요할 때 무의식적으로 배설 실수를 하기도 하고, 이때 꾸중을 하면 더욱 심해질 수 있다. 배변훈련을 안 시키고 무관심한 경우에도 습관이나 훈련 부족으로 배설장애가 생기기도 한다.

대소변을 잘 가리다가 못가리게 되는 이차성 유뇨증과 유분증은 동생의 출생, 어린이집 입학, 부모의 불화, 이사, 가족의 사망 등 환경적 변화로 인한 심리적 스트레스가 그 원인인 경우가 많다. 특히, 동생의 출생으로 대소변을 잘 가리던 영유아가 퇴행하여 대소변을 못 가리게 되기도 하는데, 이는 부모의 애정과 관심을 되찾으려는 심리작용으로 볼 수 있다.

(2) 특징

① 유뇨증

유뇨증은 밤이나 낮에 침구나 옷에 반복적으로 소변 실수를 하는 것으로 적어도 만 5세 이상의 아동이 연속 3개월 동안 주 2회 이상 실수를 하는 경우이다. 만 5세에서 남아 7%, 여아 3%, 10세에서는 남아 3%, 여아 1%가 유뇨증을 보인다. 유뇨증은 한 번도 소변을 가리지 못한 1차성 유뇨증과 1년 이상 정상적으로 소변을 가리다가 갑자기 소변을 가리지 못하는 2차성 유뇨증으로 구분된다. 유뇨증 아동의 75%는 처음부터 소변을 가리지 못한 1차성 유뇨증이지만 초등학생 이후 유뇨증의 절반 이상은 이차성 유뇨증이다. 유뇨증은 밤에 잘 때에만 나타나는 야간형, 깨어 있는 낮 동안에 나타나는 주간형, 야간형과 주간형이 복합된 주야간형이 있다. 전체 유뇨증의 약 80%가 야간성이다.

유뇨증으로 동반되는 장해는 아동의 사회활동 제한(예 : 캠프 등), 자존감에 미치는 영향, 친구들에 의한 사회적 배척 정도, 양육자의 분노나 처벌 및 거부에 의해 영향을 받는다. 유뇨증이 있는 아동은 대부분 정신장애가 없으나, 일반 아동에 비해 몽유병, 야경증 등을 겪는 경우가 많다.

② 유분증

유분증은 옷이나 방 등의 적절하지 않은 곳에 대변을 보는 것으로 적어도 만 4세 이상의 아동이 연속 3개월 동안 매달 최소한 1회 이상 주 2회 이상 실수를 하는 경우이다. 유분증은 한 번도 대변을 가리지 못한 1차성 유분증과 1년 이상 정상적으로 대변을 가리다가 갑자기 대변을 가리지 못하는 2차성 유분증으로 구분된다. 유뇨증 아동의 1/3 정도는 유분증도 함께 발생하며, 만 4세 아동의 3%, 만 5세 아동의 1%만이 유분증을 보이는 것으로 나타나 유뇨증만큼 유병률이 높지는 않다. 유분증 역시 유뇨증과 유사하게 여아보다 남아에게 더 빈번하게 발생한다. 유분증 영유아 중 1/3 정도는 정신지체나 다른 정신과적 진단을 같이 받게 되는 경우가 있으며, 또래로부터 놀림을 받을 수 있어 우울감이 높고 자존감이 낮은 경향이 있다.

(3) 치료 및 지원방안

배설장애를 예방하기 위해서는 무엇보다 발달적으로 준비가 된 시기에 바람직한 방법으로 배변훈련을 실시하는 것이 중요하다. 배설장애는 실제 신체적 질환이 원인이 되는 경우는 아주 드물고 대부분 심리적인 요인에 의해서 생긴다. 이에 대부분은 저절로 좋아지는 경우가 많다. 따라서 가족 내 불화 등의 스트레스 요인을 줄여주고, 아동이 실수하더라도 변함없이 따뜻하게 대하는 등 부모의 사랑을 느낄 수 있도록 하는 것이 좋다. 유분증의 경우 변비를 예방해 주는 약물치료나 규칙적으로 화장실을 가도록 하는 행동치료, 지지적 면담 등도 도움이 된다. 그래도 좋아지지 않으면 약물치료와 함께 아동의 불안을 다스릴 수 있도록 전문가의 치료를 받는 것이 좋다.

5 틱장애

틱tic은 반복적으로 갑작스럽고 빠르게 나타나는 근육의 움직임이나 어떤 형태의 소리를 말하며, 음성 틱 또는 운동성 틱이 특징이다. 틱장애 아동은 장기적으로 증상이 지속될 경우 이미지의 손상, 자신감 저하, 심각한 학교 · 또래 · 대인관계 부적응 현상이 수반될 수 있으므로 가족과 어린이집 및 학교의 지지가 무엇보다 중요하다.

(1) 원인

만성운동 또는 만성음성 틱장애는 유전적 요인이 중요한 역할을 하는 것으로 추정되고 있으며, 일과성 틱장애는 기질적 원인, 심리적 원인 또는 복합적 원인으로 추정된다. 쌍생아 연구와 가계조사를 통해 강한 유전적 요소가 있음이 보고되었는데, 일란성 쌍생아의 50%에서, 그리고 이란성 쌍생아의 10%에서 동시에 발병한다. 그리고 부모 중 특히 아버지가 어렸을 때 틱장애를 경험하였다면 아들이 틱 증상을 보일 확률이 75%에 달한다. 틱장애의 증상은 스트레스에 민감하다고 알려져 있다. 가족 간의 갈등, 학업 스트레스 등에서 틱장애가 발생한다. 이때 가족들이 틱의 증상을 오해하고 창피를 주거나 벌을 주어서 증상을 억압하는 경우 아이들이 불안해하면서 증상이 더 악화된다.

(2) 특징

틱장애는 일과성 틱장애, 만성운동 또는 만성음성 틱장애, 뚜렛장애로 구분되는데, 일과성 틱장애는 단일의 또는 다양한 운동 틱이나 음성 틱이 하루에 여러 번 거의 매일같이 최소 4주 이상 12개월 이내 지속되는 경우이다. 만성운동 또는 만성음성 틱장애는 동시에 1~3개의 근육군이 틱을 보이거나 음성 틱이 적어도 1년 이상 있는 경우이다. 뚜렛장애는 다양한 운동(예 : 눈 깜박임, 코 찡그리기, 어깨 움츠리기, 얼굴 찡그리기, 기침하기, 발 구르기, 냄새 맡기 등)과 하나 또는 하나 이상의 음성 틱(예 : 헛기침, 킁킁 거리는 소리, 코 훌쩍임, 짖기, 관계없는 단어나 구절 반복하기, 반향 언어증 등)이 1년 이상 지속될 때를 말한다. 일과성 틱장애는 100명 중 5~24명, 만성운동 또는 만성음성 틱장애는 100명 중 1~2명, 뚜렛장애는 1만 명 중 4~5명 정도가 나타난다고 보고되고 있다.

틱장애 중 가장 심각한 증상인 뚜렛장애에 대해 보다 자세히 살펴보면, 뚜렛장애의 가장 흔한 동반 증상은 강박적 사고와 행동이다. 과잉행동, 주의산만과 충동성 또한 비교적 흔하게 나타나고, 사회적 불편감, 수치감, 자기의식, 우울 기분이 빈번하게 나타난다. 다른 사람으로부터 배척이나 사회적 상황에서 틱이 나타나는 것에 대한 불안 때문에 사회적, 학업적, 직업적 기능에 장해를 받는다. 뚜렛장애가 심한 경우에 틱이 일상적인 활동(예 : 읽기, 쓰기)을 직접적으로 방해할 수 있다. 뚜렛장애의 합병증으로는 드물기는 하지만 망막 박리로 인한 실명(머리를 찧는 행위, 고개를 돌리는 행위로 인한), 그리고 피부과적 문제(찌르기)와 같은 신체적 손상이 있을 수 있다. 뚜렛장애는 평균적으로 7세 정도에 처음 증상이 나타나는 경우가 많지만 만 2세경에 증상이 나타나는 경우도 있으며, 여성보다 남성에서 1.5~

3배 더 많이 나타난다.

(3) 치료 및 지원방안

틱장애치료는 발생원인, 증상의 심각도, 동반질환 여부 등에 따라 치료방법과 과정이 달라질 수 있는데, 대체로 놀이치료 등의 심리치료와 함께 약물치료가 이루어진다. 틱치료는 틱을 완전히 없애는 것이 목표가 아니며 장애를 최소화할 수 있도록 틱을 조절하는 것에 목표를 두고 있다.

1년 이상 지속되지 않는 일과성 틱장애는 더 심한 틱장애로 이행되지 않으며 부모가 아이의 틱에 대하여 인내심을 갖고 무관심한 태도를 지속적으로 보이면 저절로 없어지기도 한다. 증상이 심해서 또래에게 놀림을 당하거나 스스로 자존감이 낮아지는 등의 모습이 있을 때는 치료가 필요하다. 또한 틱증상에 대해서 잘 몰라서 부모나 학교 교사가 아이가 행동문제가 있는 것처럼 혼내는 경우가 있는데, 이렇게 되지 않도록 보호자가 학교 선생님께 도움을 요청하는 것도 필요하다. 또한 자주 지적을 하고 관심을 보이는 것은 틱을 악화시킬 수 있으므로 가능하면 가족들이 틱 증상 자체에 대해서는 신경을 쓰지 않는 것이 좋다. 틱이 스트레스에 의해 생기는 것은 아니지만 스트레스가 심할 때 틱 증상 역시 심해질 수 있으므로 조절해 줄 수 있는 스트레스 상황은 조절해 주는 것이 도움이 된다. 또한 아이들의 겉으로 드러나는 틱 증상에 대해서 겉으로 잘 보이지 않는 동작을 자발적으로 해보도록(예를 들면, 어깨를 들썩이는 틱이 있는 아이에게 들썩이고 싶은 충동이 들 때 배에 힘을 주도록 노력하게 해보는 것 등) 하는 것도 도움이 된다.

만성운동 또는 만성음성 틱장애, 뚜렛장애의 경우에는 약물치료가 일반적으로 적용된다. 틱 증상 자체는 약물에 대해 반응이 좋은 편이며, 아동에게 많은 도움이 된다. 만성운동 또는 만성음성 틱장애는 대개는 중학교 무렵에 가장 심해지다가 고등학교 무렵부터는 호전되는 경과를 취하여 약 3/4가량의 환자들이 일상생활을 하는 데 지장 없이 지내며 한두 가지의 경미한 틱 증상만을 가지게 되는 것으로 알려져 있다. 뚜렛장애의 경우는 치료를 받지 않으면 한때 호전되었다가 악화되는 것을 반복하며 장기화될 경우에는 심한 적응문제가 생길 수 있고 우울장애 및 정서장애가 나타날 수 있다. 따라서 아동의 발달과 함께 지속적이고 포괄적인 치료가 장기간 요구된다.

Chapter 12

영유아교육기관의 안전관리

영유아는 경험과 판단력이 부족하여 자신의 행동에 따른 결과를 예측하는 데 한계가 있는 반면에, 호기심이 많고 활동적이어서 사고로 이어질 수 있는 위험한 행동을 할 가능성이 항상 존재하므로 영유아교육기관의 실내 및 실외환경 안전에 대한 관리가 요구된다. 이 장에서는 영유아교육기관 안전관리의 중요성, 안전사고의 원인과 현황, 실내 및 실외환경 안전관리, 어린이집 평가인증과 영유아 안전관리에 대해 살펴보고자 한다.

1. 영유아교육기관 안전관리의 중요성

어린이집에서 영유아의 건강과 안전에 대해 기본적 욕구를 충족시키는 것은 영유아의 권리이자 사회적 책임이다. 또한 이러한 책임을 수행하는 능력은 안전에 대한 사회적 관심과 지식, 태도와 참여에 달려 있다. 무엇보다 안전사고는 생명을 담보로 하기 때문에 사후대책보다는 예방이 최우선되어야 하며, 그것은 어린이집의 환경을 안전하게 구성하는 것에서 시작된다. 보육교직원은 다양한 안전사고의 원인에 대해 알고, 영유아의 발달단계에 따른 행동 특성을 이해하여 구체적인 사고 예방책을 항상 실천하여, 영유아에게 안전한 환경을 제공하고 철저히 보호 · 지도 · 감독하여 사고를 방지해야 한다(이명희 외, 2013).

어린이집 실내에서의 안전사고는 우발적인 것이 아니므로 어린이집의 실내 · 외 제반 시설과 설비 및 놀잇감을 미리 점검하여 사고 원인을 제거하고, 이를 지속적으로 점검하는 등 안전한 보육환경을 마련해야 한다.

시설설비의 안전점검 및 안전관리의 목적은 어린이집 내의 시설과 설비의 상태 및 현황을 파악, 시설 및 설비와 관련된 안전점검사항을 숙지, 안전점검표를 통해 안전점검을 생활화함으로써 위험요소를 사전에 제거, 보육교직원과 영유아가 안전한 보육환경 속에서 즐거운 경험을 지속할 수 있도록 하는 것이다. 사고는 예방이 최선이며, 예방을 위해서는 철저한 안전점검이 필요하고, 일상생활에서 지속적으로 안전점검을 실천해야만 사고의 예방이 가능하다는 점을 숙지해야 한다(곽은복, 2006).

물리적 환경에 대한 안전관리를 위하여 보육교직원은 안전관리의 중요성을 인식하고 이를 실천하기 위하여 노력해야 하며, 어린이집 원장은 안전점검표 양식에 따라 일정기간별로 어린이집 시설의 안전점검을 시행하여 화재 · 상해 등의 발생요인을 사전에 제거해야 한다. 어린이집에서는 영유아와 부모에 대한 안전교육을 시행하고 어린이집 원장은 보육교직원이 안전교육을 받도록 조치해야 한다.

2. 영유아교육기관 안전사고의 원인과 현황

1 안전사고의 원인

영유아교육기관의 놀이공간에서 일어나는 안전사고의 대부분은 영유아의 연령, 신체 크기, 능력을 제대로 고려하지 않은 부적절한 시설 · 설비, 시설유지를 위한 안전점검의 미비 및 성인들의 안전에 대한 지도 부족으로 일어나게 된다. 안전사고의 원인은 시설적 측면, 관리적 측면, 사용자 측면으로 구분된다.

(1) 시설적 측면의 안전사고 원인

- 놀이기구의 잘못된 디자인과 설계
- 부적합한 놀이시설
- 안전기준을 따르지 않고 설계된 놀이기구
- 비전문가에 의한 잘못된 설치

(2) 관리적 측면의 안전사고 원인

- 형식적인 관리와 계획
- 적절하지 못한 점검과 보수유지 과정
- 놀이터 안전 지식과 안전관리 경험 부족

(3) 사용자 측면의 안전사고 원인

- 성인들의 관리 소홀
- 놀이시설에 대한 적절하지 못한 이용
- 영유아의 적절하지 못한 옷차림과 이용습관

2 안전사고의 현황

2009~2011년 어린이집 안전사고 현황(육아정책연구소, 2014)에 의하면 어린이

표 12-1 / 어린이집 안전사고 현황

(단위 : 건)

연도	사고유형	계	부상 유형								
			부딪힘	넘어짐	끼임	떨어짐(추락)	이물질 삽입	화상	식중독/급식	통학버스/교통사고	원인미상/기타
2009	부상	3,646	1,225	1,358	111	124	54	76	6	48	644
	사망	11	–	1	–	–	–	–	–	–	10
2010	부상	3,417	1,283	1,135	90	48	53	60	2	58	689
	사망	12	1	–	–	–	–	–	–	–	11
2011	부상	2,992	1,137	1,047	118	93	65	50	9	47	426
	사망	8	–	–	–	–	–	–	–	2	6

자료 : 육아정책연구소(2014), 영유아 육아지원기관, 과연 안전한가? 육아정책 Brief 제27호.

집 안전사고 중 부딪힘과 넘어짐에 의한 사고가 가장 빈번하게 발생했으며, 그 밖에 끼임, 떨어짐, 이물질 삽입, 화상, 통학버스 등에 의한 안전사고가 발생하였다. 안전사고 장소로는 보육실에서 가장 많이 발생하여 안전사고는 영유아가 오래 머무는 공간에서 많이 발생함을 알 수 있다.

2010년 어린이집안전공제회에 접수된 영유아 안전사고는 총 3,840건으로, 만 2~3세가 전체 사고의 약 45%를 차지하였다. 구체적으로 유아 57.9%, 영아 32.2%, 방과후 아동 9.9%로 유아가 영아보다 사고 발생률이 높았고, 남아 63.2%, 여아 36.8%로 남아가 여아보다 사고 발생률이 높은 것으로 나타났다. 어린이집 안전사고는 영유아 연령별 집단 수와 비례하기도 하지만, 활동량이 많아지는 만 3세부터는 안전사고 비율이 상대적으로 높아지고 있는 것으로 나타났다. 사고 발생 내용을 보면, 전체 사고 중 29.5%인 1,020건이 점심시간 전후 시간대에 발생했으며, 실내 자유선택놀이시간에 사고의 38.9%(1,495건)가 발생해, 교사의 각별한 주의 · 관찰이 필요함을 보여 주었다. 특히, 영아돌연사증후군으로 인한 사고가 6건이었는데, 6건 중 5건이 10월 이후 발생하여 환절기(가을 → 겨울) 및 겨울철 어린이집 내 안전관리가 중요하다는 점을 보여 주었다. 그리고 현장학습 중 익사사고가 2건이나 발생해 이 부분에 대해 보다 철저한 대비가 필요한 것으로 나타났다.

2012년 전국 보육실태조사 결과에 의하면, 어린이집의 물리적 환경과 통학차량 안전관리는 비교적 양호한 것으로 나타나서 어린이집 원장들은 안전점검 체크리스트의 항목을 매일 점검한다고 50% 이상 응답하였다. 통학차량을 운영하는

건강 뉴스

2013년 어린이집 사고 4,209건… 보건복지부, 안전관리 강화한다

정부가 어린이집 안전사고를 막기 위해 안전교육을 강화하고 통학차량에 대한 전수조사도 실시한다. 보건복지부는 통학차량 교통사고와 화재 등 어린이집에서 발생할 수 있는 크고 작은 사고를 방지하고자 안전관리를 한층 강화할 예정이다. 보건복지부에 따르면 어린이집 안전사고는 2010년 3,427건에서 2011년 3,000건, 2012년 2,495건으로 줄다가 2013년 4,208건으로 크게 증가했다. 이와 함께 보건복지부는 어린이집 안전공제회의 기능을 확대해 어린이집에 안전진단과 컨설팅 서비스를 제공한다. 지방자치단체별로 관련 전문가와 기관 등으로 구성한 가칭 '어린이집안전관리협의회'를 만드는 방안도 추진한다. 6월까지 어린이집 통학차량을 전수조사하고 연중으로 운전자 등에 대해 안전교육도 할 예정이다. 날씨와 질병정보를 포함한 어린이 안심 등·하원 정보를 사회관계망서비스(SNS) 등을 통해 부모에게 제공하고, 의료기관과 어린이집을 연계하는 '어린이집 건강 주치의제'도 확대한다.

자료 : 이투데이(2014. 5. 27).

경우 '어린이집통학버스'로 등록한 비율은 95.5%이며, 대부분 보육교직원이 통학버스에 동승한다고 응답하였다. 이와 달리 인적사고 예방을 위한 체계적 관리는 미흡한 것으로 나타나서 영유아의 등·하원 시 안전한 인계를 위해 '등·하원 일지'를 비치하여 작성한다고 응답한 비율은 53.3%에 불과하였다.

3. 영유아교육기관의 실내환경 안전관리

1 영유아의 연령별 실내환경 안전관리

영유아에게 안전한 실내환경을 구성하기 위해 교사는 실내의 위험요소를 최소화하도록 노력해야 한다. 실내의 모든 비품과 교재교구의 위험요소를 최소화시키고, 놀잇감의 수나 공간의 구성에 주의를 기울여야 한다. 영유아의 발달단계에 따라 안전에 대한 내용이나 주의를 기울여야 하는 내용이 달라야 영유아의 발달수준에 적합한 안전한 환경구성을 할 수 있다. 실내의 위험요소를 최소화하기 위해 교사는 안전점검표를 활용한 안전점검을 생활화하여 유아가 안전한 환경에서 생활할 수 있도록 한다(이명희 외, 2013).

(1) 영아를 위한 실내환경 안전관리

- 영아들이 몸을 뒤집고 길 수 있도록 충분한 공간을 마련해 주어야 한다.
- 수유한 후 트림을 꼭 시키고, 재울 때는 푹신한 쿠션이나 이불을 사용하지 않도록 하여 돌연사를 방지한다.
- 교사는 뜨거운 물이나 배식 시 관리에 주의하여 화상을 방지한다.
- 바닥이 미끄럽지 않도록 하고, 물을 쏟은 경우 바로 걸레로 닦으며 바닥에 물건을 늘어놓지 않도록 하여 영아들이 걷는 데 방해가 되지 않도록 한다.
- 물감이나 페인트 등 유독성 제품은 영아의 손이 닿거나 보이는 곳에 보관하지 않는다.
- 딸랑이나 장신구를 영아의 목에 걸어주지 않고, 비닐봉지, 커튼 등을 가지고 놀지 않도록 하여 질식사를 예방한다.
- 교사가 보육실의 모든 영아를 한번에 관찰할 수 있도록 영역을 구성한다.

(2) 유아를 위한 실내환경 안전관리

- 날카로운 가위나 칼 등 위험요소가 있는 모든 재료는 유아의 손이 닿지 않는 곳에 보관한다.
- 모든 전기 콘센트는 안전덮개로 덮어 놓거나, 유아의 손이 닿지 않는 높이에 위치시킨다.
- 보육실에 있는 책상과 교구장의 모서리에 충격을 완화할 수 있는 안전커버를 한다.
- 낡은 카펫이나 장애물을 제거하여 유아가 미끄러지지 않도록 한다.
- 유아가 줄을 잡아당기거나 엉키지 않도록 전기선을 정리한다.
- 소화기를 비치하고 사용방법을 숙지한다.
- 유아의 안전에 적합한 놀잇감을 선택하고 잘 소독한다.
- 유아가 코나 귀에 넣을 가능성이 있는 작은 놀잇감을 제공할 때에는 유아의 놀이활동을 주의 깊게 살펴본다.
- 보육실의 모든 유아를 한 번에 관찰할 수 있도록 영역을 구분한다.
- 놀잇감으로 인한 분쟁이 발생하지 않도록 충분한 양의 놀잇감을 유아에게 제공한다.

2 영유아교육기관의 공간별 실내환경 안전관리

영유아교육기관은 영유아가 대부분 낮 시간을 보내는 장소이며, 여기에서 먹고 잠자고 놀이하고 학습하는 주된 활동을 한다. 어린이집에 영유아를 맡기는 부모나 보호자는 영유아가 안전하게 보호되는 것을 우선적으로 바란다. 사고나 위험으로부터 영유아를 보호할 수 있는 안전한 보육환경은 영유아로 하여금 보육활동에 마음 놓고 참여하도록 하여 건강한 신체와 심리적 안정감을 발달시킬 수 있도록 도와준다. 원장과 보육교사는 실내 시설설비가 안전한지 정기적으로 점검하고, 수리가 필요할 때는 사용 불가 표시를 한 후 즉시 수리함으로써 영유아를 사고로부터 보호해야 한다(이순형 외, 2008).

(1) 보육실

어린이집의 설치기준에 따르면 보육실은 건축법상의 층수와 관계없이 실제상의 1층에 설치해야 한다. 다만, 건물 전체가 어린이집인 경우 및 사업장 내 직장 어린이집을 설치하는 경우 1층부터 5층까지 보육실을 설치할 수 있으며, 그밖에 불가피한 사유가 있다고 보건복지부장관이 인정하는 경우, 2층 및 3층까지 보육실을 설치할 수 있다. 보육실의 이상적인 크기는 거실, 포복실 및 유희실을 포함하여 영유아 1인당 2.64m^2 이상이다(영유아보육법 제15조, 영유아보육법 시행규칙 제9조 관련).

영유아의 발달 특성과 하루 중 많은 시간을 보육실에서 보낸다는 점을 감안할 때 놀이하고 활동하는 데 방해받지 않고 위험하지 않도록 넓고 개방적인 공간이 확보되어야 한다. 보육실이 다소 협소하더라도 유사한 영역을 통합하여 보육실 안에서는 어느 공간에서도 교사가 영유아를 한눈에 파악할 수 있도록 공간 배치를 해야 한다.

영유아의 활동성을 고려하여 다치지 않도록 모든 가구의 모서리는 둥글고 표면이 매끄럽게 처리된 것을 사용하거나 보호대를 설치하도록 한다. 교구장,

그림 12-1 안전을 고려한 콘센트 위치

수납장 등은 안전을 위해 아래쪽에 무거운 물건을 보관하고, 선반에는 지지대를 설치하여 물건이 떨어지지 않도록 한다. 영유아가 부주의로 콘센트에 이물질을 넣을 경우 화상 또는 사망에까지 이르는 경우가 있으므로 이러한 안전사고의 예방을 위해 보육실 내의 콘센트는 안전덮개 또는 안전장치가 되어 있어야 한다. 어린이집 내부의 마감재료는 불연재, 준불연재 또는 난불연재가 바람직하며, 커튼 등의 실내 장식물은 방염기능을 갖춰야 하고, 안전을 위한 개폐기와 누전 차단기를 설치해야 한다.

(2) 출입문과 현관문

출입문에 손가락이 끼거나 머리와 발이 부딪치는 사고는 빈번히 발생한다. 문틈에 손가락이 끼인 채 문이 닫히는 경우 손가락 골절의 위험이 있으므로 이를 방지하기 위한 예방조치가 필요하다. 성인의 눈높이와 영유아의 눈높이를 모두 고려하여, 드나드는 사람이 서로 볼 수 있도록 출입문에 사각 패널을 설치하도록 한다. 손가락 끼임을 방지하기 위해 여닫이문에는 문이 닫히는 속도를 조절해 주는 장치를 달도록 하며, 미닫이문의 가장자리에는 손 끼임 방지장치를 부착한다.

현관의 공간은 최소한 10명의 유아가 한 번에 사용할 수 있는 크기여야 한다. 현관의 문과 바닥은 사고를 예방할 수 있는 설비가 되어 있어야 하며, 문은 유아와 성인이 모두 사용할 수 있도록 너무 무겁지 않아야 한다. 앞뒤로 움직이는 것

그림 12-2 **출입문과 정리장문의 안전장치**

보다 한쪽 방향으로 여닫는 문이 안전하며, 공간 활용과 위급 상황 발생 시 대피에 용이하도록 문이 실외를 향해 열리도록 한다(조경자 · 이현숙, 2004).

현관문에는 자동적으로 서서히 닫히게 되는 장치(도어체크)를, 현관문 아래쪽에는 스토퍼를 반드시 설치한다. 현관에 물기가 있을 경우 즉시 닦아내고, 비나 눈이 오는 날에는 현관 바닥에 고무매트를 깔아 유아들이 미끄러지지 않도록 한다. 현관문은 방범과 보안을 위해서도 중요하므로 영유아가 교사의 보호 없이 어린이집 외부로 나가지 않도록 안에서 밖으로 나갈 때 교사 손 높이에서 버튼을 눌러야만 문이 열리는 안전장치를 해두는 것이 필요하다.

(3) 계단

여러 유아들이 함께 이용하는 어린이집 계단에서는 미끄러져 넘어지는 사고가 발생할 수 있으므로 계단에서의 안전에 특히 유의해야 한다. 계단은 미끄럽지 않은 바닥 재질로 설치하고, 난간의 손잡이는 영유아가 잡기 쉬운 높이에 설치되어야 한다. 난간 축 사이의 간격을 영유아의 머리가 끼거나 몸이 빠져나가지 못하도록 해야 하며, 아크릴 판으로 축 간격을 메우는 것도 바람직하다. 교사는 영유아에게 계단에서 발생하는 사고의 위험성에 대해서 교육하고 계단에서 뛰어다니거나 장난치지 않도록 지도한다.

그림 12-3 계단 안전 손잡이

그림 12-4 손잡이를 잡고 이동하는 영유아

그림 12-5 계단 안전장치

(4) 창문과 베란다

창문은 채광과 통풍의 기능을 하여 실내를 쾌적하게 유지하는 기능을 한다. 창문의 면적은 바닥 넓이의 10~15%가 적당하며, 높이는 바닥으로부터 50~70cm가 적절하다. 영유아의 손이 닿는 위치에 있는 창문이라면 위에서부터 열리는 방식이 바람직하며, 특히 2층 이상 높이의 창문이라면 창문 보호대나 난간을 설치하도록 한다.

베란다 난간의 높이는 난간이 시작되는 바닥으로부터 최소한 120cm 이상이어야 하고, 베란다 세로대의 간격은 10cm 이하로 해야 한다. 창문 밑이나 베란다 근처에는 영유아가 딛고 올라갈 가구나 화분 등 발판이 될 만한 물건을 두어서는 안 된다. 발판을 놓고 올라가 난간에 기대게 되면 영유아는 신체의 무게 중심이 상체에 있으므로 자칫 추락사고로 이어질 수 있다. 창문이나 베란다 문에는 잠금장치를 하여 영유아가 혼자서 문을 열 수 없도록 한다.

(5) 화장실

화장실이나 목욕실의 바닥은 영유아가 넘어지지 않도록 미끄럼 방지장치를 하고, 온수 사용 시 화상 방지를 위해 온도조절장치를 설치하는 것이 바람직하다. 욕실에 설치되는 거울이나 유리제품은 안전유리나 플라스틱 재료를 사용하는 것이 좋다. 화장실에 돌출형 라디에이터가 있는 경우 화상 방지를 위한 안전장치가 필요하고, 영유아 혼자 화장실에 들어가지 않도록 한다.

화장실에 표백제, 합성세제, 배수구 청소액, 세척제 등을 눈에 띄게 보관하는 경우가 많은데, 영유아가 화장실에서 놀다가 이러한 세제를 마실 위험성이 있으므로 영유아의 손이 닿지 않는 창고에 따로 보관하는 것이 바람직하다.

영유아의 안전을 위해 화장실의 환경은 다음과 같이 구성할 필요가 있다.

- 영유아용 수세식 변기는 가능한 한 10~15인당 1개 이상을 설치하는 것이 바람직하다.
- 화장실 문의 손잡이는 유아가 사용하기 적절한 높이에 설치하며, 문에 손이 끼는 것을 방지하도록 해야 한다.
- 화장실 바닥은 미끄럼 방지 매트를 깔아야 하며 물기가 생길 경우 즉시 제거한다.
- 유아가 혼자 화장실 문을 열고 닫을 수 있도록 하며, 유아가 화장실에 갇히지 않도록 문고리는 설치하지 않는다.

표 12-2 / **어린이집 안전점검 체크리스트(실내환경)**

구분	점검항목	점검결과	조치사항
		월	
실내환경	모든 설비는 움직이거나 떨어지지 않도록 바닥과 벽면에 단단히 고정되어 있는가?		
	창문, 방충망의 상태는 안전한가?		
	보육시설 내 비품 및 보육용품에 풀린 나사나 못은 없는가?		
현관 · 통로 · 계단 · 비상구	출입문, 현관문 등의 안전장치는 정상 작동하는가?		
	계단, 통로부분에 미끄럼 방지처리가 되어 있는가?		
	계단의 안전상태는 양호한가?		
화장실 · 세면대	화장실 내 전기 콘센트 등 전기용품은 안전한가?		
	세면대의 고정상태는 안전한가?		
조리실 · 식당	환기가 잘 되고 있는가?		
	조리용 칼이나 기타 위험한 주방기구는 지정된 안전한 장소에 보관하고 있는가?		
	영유아의 출입이 잘 통제되고 있는가?		
	급식종사자의 위생상태는 양호한가?		
	배수가 잘 되고 배수구에는 덮개가 설치되어 있는가?		

자료 : 보건복지부(2014), 보육사업 안내 서식.

- 유아가 화상을 입지 않도록 온수가 나오는 수도꼭지는 유아의 손이 닿지 않도록 한다.

3 보육실의 놀이영역별 실내환경 안전관리

영유아에게 놀이는 삶 자체이자 생활의 표현방식이며, 영유아의 하루일과는 놀이로 시작되고 놀이로 끝난다. 놀이 중에 사고도 많이 발생하므로 놀잇감을 관리하는 보육교사는 놀잇감을 매일 점검하여 위험요소가 발견되거나 파손된 곳이 있을 경우 즉시 수리 · 보완하도록 한다. 인형의 눈이나 단추, 그 밖의 부속물이 떨어지지 않았는지 확인하고, 파손되어 날카로운 부분이 없는지를 관찰해야 한다. 영아의 경우에는 3.5cm 크기 이하의 놀잇감을 입에 넣었을 때 질식의 위험이 있으므로 유의하여 관리해야 한다. 영유아의 놀잇감은 침이나 이물질이 묻기 쉬우므로 정기적으로 세척하고 소독하여 청결을 유지하도록 한다.

보육실의 놀이영역별 안전관리지침은 다음과 같다.

(1) 쌓기 놀이영역의 안전관리지침

- 유아가 안전하게 꺼낼 수 있는 높이의 정리장에 블록을 정돈한다.
- 끝부분이 날카롭지 않은 블록을 선택한다.
- 블록으로 친구를 때리거나 밟지 않는다.
- 총, 칼 등을 만들어 위험한 놀이를 하지 않는다.
- 부서진 블록은 제거한다.
- 작은 블록을 입에 넣지 않는다.

(2) 역할놀이영역의 안전관리지침

- 봉제인형 등의 장난감 상태를 정기적으로 점검한다.
- 유리 등 위험한 재질의 놀잇감은 비치하지 않는다.
- 깨진 그릇은 즉시 교체한다.
- 병원놀이 시 눈, 코, 입, 귀 등에 실제 물건을 넣지 않는다.

(3) 조작놀이와 언어영역의 안전관리지침

- 책꽂이에 올라가거나 친구에게 책을 던지지 않는다.
- 연필과 같이 길고 뾰족한 물건을 손에 들고 장난치지 않는다.
- 헤드폰이나 이어폰 소리를 너무 크게 조작하지 않는다.

(4) 조형놀이영역의 안전관리지침

- 종이에 베이지 않도록 주의하게 하고, 베이게 되면 물로 깨끗이 씻긴다.
- 가위는 끝이 무디고 가벼우며 안전한 것을 준비한다.
- 스테이플러, 펀치 등의 안전한 사용법에 대해 이야기한다.
- 접착제의 사용법을 알려준다.

4. 영유아교육기관의 실외환경 안전관리

실외환경의 경우 실내에서는 불가능한 활동적인 경험을 가능하게 하며, 영유아에게 신체적 해방감뿐만 아니라 심리적 해방감을 제공한다. 실외환경은 영유아에게 보다 확장된 자유를 제공해 주고 활발한 신체활동뿐만 아니라 이를 통해 긴장과 격한 감정을 해소할 수 있도록 구성되어야 한다. 또한 자연과의 직접적이고 다양한 경험을 제공해 주며 사회적 상호작용을 촉진하는 놀이활동을 제공해주어야 한다. 이처럼 실외환경은 유아의 신체, 정서, 사회성 및 창의력 발달에 필수적인 공간이므로 시설설비 안전에 관한 정확한 기준과 관리가 이루어져야 한다. 다양한 유형의 놀이를 촉진하며 유아의 발달적 요구를 충족시킬 수 있는 질적으로 우수한 실외시설 설비환경을 구성하기 위해서는 우선 유아의 신체 크기 및 능력 등을 제대로 고려한 놀이시설을 제공하고 이를 안전하게 관리하는 것이 매우 중요하다.

Ⅰ 실외놀이터 안전관리

실외환경이 관련 규정을 준수하고 정기 안전점검을 통해 적절히 보수되고 있어야 우수한 수준이다. 실외환경 관련 규정에 의하면 정원 50인 이상의 어린이집은 영유아 1인당 3.5m^2 이상 규모의 옥외놀이터 설치를 원칙으로 한다. 실외환경 안전점검표를 정기적으로 기록하며 이상이 있을 때 보수하고 기록한다(이순형 외, 2008).

영유아보육법에 어린이집 설치기준과 관련하여 놀이터 설비기준이 규정되어 있다(영유아보육법 제15조, 영유아보육법 시행규칙 제9조 관련). 먼저, 실외 놀이기구 안전점검 시 유아의 안전을 위협하는 심각한 결함이 발견되는 경우 지체 없이 교정해야 하며, 즉시 수리하는 것이 불가능할 경우에는 해당 놀이시설물에 유아가 접근하지 못하도록 하거나 놀이시설물을 철거해야 한다. 또한 안전사고를 예방하기 위해 놀이시설의 안전점검, 보수 및 관리에 대한 안전관리 담당자는 놀이시설에 대한 점검 일정을 계획하여 실행하고, 안전관리를 위한 모든 조치를 기록한다. 놀이시설물의 디자인, 설치, 점검, 관리 및 운영의 모든 단계와 제조업자가 제공하는 제품 안내서, 설치 및 관리 안내서의 내용에 대해 잘 알고 있어야 한다. 안전사고를 줄이기 위해 놀이터 관리자는 놀이시설의 잠금장치, 놀이시설의 표면, 충격흡수 바닥처리제, 베어링 상태, 놀이시설의 바닥에 처리된 유동물의 유실 정도, 깨진 유리 및 오염물질 제거, 청소상태 등에 대한 점검을 일상적으로 실시해야 한다.

또한, 어린이집의 놀이시설은 어린이놀이시설안전관리법에 따라 설치검사를

그림 12-6 실외 놀이시설

받아야 하므로 신규 인가 어린이집의 경우 설치검사를 통과한 시설에 한하여 인가를 받을 수 있다.

교사는 영유아들이 실외 놀이기구를 안전하게 사용하며 즐겁게 놀이할 수 있도록 놀이기구의 점검과 지도에 유의해야 한다. 영유아가 추락할 가능성이 있는 놀이시설물(그네, 시소, 미끄럼틀) 아래와 주변의 공간에 충격을 흡수할 수 있도록 안전장치(혹은 모래)가 설치되어 있는지, 놀이시설물에 페인트가 벗겨져 있지는 않은지, 부서진 곳은 없는지, 날카롭거나 뾰족한 곳은 없는지, 영유아의 몸이 빠지거나 끼이는 공간은 없는지 살펴보아야 한다.

놀이터에서 놀 때 유아가 교사의 시야를 벗어나는 일이 없어야 하고 놀이기구의 바른 사용에 대해서도 주의를 줄 필요가 있다. 놀이터 안의 놀이기구 외에는 생소한 다른 물건이나 기구를 가져오거나 만지지 않도록 하고, 놀이기구를 이용할 때는 차례를 지키고 손과 발을 조심하도록 한다. 교사는 유아의 안전한 옷차림을 지도해야 한다. 모자 달린 옷이나 끈이 달린 옷, 끈이 달린 신발은 기구 사이에 끼일 염려가 있으니 피하는 것이 좋다.

표 12-3 / 어린이집 안전점검 체크리스트(실외환경)

구분	점검항목	점검결과	조치사항
		월	
실외환경	보육시설 주변에 감전 위험은 없는가?		
	위험한 적치물, 축대 붕괴, 맨홀 등에 대한 위험은 없는가?		
실외놀이 기구 및 공간	모든 놀이기구가 바닥에 안전하게 고정되어 있는가?		
	놀이 시설물의 상태(틈새나 간격)가 영유아의 몸에 끼이지 않는 넓이인가?		
	기초대, 지지대 등 매설부분이 노출되지 않았는가?		
	모든 놀이기구 아래와 주위(안전지대)의 충격흡수재 성능은 양호한가?		
	보수가 필요한 놀잇감 및 놀이기구가 방치되어 있는가?		
	놀이기구의 높이가 영유아에게 적합한가?		
	품질경영 및 공산품 안전관리법에 의한 안전검사를 필한 제품인가?		
비상대피 시설관리	비상계단 및 미끄럼대 등이 화재 등 유사시 사용이 가능한가?		
	피난유도등 유도표지 등이 잘 갖추어져 있고 정상 작동하는가?		
	건물 내 대피경로에 장애가 되는 요소는 없는가?		

자료 : 보건복지부(2014), 보육사업 안내 서식.

2 실외놀이터 놀이기구별 안전관리

(1) 그네

① 점검 내용

그넷줄이 단단히 매어 있는지, 꼬여 있지 않은지, 그네 좌석이 훼손되어 있지 않은지, 그네를 타고 내리는 바닥에 모래가 충분히 덮여 있는지 살펴본다.

② 지도 내용

- 완전히 정지한 후 타고 내린다.
- 줄을 양손으로 잡고 탄다.
- 한가운데에 앉아서 탄다.
- 엎드려서 타거나 서서 타지 않는다.
- 사슬을 꼬지 않는다.
- 다른 사람이 타고 있을 때 앞뒤로 지나가지 않는다.

(2) 오르기 기구

① 점검 내용

끈이 끊어져 발이 빠지는 곳은 없는지, 페인트가 벗겨진 곳은 없는지 살펴본다.

② 지도 내용

- 가로대를 양손으로 잡고 올라간다.
- 다른 사람이 내려오는 방향으로 올라가지 않는다.
- 위에 있는 사람의 발을 잡거나 흔들지 않는다.
- 아래를 잘 살펴 내려온다.

(3) 미끄럼틀

① 점검 내용

스테인리스 미끄럼틀인 경우 너무 뜨겁지 않은지, 미끄럼틀 아래에 흙이 쌓여 있어 충격을 흡수할 수 있는지 살펴본다.

② 지도 내용

- 미끄럼판으로 올라가지 않는다.
- 앞 사람이 올라간 다음 올라간다.
- 손잡이를 잡고 한 계단씩 올라간다.
- 다른 사람을 밀거나 당기지 않는다.
- 한 사람씩 앉아서 내려온다.
- 엎드려 타거나 서서 타지 않는다.
- 내려온 뒤에는 다른 사람이 내려오다 부딪히지 않도록 빨리 비켜 준다.

(4) 시소

① 점검 내용

놀이시설물이 설치된 곳 아래 및 주변에 충격흡수 처리가 있는지, 모서리의 안전처리, 조임쇠가 단단히 조여 있는지 살펴본다.

② 지도 내용

- 함께 타는 친구와 마주 보고 탄다.
- 손잡이를 꼭 잡고 탄다.
- 자리에서 일어나거나 뛰지 않는다.
- 내릴 때는 같이 타는 친구에게 미리 말하고 내린다.
- 시소 밑에 발을 둔 채로 내리지 않는다.
- 시소 끝을 땅에 세게 닿도록 내리지 않는다.

5. 어린이집 평가인증과 영유아 안전관리

어린이집 평가인증제도는 우리나라 보육의 질 관리를 위하여 2005년 시범운영 후, 2006년 제도의 본격적인 도입으로 확대, 실시되어 2009년까지 1차 시행시기를 마치고 2010년부터는 제2차 시행 및 재인증을 시행하고 있다. 어린이집 평가인증지표는 보육환경, 운영관리, 보육과정, 상호작용과 교수법, 건강과 영양, 안전의 총 6개 영역으로 구성되어 있다. 이 중 영유아의 안전관리에 해당하는 안전은 독립된 영역으로 구성되어 있고, 어린이집 규모와 종류에 관계없이 모두 10개 항목으로 구성되어 있어 중요하게 다루어지고 있다(성미영 외, 2013).

안전영역에서는 실내외 시설의 안전과 영유아의 안전보호에 초점을 두고 보육실, 실내 및 실외시설의 안전관리, 위험한 물건의 보관 등이 바람직하게 이루어지는지, 영유아가 안전하게 보호되고 인계되며 비상시 적절하게 대처할 수 있는지 등을 평가한다.

표 12-4 / 평가인증지표 : 안전영역

하위영역	항목	평가방법	확인자료
실내외 시설의 안전	6-1. 보육실의 안전관리	관찰	
	6-2. 실내시설의 안전관리	관찰	
	6-3. 실외시설의 안전관리	관찰	
	6-4. 실내외 놀잇감의 안전관리	관찰	
	6-5. 실내외 위험한 물건의 보관	관찰	
영유아의 안전한 보호	6-6. 영유아에 대한 성인의 보호	관찰	인계과정에 대한 규정, 귀가동의서
	6-7. 영유아의 안전한 인계과정	관찰, 면담, 문서	
	6-8. 어린이집의 안전한 차량운행	관찰, 문서	차량안전수칙
	6-9. 비상사태를 대비한 시설 및 설비와 대처방안	관찰, 문서	비상시 대처방안 (비상대피도, 대피요령, 보육교직원 역할분담)
	6-10. 안전교육과 정기적인 소방훈련	문서	안전교육, 소방훈련 실시 기록

자료 : 보건복지부(2012), 2012 어린이집 평가인증 안내(40인 이상 어린이집).

1 보육실의 안전관리

모든 보육실의 시설 및 설비에는 위험요인이 없어 영유아가 안전하게 활동할 수 있도록 관리해야 한다. 보육교사는 보육실의 시설과 설비를 매일 점검하여 위험요인이 발견되거나 파손된 곳이 있을 경우 즉시 수리 · 보완하도록 해야 한다.

2 실내시설의 안전관리

어린이집에는 보육실을 제외한 현관, 복도, 계단, 화장실, 유희실(실내놀이터 포함), 조리실 등의 실내시설이 있으며, 이러한 실내시설 및 설비는 안전하게 설치 · 관리되어야 한다. 원장과 보육교사는 실내시설 및 설비가 안전한지 정기적으로 점검하고, 수리가 필요하거나 파손된 곳이 있을 경우 영유아의 접근을 막고 즉시 수리 · 보완함으로써 영유아를 사고로부터 보호해야 한다.

3 실외시설의 안전관리

실외시설 및 설비란 어린이집 건물 외부에 있는 모든 시설과 설비를 의미하는 것으로 대문, 울타리, 마당, 옥외놀이터, 옥상놀이터, 옥내중간놀이터를 포함하여 놀이터에 설치된 고정식 놀이기구(예 : 그네, 미끄럼틀, 매달리기 기구 등)와 기타 실외의 부대시설을 의미한다. 실외시설 및 설비는 영유아의 안전과 밀접하게 관련되므로 관련 규정(영유아보육법령, 보육사업안내 등)에 따라 안전하게 설치해야 한다. 원장과 보육교사는 실외시설 및 설비가 안전한지 정기적으로 점검하고, 수리가 필요할 때는 사용불가 표시를 하여 영유아의 접근을 차단한 후 즉시 수리하여 영유아를 사고로부터 보호해야 한다.

4 실내외 놀잇감의 안전관리

실내외 놀잇감이란 모든 보육실, 유희실(실내놀이터 포함), 다목적 활동실, 옥외놀이터 등에 있는 '이동 가능한 놀잇감'을 의미한다(미끄럼틀, 볼풀장 등과 같은 고정식 놀이기구는 실내외시설 및 설비에 해당). 실내외의 놀잇감은 위험요인이 없어 영유아가 안전하게 활동할 수 있도록 관리해야 하며, 이를 위해 어린이집에서는 놀잇감을 영유아의 발달적 특성에 맞도록 안전한 것으로 구입하여 배치해야 한다. 또한 보육교사는 보육실을 포함한 실내외의 놀잇감을 매일 점검하여 위험요인이 발견되거나 파손된 곳이 있을 경우 즉시 폐기하거나 수리 · 보완하도록 한다.

5 실내외 위험한 물건의 보관

호기심이 강한 영유아기의 발달 특성을 고려할 때, 보육교사는 영유아가 위험한 물건에 접근할 가능성을 항상 염두에 두어야 한다. 어린이집에서는 모든 보육교직원이 어린이집의 실내외를 철저히 살펴 위험요인이 될 수 있는 물건이 영유아의 손에 닿지 않도록 철저히 관리해야 한다.

6 영유아에 대한 성인의 보호

보육교사는 자신이 담당한 모든 영유아의 안전을 책임지고 있다. 모든 영유아는 일과 중 항상 성인의 보호하에 있어야 하며, 보육교사는 영유아가 어디에 있는지 수시로 확인하고 실내외에서 일어나는 상황을 항상 주시하여 영유아들의 안전사고를 예방해야 한다.

7 영유아의 안전한 인계과정

안전사고는 물리적 환경뿐만 아니라 인적 환경이 미비하여 발생할 수 있다. 다수의 영유아를 보육하고 있는 기관에서는 귀가할 때 혼잡한 틈에 안전사고(예 : 미아, 유괴 등)가 발생할 가능성이 있으므로 영유아가 귀가할 때 반드시 보호자를 확인하고 영유아를 인계해야 한다. 이에 영유아의 보호자를 확인하고 영유아를 인계하는 절차를 구체적으로 마련하여 철저히 지키는 것이 사고 예방을 위해 필요하다.

8 어린이집의 안전한 차량운행

어린이집에서는 가능한 한 차량을 운행하지 않는 것이 바람직하다. 부득이하게 차량을 운행할 경우(예 : 등하원, 견학 등) 안전설비를 갖추고 보육교사 등 성인이 동승하며, 안전점검을 실시하는 등 차량을 안전하게 운행할 수 있도록 해야 한다. 또한 어린이집에서 차량을 운행하고자 할 경우에는 도로교통법에서 규정하고 있는 어린이 통학버스 신고요건을 구비하여 관할 경찰서장에게 신고하고 신고필증을 교부받아 운행하는 것이 바람직하다.

9 비상사태를 대비한 시설 및 설비와 대처방안

어린이집에 갖추어진 안전설비와 비상시 대처방안, 보육교직원의 대처능력은 화재나 안전사고를 예방할 뿐 아니라 비상사태가 발생할 경우 위험을 최소화하고 영유아의 안전을 보호하는 데 중요한 역할을 한다. 이에 어린이집에서는 화재 등 비상사태에 대비하여 관계법령(소방시설 설치유지 및 안전관리에 관한 법률 등)에 따라 비상재해 대비시설이 설치되어야 하며, 유사시 안전하게 사용할 수 있도록 관리되고 있어야 한다. 또한 어린이집에서는 비상시 대처방안이 체계적으로 마련되어 있어 원장과 보육교사 등 보육교직원이 평소 이를 숙지하고 시행할 수 있어야 한다.

10 안전교육과 정기적인 소방훈련

안전사고의 대부분은 안전관리에 대한 무관심과 인식 부족에서 발생한다. 그러므로 어린이집의 모든 교직원이 다양한 안전교육을 받는 것이 매우 중요하며, 영유아에게도 일상생활에서 안전하게 지낼 수 있는 지식과 행동요령에 대해 정기적으로 교육을 실시해야 한다. 어린이집에서는 영유아의 연령을 고려하여 아동복지법 안전교육 기준에 따라 매년 안전교육계획을 수립하여 교육을 실시하고, 계획 및 교육 실시 결과를 관할 시장, 군수, 구청장에게 매년 1회 보고하는 것이 바람직하다. 또한 어린이집에서는 정기적으로 소방훈련을 실시함으로써 보육교직원과 영유아의 대피능력을 키울 수 있도록 해야 한다.

Chapter 13

영유아교육기관의 안전교육

영유아가 스스로 위험으로부터 자신을 보호할 수 있는 지식과 기술을 갖추도록 하기 위해 안전교육이 필요하다. 안전교육은 생활교육으로서 가정과의 연계를 통해 일관성 있게 이루어져야 하므로 학부모에게 필요한 정보를 제공하여 가정에서도 상황에 맞는 안전교육이 이루어질 수 있도록 해야 한다. 이 장에서는 안전교육의 중요성과 영유아를 대상으로 실시되는 유형별 안전교육에 대해 살펴보고자 한다.

1. 안전교육의 중요성

영유아의 안전사고는 사전의 조치나 교육을 통하여 충분히 예방할 수 있으며, 대부분 영유아 안전사고는 영유아를 둘러싼 주변의 물리적 환경과 성인의 소홀한 안전관리로 인해 발생한다. 따라서 영유아 안전사고를 줄이기 위해서는 우선적으로 영유아의 발달적 특성이 고려된 안전한 물리적 환경과 놀이환경의 조성, 부모나 교사 등 성인에 의한 보호 및 안전사고 예방이 필요하다.

영유아의 안전한 생활을 위해서는 안전한 물리적 환경을 제공해 주어야 할 뿐만 아니라 다양한 상황에 안전하게 대처하는 능력을 기르도록 도와주어야 한다. 영유아에게 위협이 되는 환경적 요인을 모두 제거하는 것은 불가능하므로 영유아가 안전에 관한 지식을 알고 안전한 태도를 익혀 실천할 수 있도록 도와야 하는데, 이는 안전교육을 통해 가능하다.

표 13-1 / 안전교육기준(아동복지법 제31조 및 같은 법 시행령 제28조)

구분	교통안전교육	실종 · 유괴의 예방 · 방지교육	약물 오용 · 남용 예방교육	재난대비 안전교육	성폭력 · 아동학대 예방교육
실시주기 (총 시간)	2개월 1회 이상 (연간 10시간 이상)	3개월 1회 이상 (연간 10시간 이상)	3개월 1회 이상 (연간 10시간 이상)	6개월 1회 이상 (연간 6시간 이상)	6개월 1회 이상 (연간 8시간 이상)
교육 내용	1. 차도, 보도 및 신호등의 의미 알기 2. 안전한 도로 횡단법 3. 안전한 통학버스 이용법 4. 날씨와 보행안전 5. 어른과 손 잡고 걷기	1. 길을 잃을 수 있는 상황 이해하기 2. 미아 및 유괴 발생 시 대처방법 3. 유괴범에 대한 개념 4. 유인 · 유괴 행동에 대한 이해 및 유괴 예방법	1. 몸에 해로운 약물 위험성 알기 2. 생활주변의 해로운 약물 · 화학제품 그림으로 구별하기 3. 모르면 먼저 어른에게 물어보기 4. 가정용 화학제품 만지거나 먹지 않기 5. 어린이 약도 함부로 많이 먹지 않기	1. 화재의 원인과 예방법 2. 뜨거운 물건 이해하기 3. 옷에 불이 붙었을 때 대처법 4. 화재 시 대처법 5. 자연재난의 개념과 안전한 행동 알기	1. 내 몸의 소중함 2. 내 몸의 정확한 명칭 3. 좋은 느낌과 싫은 느낌 4. 성폭력 예방법과 대처법
교육 방법	1. 전문가 또는 담당자 강의 2. 시청각 교육 3. 실습교육 또는 현장학습 4. 일상생활을 통한 반복 지도 및 부모교육	1. 전문가 또는 담당자 강의 2. 장소 · 상황별 역할극 실시 3. 시청각 교육 4. 사례 분석	1. 전문가 또는 담당자 강의 2. 시청각 교육 3. 사례 분석	1. 전문가 또는 담당자 강의 2. 시청각 교육 3. 실습교육 또는 현장학습 4. 사례 분석	1. 전문가 또는 담당자 강의 2. 장소 · 상황별 역할극 실시 3. 시청각 교육 4. 사례 분석

안전교육이란 영유아가 스스로 위험으로부터 자신을 보호할 수 있도록 안전에 대한 지식, 기술과 태도를 배움으로써 안전의식을 내면화하여 건강하고 안전한 생활을 영위할 수 있도록 도와주는 교육이다. 영유아 안전교육은 궁극적으로는 자신에 대한 보호뿐만 아니라 타인의 생명을 존중하는 인간 개개인의 존엄성을 배우는 전인교육이다. 적절한 자기방어 및 대처방법, 문제해결능력을 기를 수 있는 안전지식교육, 위험요소를 예측함으로써 안전사고를 예방하고 신중하게 행동할 수 있도록 하는 안전태도교육, 그리고 안전하게 행동할 수 있게 하는 안전기술교육이 함께 이루어져야 한다(성미영 외, 2013).

어린이집의 안전교육은 영유아에 대한 안전교육과 보육교직원에 대한 안전교육으로 구분된다. 영유아에 대한 안전교육은 영유아 스스로가 자신의 안전을 보호할 수 있는 능력과 기술을 가지도록 해야 하므로 어린이집의 원장은 보육대상아동의 연령을 고려하여 아동복지법령의 안전교육기준에 따라 매년 안전교육계획을 수립하여 교육을 실시해야 한다. 보육교직원은 안전교육지침을 숙지하여 안전 관련 교육에 적극 참여하고, 아동학대 및 안전관리교육은 보육교직원의 보수교육과 연계하여 실시한다(보육사업안내, 2014).

2. 유형별 안전교육

1 교통안전교육

(1) 교통안전교육의 중요성 및 내용

교통안전교육은 교통수단에 대한 이해, 표지판이나 신호등 등 교통규칙에 대한 이해, 교통사고의 위험성 이해, 교통수단을 안전하게 이용하는 방법, 안전한 보행 및 도로횡단방법 등을 포함해야 하며 체험을 통한 학습과 반복훈련이 중요하다. 따라서 교실에서 이루어지는 교육활동 외에도 교통표지판이나 신호등 모형을 이용하여 실습을 하거나 어린이 교통공원을 방문하여 길거리보다는 안전한 환경에서 연습하도록 한다. 통학차량을 운영하는 경우에는 통학차량을 안전교육의 기회로 활용하여 차례대로 천천히 타고 내리기, 차 안에서 자리에 앉아 있으며 일어서거나 돌아다니지 않기, 차 안에서 조용히 하기, 차에서 내려 안전하게 길 건너기 등을 교육한다. 보육시설에 다니는 영유아가 견학, 관람, 소풍 등 단체로 외출하는 경우도 교통안전교육 내용을 현장에서 실천할 수 있는 좋은 기회로 활용할 수 있다(이순형 외, 2007).

아동복지법에 제시된 교통안전교육기준에 따르면, 교통안전교육의 실시주기는 2개월 1회 이상, 총 시간은 연간 10시간 이상이고, 교육 내용에는 차도, 보도 및 신호등의 의미 알기, 안전한 도로횡단법, 안전한 통학버스 이용법, 날씨와 보행안전, 어른과 손잡고 걷기가 포함된다. 전문가 강의, 시청각교육, 실습교육이나 현장학습 그리고 일상생활을 통한 반복 지도 및 부모교육에 의해 교통안전교육을 실시하도록 규정하고 있다.

(2) 교통안전교육의 실제 지침

교사는 등원과 하원 시 발생할 수 있는 교통사고를 예방하기 위해 영유아에게 교통안전에 대해 지도해야 하며, 동시에 안전교육을 정기적으로 실시해야 한다. 가정통신문을 통해 가정과 연계하여 영유아의 안전한 보행과 도로횡단을 위한 안전교육을 실시할 필요가 있다.

알아두기

보행교통 안전지침

- 보도는 안쪽으로 걷기
- 길을 갈 때 길에서 장난하지 않기
- 걸어갈 때 차도 옆으로 다가가지 않기
- 걸어갈 때 뛰어가거나 갑자기 방향 바꾸지 않기
- 걸어갈 때 정차한 차량 사이로 다니지 않기
- 걸어갈 때 손에 물건 들고 다니지 않기
- 골목에서 큰 길로 갈 때 멈춰서 좌우 살핀 후 걷기

도로횡단교육지침

- 차도에서 떨어져 서 있기
- 횡단보도 오른쪽에 서 있기
- 초록불일 때 차들이 멈추었는지 확인하기
- 초록불일 때 왼쪽 오른쪽 먼저 살펴보고 길 건너기
- 횡단보도 건널 때 항상 운전자 보며 손 들고 걷기
- 횡단보도 건널 때 뛰지 않고 걷기

자료 : 보건복지부(2010), 어린이집 안전관리 매뉴얼.

영유아의 안전한 보행은 등원 및 하원 시 안전한 보행, 골목길에서의 안전한 보행, 시간과 상황의 변화에 따른 안전한 보행으로 구분해 볼 수 있으며, 영유아가 등원 및 하원 시 안전한 보행을 위해서는 항상 다니던 길로 다니도록 하고, 인도로 걸으며 뒤돌아보거나 장난하지 않도록 지도한다. 골목길에서의 안전한 보행을 위해서는 좁은 골목길에서 앞뒤, 좌우를 살펴보며 천천히 걷고, 골목에서 차도로 나올 때 뛰지 않으며, 차가 다니는 좁은 길에서는 차가 지나간 후 가고, 차가 다니는 좁은 길이나 주차장에서 공놀이를 하거나, 자전거를 타지 않도록 지도한다. 시간과 상황의 변화에 따른 안전한 보행을 위해서는 추운 날씨라도 주변 소리를 들을 수 없으므로 귀마개는 착용하지 않도록 하며 자동차, 트럭이나 승합차 뒤에서는 놀지 않도록 지도한다.

영유아의 안전한 도로횡단은 신호등이 있는 횡단보도, 신호등이 없는 횡단보도, 횡단보도가 없는 도로로 구분해 볼 수 있다. 먼저 신호등이 있는 횡단보도에서는 보행자 신호를 보고 건너며, 초록색 신호등이 켜지더라도 왼쪽을 보고 차가

알아두기

차내 교통안전교육지침

- 영유아가 접이의자를 조작하지 않도록 하기
- 영유아용 무릎 안전벨트 매기
- 안전벨트의 안전상태 점검 후 교사가 매어줄 때까지 기다리기
- 차 안에서는 항상 보호장구나 안전벨트 하기
- 차 안에서 문이나 창문을 열면 위험하다는 것을 알려 주기
- 창 밖으로 물건을 던지거나 손을 내밀면 위험하다는 것 알려 주기
- 차량 내에는 안전수칙 및 구급장비 등을 비치하기

승하차 교통안전교육지침

- 버스가 도착할 때까지 인도에서 보호자의 손을 잡고 기다리기
- 버스에서 내릴 때에는 반드시 주변 및 바닥을 확인하고 내리기
- 승하차 시 옷자락, 신발 끈, 가방 등이 문이나 손잡이에 걸리지 않도록 주의하기
- 버스를 타고 내릴 때 반드시 선생님 손 잡기
- 버스를 타고 내릴 때에는 손에 물건 들지 않기
- 견학 후 차량 하차 시 어린이집으로 뛰어들어가지 않기
- 지하철을 탈 때 안전선 안에서 기다리기
- 지하철과 승강장 사이에 발이 빠지지 않도록 잘 살핀 후 타고 내리기
- 지하철 승강장에서 장난하지 않도록 하기

자료 : 보건복지부(2010), 어린이집 안전관리 매뉴얼.

건강 뉴스

어린이집 차량들, 운행거리 짧다고 안전벨트 안 매

현행 영유아보육법 시행규칙에 따르면 어린이집 통학 차량은 차가 출발하기 전에 아이들에게 안전벨트를 매도록 해야 한다. 이를 어기면 지방자치단체장 등이 시정 명령을 내릴 수 있고, 그래도 시정이 안 되면 최대 1년까지 어린이집 운영이 정지되거나 폐쇄될 수 있다. 안전벨트를 착용하지 않으면 사고가 났을 때 의식불명에 빠질 확률이 8.4배, 병원에 입원할 확률이 3배나 높아진다. 그럼에도 어린이집 차량들은 '운행 거리가 얼마 안 된다.', '주택가에선 속도를 많이 내지 않아서 괜찮다.' 등을 이유로 아이들에게 안전벨트를 제대로 착용시키지 않는 경우가 많다. 어린이집 차량은 영유아보육법에 따라 차량에 탄 모든 아이에게 안전벨트를 매게 하도록 하는 것이 의무지만, 사설 학원 등의 다른 어린이 통학차량들은 이것이 의무사항이 아니다. 정부는 올해 초 모든 어린이 통학차량은 정부에 신고하도록 하고 어린이들에게 안전벨트를 매도록 도로교통법을 개정했으나 이 법은 2015년 1월 29일에야 시행된다. 이 법 개정도 2013년 초 어린이 통학차량들이 안전수칙을 제대로 지키지 않아서 아이들이 사망하는 사례가 많이 나왔기 때문에 이루어진 일이다.

자료 : 조선일보(2014. 4. 24).

멈춘 것을 확인한 후 건너고, 차가 오는 방향을 바라보고 가면 위험한 상황에 대처할 수 있다는 것을 알려준다. 또한 안전횡단의 3원칙 '선다-본다-건넌다'를 반드시 지키도록 하고, 도로를 횡단할 때는 뛰지 않도록 지도한다. 신호등이 없는 횡단보도에서는 운전자의 얼굴을 보면서 차와 가까운 쪽의 손을 들고 건너도록 지도한다. 횡단보도가 없는 도로를 횡단할 경우에는 뛰거나 서두르지 말고 좌우를 살핀 후 완전히 차가 멈춘 것을 확인하고 천천히 걷도록 한다.

2 화재안전교육

(1) 화재안전교육의 중요성 및 내용

화재로부터의 안전사고를 예방하기 위해서는 영유아기에 화재 예방에 관한 지식을 익히고 행동으로 실천하도록 지도한다. 영유아가 성냥이나 라이터, 촛불, 화약 등으로 장난하지 않도록 지도하고, 전기 콘센트에는 젓가락이나 쇠붙이를 넣지 않도록 한다. 물에 젖은 손으로 전기기구를 만지면 감전의 위험이 있음을 알려준다. 어린이집에서는 화재 예방을 실천하는 생활태도를 가지고, 하나의 콘센트에 여러 가전제품을 연결하지 않으며, 전기기구를 사용하지 않을 경우 반드시 전원을 끈다. 껍질이 벗겨진 전선이나 전원은 바로 교체하고 낮잠시간에 선풍기를 틀고 잘 때는 반드시 타이머를 맞춘다.

어린이집에서는 화재에 대비하여 비상구와 비상구 유도등을 설치해야 하며, 소화전과 소화기를 설치 및 비치해야 한다. 어린이집이 2층 이상에 있는 경우에는 비상계단이나 비상탈출용 미끄럼대를 설치해야 한다. 또한 조리나 난방 용도로 가스를 사용하는 경우에는 가스누출 경보기 및 자동차단기를 설치해야 하고 정기적으로 점검을 받도록 한다. 비상구를 제외한 출입문이나 창문은 영유아가 안에 갇히게 되는 경우를 대비해 안에서 잠기지 않고 밖에서 쉽게 열 수 있도록 설치되어야 한다(이순형 외, 2007). 화재사고의 대부분은 화재 취급 시의 부주의와 안전에 대한 인식 부족으로 발생하므로 화재사고 예방을 위한 노력과 안전 지식 및 화재 발생 시 대처방법을 영유아를 대상으로 교육함으로써 화재안전의 중요성을 인식시킬 필요가 있다.

화재안전교육은 가정이나 어린이집에 화재가 발생했을 때 대피하는 방법을 교육하고 반복적으로 훈련하여 유사시에 신속하게 대응할 수 있도록 하기 위한 것이다. 어린이집에서는 화재 발생 시의 행동 요령과 절차, 교직원의 역할분담을 정해 놓고 이에 따라 정규적인 훈련을 함으로써 실제 상황에서도 당황하지 않고 필요한 행동을 취할 수 있도록 한다. 화재대피훈련을 할 때는 먼저 인근 소방서에 의뢰하여 어린이집에 적합한 비상대피로를 알아본 뒤 화재 대피계획을 세우고, 교직원들은 화재대피 시 각자의 역할을 정하여 문서화해 놓는다. 또한 몸에 불이

그림 13-1 유형별 소화기

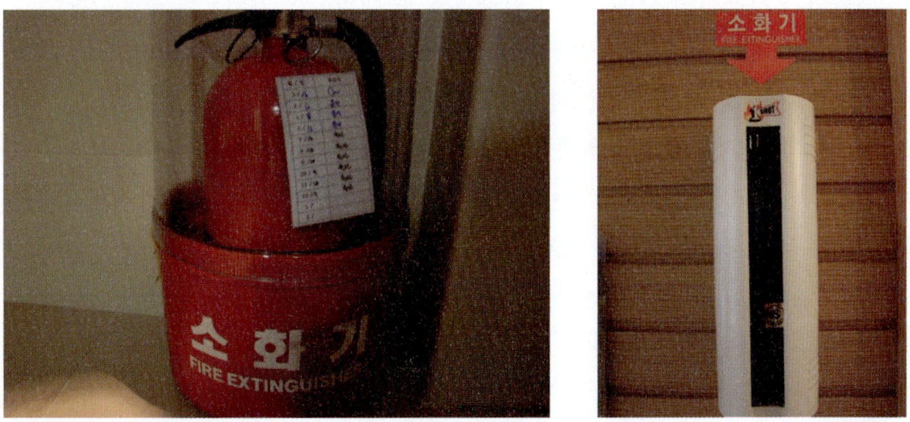

붙었을 때나 연기가 있을 때 등 구체적인 상황에서 취해야 할 행동을 실습을 통해 배우도록 하며, 교직원은 소화기나 소화전 등의 소방기기의 사용방법을 숙지해 두도록 한다. 화재대피훈련은 반복적인 실시가 중요하므로, 한 달에 한 번 정도 훈련을 실시하며 대피상황에 익숙해지면 사전 예고 없이 훈련을 실시한다(조경자 외, 2004).

알아두기

화재대피훈련 시 안전규칙

- 화재경보기가 울리면 하고 있는 것을 그대로 둔 채, 조용히 문 쪽으로 간다.
- 대피훈련을 할 때 친구와 장난을 치거나 떠밀지 않는다.
- 대피 시에는 몸을 낮추고 젖은 수건이나 손으로 입과 코를 막고 나온다.
- 열기와 유독가스를 피하기 위해 몸을 바닥에 가깝게 한다.
- 옷에 불이 붙었을 경우에는 즉시 움직임을 멈추고 불이 꺼질 때까지 바닥에서 구른다.
- 정해진 장소로 조용히 이동한다.
- 교직원은 대피훈련 시 유아들이 신속히 이동하도록 침착하게 돕는다.

자료 : 육아정책개발센터(2007).

(2) 화재 발생 시 대처방법

화재 발생상황에 따라 적절하게 대처할 경우 화상이나 연기에 의한 기도손상 등을 최소화할 수 있으므로 영유아에게 화재의 상황에 따라 적절한 대처방법을 평소에 알려 주어야 한다(곽은복, 2006). 화재가 발생할 경우 이에 대한 대처방법은 소화기를 사용하여 소화하는 방법과 밖으로 대피하는 방법으로 구분된다.

화재 발생 시 먼저 화재가 발생한 장소로 소화기를 가져온 다음 안전핀을 뽑고, 바람을 등지고 서서 불이 난 곳을 겨냥하여 소화기 호스를 잡고, 손잡이를 꽉 쥐고 뿌리는데, 빗자루로 청소하듯이 불을 향해 소화액을 뿌리면서 불을 끈다.

어린이집에 화재가 발생한 사실을 알게 되면 가장 먼저 할 일은 바깥으로 나오는 일이다. 물건을 챙기거나 119에 신고하기 위해서 지체하다 보면 건물 안에 갇히게 되어 위험하다. 영유아는 불이 나면 오히려 가구 밑이나 구석으로 숨는 습성이 있으므로 불이 나면 "불이야."라고 큰 소리로 주위 사람에게 알리고 바로 바깥으로 나와야만 한다는 사실을 알려주어야 한다. 평소에 어린이집에서 바깥으로 나올 수 있는 여러 경로의 출구를 익혀 두고 비상구를 확인해 놓는다. 화재가 난

알아두기

소화기 안전관리지침

- 소화기를 가지고 장난하지 않으며, 소화기는 항상 있던 장소에서 옮기지 않는다.
- 소화기는 잘 보이는 곳, 잘 꺼낼 수 있는 곳, 그늘진 곳, 습기가 없는 곳에 보관한다.
- 사용 후에는 반드시 재충전하고, 한 달에 한 번 점검을 해야 한다.
- 교사는 소화기의 사용법을 알고 있어야 한다.

건물에서 대피할 때에는 비상구와 계단을 이용하며 반드시 문을 닫고 대피한다. 방화문을 닫아 두면 연기와 화재의 확산을 지연시킬 수 있다.

그림 13-2 **어린이집 화재대피훈련**

그림 13-3 **어린이집 비상대피로**

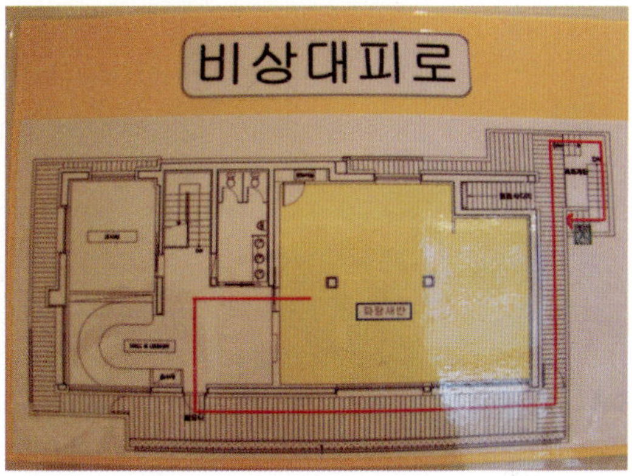

표 13-2 / 어린이집 소방안전 점검표

소방안전 점검표

담당	원장

년 월 일 점검자 :

안전점검 내용	점검상태		조치사항
	예	아니오	
1. 소방계획 등 긴급사태에 대비한 계획이 수립되어 있다.			
2. 화재 등 긴급사태에 대비한 훈련을 1회 이상 실시하고 있다.			
3. 인근 소방서와 비상연락체계를 구축하고 있다.			
4. 응급상황 시 대피요령과 교직원의 업무분담표, 응급처치 및 신고방법, 비상출구나 계단의 사용 절차 등을 마련하여 훈련하고 있다.			
5. 전기, 가스, 화재안전점검을 받았다.			
6. 시설설비에 관한 규정상의 안전지침을 지킨다.			
7. 커튼, 실내장식물, 카펫, 벽지 등은 방염된 제품을 사용한다.			
8. 비상계단, 영유아용 미끄럼대 등 비상대피시설은 방염재료를 사용하고, 그 주변에 장애물이 없다.			
9. 비상통로에는 내부로부터의 신속한 탈출을 방해하는 잠금장치가 설치되어 있지 않다.			
10. 비상통로에 유도등 또는 유도표지가 부착되어 있다.			
11. 비상구의 잠금장치는 문 안쪽에 설치되어 있다.			
12. 화재경보용 연기탐지기, 스프링클러, 누전차단기, 가스누출차단기, 가스자동차단장치, 방송설비 및 비상벨 등이 제대로 작동하고 있다.			
13. 옥내 소화전과 소화기는 각 층마다 설치되어 있다.			
14. 소화기는 눈에 잘 보이는 곳에 비치되어 있다.			
15. 소화기 사용법을 알고 화재 시 능숙하게 사용할 수 있다.			
16. 응급처치를 위한 비상약품 및 간이의료기구, 구호설비 등이 갖추어져 있다.			

3 자연재해 대비 안전교육

자연재해는 재해의 원인이 사람에 의한 것이 아니라 비와 바람, 지진 등과 같은 자연현상에 의한 것을 말한다.

(1) 풍수해 대비 안전교육

풍수해는 태풍뿐만 아니라 장마나 집중호우 등에 의해서도 발생하며 이로 인해 홍수, 침수, 산사태 등의 피해가 발생하게 된다. 풍수해 발생 시에는 방송을 통해 기상상황을 계속 청취하며 외출을 삼가도록 한다. 우리나라의 경우 집중호우가 자주 발생하며 집중호우로 인한 침수사고와 영유아가 맨홀에 빠지는 사례가 종종 발생한다. 강물이 넘치거나 침수가 될 때에는 지체하지 말고 영유아를 안전한 곳으로 대피시키도록 한다. 또한 등산 중이거나 계곡에 있을 때는 계곡물이 빠르게 거세져 영유아가 건너기에는 매우 위험하므로 건너지 말고 구조를 기다리는 것이 바람직하다.

(2) 지진 대비 안전교육

지진은 지구적인 힘에 의하여 땅속의 거대한 암반이 갑자기 갈라지면서 그 충격으로 땅이 흔들리는 현상을 말한다. 지진은 지구 내부 어딘가에서 급격한 지각 변동이 생겨 그 충격으로 생긴 파동, 즉 지진파가 지표면까지 전해져 지반을 진동시키는 것이다. 그것은 마치 종을 쳤을 때 사방으로 울려 퍼지는 음파와 같은 성질을 가지고 있다.

우리나라는 대규모 지진의 위험이 비교적 적은 편으로 1978년 10월 충청남도 홍성에서 규모 5.0의 지진이 발생했는데, 이를 계기로 우리나라에서도 지진에 대한 대비를 시작했다. 1978년 댐에 대해 리히터 규모 5.4~6.2의 지진에 견딜 수 있도록 내진설계를 의무화했으며, 1986년 터널, 1988년 건축물, 1992년 교량, 2000년 항만시설, 수문, 2004년 공항시설 순으로 그 범위가 확대되었다. 2005년에는 댐과 수문의 기준이 상향 조정되었고 같은 해 7월에는 내진설계를 해야 하는 건축물의 대상이 6층 이상, 1만m^2 이상에서 3층 이상, 1,000m^2 이상으로 더욱 강화되었다.

아직 우리나라의 어린이집 설치기준에는 내진설계에 대한 규정이 없으나, 우리나라도 지진 예외 지역이 아니라는 점을 고려할 때 지진에도 안전한 건물에 대한 고려가 필요할 것으로 보이며, 2007년에는 전국 어린이집을 대상으로 지진에 대비하기 위해 재난대응 안전훈련을 실시하였다.

알아두기

지진 발생 시 행동지침

- 당황하지 말고 침착하게 행동한다.
- 멀리 대피하려 하지 말고 있던 장소에서 안전한 위치를 찾는다.
- 책임 있는 사람의 지시에 따라 행동한다.
- 성냥, 라이터, 가스레인지, 석유난로 등은 사용하지 않는다.
- 평소 지진의 특성을 숙지하고 지진 발생 시 침착하게 대처하는 자세가 필요하다.
- 비상 우선 통화를 위하여 전화는 가급적 사용을 자제한다.
- 지진 직후 자신이 무사하다면 주변의 다친 사람이나 응급상황을 해결한다.

4 학대 및 성폭력 예방 안전교육

(1) 학대 예방 안전교육의 내용 및 실제 지침

아동학대는 대부분 가정 내에서 발생하고, 신체적 손상뿐 아니라 정서적 손상을 수반하며 일평생 커다란 상처로 남는다. 피해자인 아동이 자신을 괴롭히는 폭력이나 무관심에 대항하여 스스로를 보호할 힘이 없고, 자신의 처지를 타인에게 알려 도움을 요청하는 일은 거의 불가능하다는 점에서 문제의 심각성은 더하다.

아동복지법 제3조 제7호에 의하면 아동학대란 보호자를 포함한 성인에 의하여 아동의 건강·복지를 해치거나 정상적인 발달을 저해할 수 있는 신체적·정신적·성적 폭력, 가혹행위 및 아동의 보호자에 의하여 이루어지는 유기와 방임을 말한다. 어린이집 보육교직원은 아동복지법 제25조의 규정에 의한 영유아학대 신고의무자로서, 보육하고 있는 영유아가 가족에 의해 신체적 학대, 정서적 학대, 성학대, 방임 및 유기를 당한다고 판단되면 즉시 아동보호전문기관에 신고하여 피해 영유아가 더 이상의 학대를 당하지 않고 학대로 인한 신체적·정신적 손상을 하루빨리 치유할 수 있는 조치를 받을 수 있도록 한다.

영유아보육법 제48조의 규정에 따라, 보건복지부장관은 어린이집의 원장 또는 보육교사가 아동복지법 제17조에 따른 아동학대 금지행위를 위반하여 같은 법 제71조 제1항에 따른 처벌을 받은 경우에는 그 자격을 취소할 수 있다. 아동학대를 발견할 수 있는 진단기준은 명확히 제시되어 있지 않아 교사가 학대받은 영유아를 발견하는 일은 쉽지 않지만, 학대나 방임의 가능성에 대한 교사의 관심과 면

그림 13-4 중앙아동보호전문기관 홈페이지

자료 : http://korea1391.org

밀한 관찰이 요구된다. 아동학대가 의심될 경우에는 아동학대 신고전화인 '1577-1391'로 신고한다.

그림 13-5 아동보호전문기관의 아동학대 개입절차

신고	➡	아동보호전문기관(사례접수)	➡
현장조사 및 사정	➡	아동학대 여부 판정	➡
개입계획 수립	➡	사례개입(상담, 치료 등)	➡
종결	➡	사후관리	

(2) 성폭력 예방 안전교육의 내용 및 실제 지침

성폭력이란 상대방의 의사에 관계없이 강제적으로 성적 행위를 하거나 성적 행위를 강요하는 행위를 말한다. 성폭력은 강간뿐만 아니라 성추행, 성적 희롱(언어 포함), 성기 노출, 음란 통신, 음란물 보이기, 영유아 성추행, 윤간 등 모든 신체적·언어적·정신적 폭력을 포괄하는 광범위한 개념이다. 따라서 상대방으로 하여금 성폭력에 대한 막연한 불안감이나 공포감을 조성할 뿐만 아니라 그것으로 인한 행동제약을 유발하는 것도 간접적인 성폭력이라 할 수 있다. 특히, 어린이 성폭력은 13세 미만의 어린이에 대한 성폭력을 말하며, 친족 성폭력의 경우도 종종 발생한다. 친족 성폭력은 가족 사이에 일어나는 강제적인 성적 행동을 말하며 일반적으로 친부나 외부, 그리고 형제자매, 삼촌, 사촌 등에 의해 발생한다. 따라서 어린이가 일상적으로 친족을 대면하게 되므로 지속적이라는 점이 친족 성폭력의 특징이다. 친족 성폭력은 피해자가 신뢰하는 사람에게서 피해를 입기 때문에 신체적 · 심리적 · 사회적으로 더욱 심각한 후유증과 어려움을 겪게 된다.

성폭력 피해 아동의 상당수가 학령기 이전의 영유아로서 이들에 대한 성폭력 피해 예방교육은 절실히 필요하다. 특히, 영유아는 타인이 시도하는 성적 접촉의 의미를 모르다가 단순한 애정표현으로 해석하여 거부하지 못하는 경우가 많으므로 이에 대한 인식을 심어 주어야 하며, 위험한 상황에서는 분명하게 거부의사를 표시하고 피할 수 있도록 교육한다. 성폭력방지 및 피해자보호 등에 관한 법률 제9조에 따라, 어린이집의 보육교직원은 보호하는 사람이 성폭력 범죄의 피해자인 사실을 안 때에는 즉시 수사기관에 신고해야 한다(보육사업안내, 2014).

알아두기

성폭력 예방을 위한 교사와 부모의 안전수칙

- 옷 안의 네 몸은 중요한 부분이니까 다른 사람이 만지면 "안 돼."라고 말하도록 한다.
- 누군가가 원치 않거나 불쾌하게 느껴지는 접촉을 할 때 단호하게 "안돼요, 싫어요."라고 말하도록 한다.
- 낯선 사람의 차를 혼자 타지 말라고 일러준다.
- 어디 갈 때에는 부모님이나 보호자에게 누구와 함께 가는지를 꼭 알리도록 한다.
- 집에 혼자 있을 때 누군가 오면 문을 열어주지 말라고 일러준다.
- 공공화장실에 가거나 엘리베이터를 탈 때에는 친구나 성인과 함께 가도록 일러준다.
- 좋은 느낌과 나쁜 느낌이 어떤 것인지 알려준다.
- 영유아 자신의 몸은 소중하다는 인식을 심어준다.

5 유괴 및 미아 예방 안전교육

(1) 유괴 예방 안전교육의 내용 및 실제 지침

유괴를 방지하기 위하여 어린이집에서는 귀가할 때 영유아의 보호자를 반드시 확인하고 인계해야 한다. 다수의 영유아를 보육하고 있는 시설에서는 귀가할 때 혼잡한 틈에 안전사고가 발생할 가능성이 있다. 따라서 영유아의 보호자를 확인하고 인계하는 절차를 구체적으로 마련하여 철저히 지키는 것이 유괴사고 예방을 위해 필요하다. 귀가동의서를 구비하고 서면으로 명시 · 제출된 보호자에게만 영유아를 인계하는 것을 원칙으로 한다. 영유아 귀가 인계과정에 대한 규칙을 마련하고 오리엔테이션, 가정통신문 등을 통해 사전에 교육하며 등 · 하원 기록표를 작성하도록 한다. 영유아가 귀가할 때 부모나 평소 지정된 보호자가 아닐 경우 반드시 확인해야 하고, 만약 다른 사람으로 변경되는 경우 사전에 어린이집에 부모가 직접 연락하도록 한다.

유괴를 방지하기 위하여 낯선 사람이나 아는 사람이라도 무작정 따라가지 말고 부모님께 허락을 받도록 지도한다. 낯선 사람이 이름, 사는 곳, 전화번호를 물어보면 절대 알려주면 안 되고, 항상 밖에서는 밝은 곳에서 친구들과 함께 놀도록 한다. 낯선 사람이 주는 돈이나 아이스크림 등은 받지 않도록 하며, 특히 낯선 사람의 차에는 절대 타지 않게 한다. 누군가 강제로 데려가려 하면 "안 돼요, 싫어요"라고 소리치며 밝고 사람이 많은 곳으로 뛰어가 도움을 요청하도록 한다. 영유아의 신상정보는 겉으로 잘 보이지 않는 곳에 기입하거나 넣어두고 위급상황 시 대처방법을 알려주어 몇 번씩 연습해 보게 하는 것이 중요하다. 인형극이나 역할극을 통하여 상황을 직접 재연하는 반복적인 교육도 필요하다.

(2) 미아 예방 안전교육의 내용 및 실제 지침

미아 발생을 예방하기 위해 영유아에게 자신의 이름, 주소, 전화번호 등을 외우도록 하고 혼자서 외출하지 않으며, 외출 중 부모나 교사 및 친구들과 헤어졌을 때는 그 자리에 머물러 있어 교사나 부모가 쉽게 찾을 수 있게 하고 그래도 만나지 못했을 때는 112로 전화하여 도움을 요청하도록 교육한다. 또한 관련 기관에서는 어린이집을 방문하여 영유아를 대상으로 유괴 및 미아 예방교육을 하는 것도 도움이 된다(육아정책개발센터, 2007).

미아사고를 방지하기 위하여 실종아동전문기관에서는 아동을 위한 실종 예방의 3단계를 제시하고 있다. 먼저 1단계는 멈추기다. 일단 길을 잃거나 부모와 헤어지면 제자리에 서서 부모를 기다리게 한다. 아이는 길을 잃었다는 것을 알면 계속해서 앞으로 나아가기 때문에 잃어버린 지점보다 상당히 먼 곳까지 가게 되고 찾기가 어려워진다. 아이가 당황하지 않고 그 자리에 서 있다면 보다 쉽게 찾을 수 있다. 2단계는 생각하기다. 혼자 부모님을 기다리며 서 있기란 쉬운 일이 아니지만 자신의 이름과 연락처 등을 생각하고 기다리게 한다. 아이들은 길을 잃고 당황하면 평소 잘 외우고 있었던 부모님의 이름이나 전화번호 등도 쉽게 기억하지 못하며, 자신의 이름도 기억하지 못할 수 있다. 이 단계는 자신의 신상명세서를 기억하도록 노력하는 단계로 평소에 연습하고 익숙해지는 것이 필요하다. 3단계는 '도와주세요' 다. 길을 잃었을 때 주위에 있는 사람에게 도움을 요청하도록 지도한다. 가까운 곳에 공중전화를 찾아 긴급통화를 눌러 경찰에게 도움을 요청하게 한다.

그림 13-6 실종아동전문기관 홈페이지

자료 : http://www.missingchild.or.kr

6 약물안전교육 및 응급처치

(1) 약물안전교육

① 약물안전교육의 내용

영유아가 스스로 자신의 안전을 보호할 수 있는 능력과 기술을 가지는 것이 중요하기 때문에, 어린이집 안전관리의 안전교육기준(아동복지법 제31조 및 시행령 제

28조)에는 연간 10시간 이상, 3개월에 1회 이상 약물 오 · 남용 예방교육을 보육시설에서 실시해야 한다고 규정되어 있다. 약물 남용 예방교육의 내용에는 몸에 해로운 약물 위험성 알기, 생활 주변의 해로운 약물 · 화학제품 그림으로 구별하기, 모르면 먼저 어른에게 물어보기, 가정용 화학제품 만지거나 먹지 않기, 어린이 약도 함부로 많이 먹지 않기가 포함된다.

영유아에게는 의도적으로 약물을 다른 용도로 사용하는 약물 오용보다 약물을 의학 외적인 목적으로 과다하거나 부적절하게 사용하는 약물 남용이 주로 발생한다. 부모나 교사가 약을 먹일 때 사탕이나 시럽이라고 하면서 먹인다면 영유아가 약을 과다 복용하여 약물중독사고가 발생할 수 있다. 부모와 교사는 약과 음식이 다르다는 것을 알려주고 둘을 구별하도록 지도해야 하며, 영유아의 손이 닿지 않는 별도의 장소에 약을 보관해야 한다. 교사나 부모가 이전에 처방받은 약을 임의대로 투약하거나 다른 아이의 약을 투약하는 경우, 하루치 용량을 한 번에 투약하는 경우도 발생할 수 있으니 주의해야 한다. 영유아에게 약을 투약할 때에는 약물 복용에 관한 원칙을 준수해야 한다.

우리가 생활 주변에서 흔히 볼 수 있는 락스, 세제, 유리세정제, 방향제, 살충제 등도 영유아가 오용할 수 있는 위험물질이므로 함부로 손대거나 먹지 않도록 해야 한다. 원래 용기가 아닌 다른 용기에 담으면 위험물질을 구분하기 힘들기 때문에 음료수나 음식물로 착각하고 먹는 사고가 발생한다. 위험물질은 영유아의 손이 닿지 않는 별도의 장소에 보관해야 하며, 원래 용기에서 옮겨 담지 않도록 하고, 만약 옮겨 담는 경우 다른 사람이 알아볼 수 있도록 정확한 표시를 해야 한다.

② 약물안전교육의 실제 지침

순간접착제나 본드는 독성물질을 흡입할 수 있으므로 대신 풀이나 양면테이프를 사용하고, 미술활동 중 영유아가 물감이나 크레파스를 빨거나 먹을 수 있으므로 교사의 세심한 감독이 필요하다(이순형 외, 2007). 약물안전교육은 일반적으로 중독성이 있는 약물의 습관적 사용과 의존의 위험성에 대한 경각심을 심어주고 약물을 잘못 사용하지 않도록 하는 내용을 포함해야 하지만, 영유아대상 약물안전교육은 발달 특성상 약물중독보다는 약물 오 · 남용에 대한 내용에 중점을 두어 약물을 일반식품으로 잘못 알고 먹지 않도록 교육하며, 영유아에게 흔히 쓰이는 약물의 특성, 안전한 보관법, 투약 시 유의점 등을 교사대상으로 교육하는 것이 필요하다.

(2) 응급처치

① 응급처치의 내용

영유아는 어린이집에서 생활하는 동안 자신이나 교사의 부주의, 다른 영유아의 실수, 시설환경의 취약점 등으로 인해 다치는 경우가 많다. 영유아가 상해를 입었을 때에는 병원에서 전문적인 치료를 받게 해야 하는데, 그때까지 상해가 악화되지 않도록 응급처치를 해야 한다(임재택, 1999). 어린이집에서 흔히 일어날 수 있는 사고에 의한 영유아의 상해는 넘어지거나 부딪혀 타박상을 입거나 피부가 찢어지거나 입술이 터진 경우, 팔이나 다리가 부러지거나 뼈에 금이 가거나 삔 경우, 피부에 가시가 박힌 경우, 코 · 귀 · 눈에 이물질이 들어간 경우, 신체의 일부가 좁은 공간에 낀 경우, 이물질이 목에 걸려 호흡이 어려운 경우 등이 있다.

② 응급상황 발생 시 대처방법

어린이집에서는 응급상황 발생에 대비하여 체계적인 대처요령을 수립하고 정해진 절차에 따라 신속히 대응해야 한다. 평소에 응급처치에 관한 지식과 기술을 습득해 놓고 인공호흡법 및 심폐소생술 훈련을 정기적으로 받아 실제상황에서 당황하지 않고 사용할 수 있도록 한다. 예를 들면, 영유아의 응급상황에 대비하여 부모로부터 응급처치동의서를 받아두어야 하고, 응급 시 연락할 보호자 전화번호 및 수송할 의료기관에 대한 부모의 지정 내용 등이 명기되어야 한다. 필요시 의료기관으로 신속히 영유아를 이송할 수 있도록 가까운 의료기관과 협력체계를 마련해 두는 것이 바람직하다. 의료비에 대한 대책도 중요한데, 이 문제는 어린이집 입소 시 모든 영유아가 상해보험에 가입하게 함으로써 부담을 줄일 수 있다. 또한 어린이집에는 응급처치를 위한 구급약품을 구비하여 유사시에 대비한다.

- 놀잇감 삼킴 사고에 대한 응급처치 : 영유아는 호기심이 많고 탐색활동이 활발하여 무엇이든지 입에 가져간다. 이러한 행동 특성으로 인해 작은 물체를 삼키기 쉬우므로 특별한 주의가 필요하다. 영유아가 놀잇감을 삼키는 경우 기도를 막아 호흡이 곤란하여 얼굴이 새파랗게 되고 마침내는 의식을 잃게 된다. 이 경우 먼저, 기침 또는 호흡을 할 수 있는지 확인하여 의식이 있을 경우 신속히 119에 도움을 요청한다.

  기도가 이물질에 의해 막혔을 때, 영아의 경우 손가락으로 아이의 머리를 지

알아두기

서울시, 전체 어린이집에 상해 · 배상보험 단체가입 지원

서울시가 올해 시내 전체 어린이집 영유아의 상해 · 배상보험 단체가입을 전액 지원한다. 이는 최근 어린이집 이용 영유아 수 증가에 따라 발생할 수 있는 안전사고에 대비해 지난 2008년부터 시 차원에서 보상체계를 마련한 것이다. 특히, 올해부터는 돌연사증후군 특약을 새로 가입해 지원을 늘렸다. 서울시는 어린이집 입소 아동들의 안전사고 방지에 최우선 중점을 두면서도 예기치 못한 사고에는 적절한 보상이 이루어지도록 개별 어린이집에서 의무적으로 가입해야 하는 '영유아 생명 · 신체 피해공제'에 대해 시 예산을 투입해 지원하고 있다. 작년 한해에만 어린이집에서 발생한 사고로 인해 보험 혜택을 받은 건수가 총 4,106건, 금액으로는 7억여 원에 이른다. 올해 사업에는 약 12억 원의 예산이 투입되며, 수혜아동은 서울시내 전체 어린이집 총 6,538개소(2012년 말 기준)에 입소아동 총 24만 4,338명이다.

자료 : 매일경제(2014. 3. 4).

지하고 머리 부분을 45° 기울인 상태로 얼굴이 아래를 향하게 하여 어깻죽지(견갑골) 사이를 5회 두드린다. 유아는 허리를 구부려 양팔로 유아의 몸통을 감싸는데, 이때는 한 손으로 엄지손가락 부분이 아이의 배꼽과 횡격막 사이의 위장 부분을 누르도록 주먹을 쥐고 다른 한 손은 그 주먹을 덮듯이 꼭 잡는다. 그 다음 껴안은 두 손으로 유아의 위장을 위로 밀어 올리듯 꾹 누른다. 유아가 숨을 쉴 수 있을 때까지 이 동작을 반복한다.

- 놀이기구 추락사고에 대한 응급처치 : 놀이기구에서 추락하여 목과 허리 등 척추에 손상을 입은 경우, 골절 부근의 피부가 찢어졌거나 뼈가 보이는 경우, 혹은 팔다리가 차가워지거나 새파래질 경우는 위급한 상태이므로 즉시 119에 도움을 요청한다. 붓거나 아프고, 좌우를 비교했을 때 형태 이상이 있으며, 관절이 아닌 부위의 움직임, 움직일 시의 통증 등이 있을 때에는 움직임이 없도록 딱딱한 물건 또는 환자의 신체를 이용하여 고정한 후 편한 자세로 눕히고 보온을 해주며, 출혈이 있으면 직접 압박으로 지혈한 후 골절 부위를 고정시킨다.

그림 13-7 응급처치를 위한 약품함

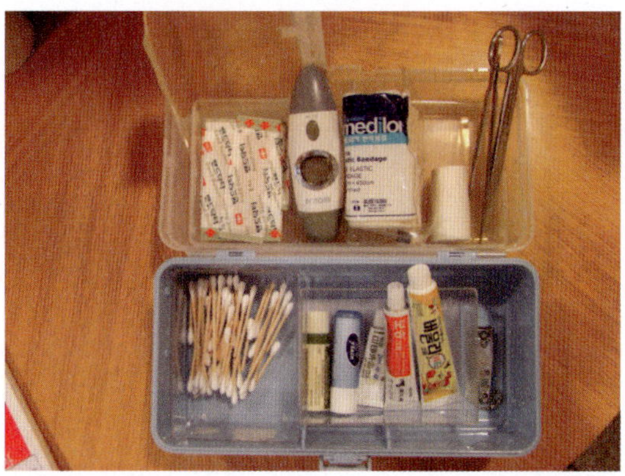

그림 13-8 응급처치 동의서

응급처치 동의서

반이름		생년월일	
성 별		성 명	

○○○에게 응급상황 발생 시 다음의 절차에 따라 응급처치를 하는 것에 동의합니다.

20 . .

부모 : ○ ○ ○ (서명 또는 인)

〈응급처치 절차〉

사고 발생 시 가장 먼저 부모님께 연락합니다.

(시간/기간) (전화번호)

어머니와는 ____________ 동안에 ________________로 연락됩니다.
____________ 동안에 ________________로 연락됩니다.
아버지와는 ____________ 동안에 ________________로 연락됩니다.
____________ 동안에 ________________로 연락됩니다.

자료 : 보건복지부(2014), 보육사업안내.

그림 13-9 **사고보고서**

<table>
<tr><th colspan="8">사고보고서</th></tr>
<tr><td>어린이집명
(유형)</td><td colspan="3">(　　　　　　)
* 전담지정종류 포함</td><td>인가일</td><td colspan="3">최초 : 　년　월　일
변경 : 　년　월　일</td></tr>
<tr><td>주소</td><td colspan="3"></td><td>연락처</td><td colspan="3"></td></tr>
<tr><td>어린이집 현황</td><td colspan="7">정원 (　　)명, 현원 (　　)명, 보육교직원 (　　)명</td></tr>
<tr><td>반별 현황</td><td colspan="7">1세반 (　　)명, 2세반 (　　)명, 3세반 (　　)명, 4세반 (　　)명, 5세반 (　　)명
시간제 (　　)명, 방과후 (　　)명, 시간연장 (　　)명, 24시간 (　　)명</td></tr>
<tr><td>사고아동명</td><td colspan="2"></td><td>성별</td><td>남 여</td><td>생년월일</td><td colspan="2">년　월　일</td></tr>
<tr><td>사고일자</td><td colspan="2">년　월　일</td><td>목격자명</td><td></td><td>사고시간</td><td colspan="2">오전/오후</td></tr>
<tr><td>사고 당시 원장 및 담임교사 근무상황</td><td colspan="7"></td></tr>
<tr><td>부모 연락사항</td><td colspan="7"></td></tr>
<tr><td>연락시간</td><td colspan="2">오전/오후</td><td colspan="2">119 신고 여부</td><td colspan="3">□ 안함 □ 신고함(오전/오후 시)</td></tr>
<tr><td>사고발생 장소</td><td colspan="7">□ 수술 중 □ 견학 중 □ 실외놀이장 □ 실내놀이실
□ 화장실 □ 복도 □ 주방 □ 대근육활동실(유희실)
□ 교사실 □ 식당 □ 계단 □ 기타(　　　　)</td></tr>
<tr><td>사고 당시 활동 내</td><td colspan="7">□ 목욕 및 배변시간 □ 교실활동 □ 계단 오르내리기
□ 실내자유놀이 □ 점심/간식/수유시간 □ 실외자유놀이
□ 계획된 실외놀이 □ 놀이시설 설비 □ 물놀이
□ 견학 □ 낮잠 □ 기타(　　　　)</td></tr>
<tr><td>상해를 입은 시설 설비</td><td colspan="7">□ 오르기시설 □ 평균대 □ 크롤(기어나가는 시설)
□ 장애설비 □ 현관문/교실문 □ 실외고정물
□ 회전대 □ 놀이집 □ 시소
□ 미끄럼틀 □ 그네 □ 바퀴 달린 탈 것
□ 바퀴 달린 장난감 □ 잘 모르겠음 □ 기타(　　　　)</td></tr>
<tr><td>상해의 유형</td><td colspan="7">□ 화상 □ 쇼크/질식 □ 추락/강타 □ 물체에 끼임
□ 찢어짐 □ 뼈가 부러지거나 탈구 □ 압박, 눌림
□ 베임 □ 찰과상(벗겨짐) □ 삠 □ 물림 □ 찔림
□ 식중독 □ 기타 중독 □ 호흡곤란 □ 기타(　　　　)</td></tr>
<tr><td colspan="4">상해를 입은 다른 아동이 있는가?</td><td colspan="4">□ 예 □ 아니오</td></tr>
<tr><td>사고원인</td><td colspan="7">□ 바닥으로 떨어짐 : 떨어진 높이 약 ____ m
바닥의 형태 :
□ 뛰거나 발을 헛디뎌 넘어짐 □ 다른 유아에게 물림
□ 다른 유아에게 맞거나 밀림 □ 바퀴 달린 탈 것(인라인 스케이트 등)
□ 물체에 의해 다침 □ 음식물에 의한 질식
□ 곤충에 물리거나 쏘임 □ 동물에게 물림
□ 열, 추위에 노출 □ 기타(　　　　)</td></tr>
</table>

다친 부위 (좌, 우 표시)	□ 머리 □ 눈(좌, 우) □ 귀(좌, 우) □ 코 □ 입 □ 목 □ 가슴 □ 등 □ 엉덩이(좌, 우) □ 생식기 □ 팔(좌, 우) □ 손(좌, 우) □ 다리(좌, 우) □ 발(좌, 우)		
사고 관련 특이사항			
보육기관에서 행해진 응급처치(상술 예 : 압박붕대, 세척, 붕대, 위로 등)			
상해 · 배상보험 가입 현황			
□ 상해 □ 배상 □ 기타( ) 보험금 최고한도 인당( )만 원 건당( )만 원			
응급처치자		의료기관 진료 여부	□ 안함 □ 함
의료기관 진료를 한 경우	□ 외래 진료를 받음(예 : 진료실, 응급실) □ 입원(시간/일)		
기타 사후처리상황 (경찰조사, 피해합의 등)			
사고아동 보호(치료)를 위한 추후 계획			
재발방지를 위한 조치사항			
직원 서명	(인) 날자 : . . 오전/오후		
부모 서명	(인) 날자 : . . 오전/오후		

자료 : 보건복지부(2014), 보육사업안내.

참/고/문/헌

곽은복(2006). **안전교육프로그램**. 양서원.

교육과학기술부 · 보건복지부(2013). 3-5세 연령별 누리과정 해설서.

교육과학기술부 · 보건복지부(2013). 3-5세 연령별 누리과정 교사용 지침서.

교육인적자원부(2007). 유치원 급식 운영관리 지침서.

김미숙 · 양심영(2007). 위기의 한국아동 실태와 정책적 대응방안, 보건복지포럼 128호, 한국보건사회연구원, 2007년 6월, 5-20.

김진호 · 이병래 · 김덕희(2009). **유아정신건강**. 동문사.

김혜금 · 송영주 · 임양미 · 김현자 · 김진숙(2011). **정신건강론**. 정민사.

보건복지부(2010). 보육시설 급식운영 관리 매뉴얼.

보건복지부(2010). 보육시설 안전관리 매뉴얼.

보건복지부(2011). 어린이집 건강관리 매뉴얼.

보건복지부(2012). 2012 어린이집 평가인증 안내(40인 이상 어린이집).

보건복지부(2012). 5세 누리과정에 기초한 어린이집 프로그램.

보건복지부(2013). 2013년 정신보건사업 안내.

보건복지부(2013). 3세 누리과정 교사용 지도서.

보건복지부(2013). 4세 누리과정 교사용 지도서.

보건복지부(2013). 보육사업안내.

보건복지부(2013). 보육사업안내.

보건복지부(2013). 어린이집 표준보육과정에 기초한 영아보육프로그램 운영의 이해.

보건복지부(2013). 어린이집 표준보육과정에 기초한 영아보육프로그램.

보건복지부(2013). 어린이집 표준보육과정에 기초한 영아보육프로그램의 이해.

보건복지부(2013). 제3차 어린이집 표준보육과정 고시(보건복지부 고시 제 2013-8호).

보건복지부(2013). 제3차 어린이집 표준보육과정 해설서.

보건복지부(2010). 식품위생법.

보건복지부(2009). 2009 보육사업 안내.

보건복지부 · 교육과학기술부(2012). 3-5세 연령별 누리과정 고시(보건복지부 고시 제2012-82호).

보건복지부(2008). 모자보건사업안내.

보건복지부 · 한국영양학회(2010). 한국인 영양섭취 기준(개정판).

서울시소아청소년정신보건센터(https://childyouth.blutouch.net:6003/).

서울특별시 육아종합지원센터(http://seoul.childcare.go.kr).

성미영(2009). 유아의 재난대비 능력 키우기 교육활동 지침서.

송태희 · 곽현주 · 우인애 · 김용선 · 이현옥 · 백성희(2010). 아동영양과 건강교육. 교문사.

수원시보건소(http://health.suwon.ne.kr).
식품의약품안전청 영양평가과. 유아의 사계절 식단.
아다치 미유키 저, 모수미 · 권순자 · 이경신 역(2003). **알고 계십니까, 아이들의 식탁**. 교문사.
여성부(2000). 영아보육 모형.
육아정책개발센터(2008). 보육프로그램 총론.
이명희 외(2013). **아동건강영양교육(개정판)**. 수학사.
이보연 아동 · 가족상담센터 마음백과(http://www.sangdam.kr/encyclopedia.html).
이순형 외(2008). **아동건강교육**. 학지사.
이순형 · 김지현(2010). **영유아 건강교육활동의 실제**. 학지사.
장유경 · 정영진 · 문현경 · 윤진숙 · 박혜련 · 김복희(2009). **지역사회영양학**. 신광출판사.
조수철 · 신민섭(2006). **소아정신병리의 진단과 평가**. 학지사.
조운주 · 최일선(2013). **유아교육기관에서의 유아생활지도(제3판)**. 창지사.
한국인지과학연구소(2000). **자폐아동의 이해와 프로그램 적용**. 양지.
홍강의(2006). **소아정신의학**. 중앙문화사.
홍샛별 · 박혜련 · 고경아 · 정계옥 · 송경희(2010). 그림설문지를 이용한 유아 대상 영양교육 효과 분석. **대한지역사회영양학회지**, 15(4) : 475-484.
황현주 · 유은정 · 박혜정 · 서은경 · 신현정 · 정다운(2013). **교사를 위한 아동정신건강**. 파란마음.

WHO(2004). Promoting mental health: concepts, emerging evidence, practice: summary report. Geneva, World Health Organization.

찾/아/보/기

ㅅ

ㅇ

ㅈ

ㅊ

ㅋ

ㅌ

ㅍ

ㅎ

| 저자 소개 |

성미영
서울대학교 소비자아동학과 졸업
서울대학교 대학원 아동학 박사
현재 서경대학교 아동학과 교수

구재옥
서울대학교 가정교육과 졸업
서울대학교 대학원 영양학 박사
현재 한국방송통신대학교 가정학과 명예교수

박혜련
서울대학교 식품영양학과 졸업
미국 터프츠대학교 영양과학과 정책대학원 영양학 박사
현재 명지대학교 식품영양학과 교수

민미희
서울대학교 아동가족학과 졸업
서울대학교 대학원 아동학 박사
현재 서경대학교 아동학과 교수

아동건강교육

2015년 4월 5일 초판 인쇄
2015년 4월 10일 초판 발행

지은이 | 성미영 · 구재옥 · 박혜련 · 민미희
발행인 | 유제구
발행처 | 파워북
주 소 | 경기도 고양시 일산동구 호수로 358-25
동문굿모닝타워2차 529호
전 화 | (02) 730-1412
FAX | (031) 908-1410
등 록 | 1997. 1. 1 제 300-1997-13
편 집 | 민하디지탈아트(02-3274-1333)

정 가 22,000원
ISBN 978-89-8160-243-7 (93590)